한국 거버넌스 사례집

Governance Cases in Korea

공동성 · 정문기 엮음

김선균 · 김용희 · 김은주 · 김진열
나 현 · 문성진 · 박재희 · 송민선
오수길 · 이순철 · 이정주 · 정규진
정동재 · 최문형

도서출판 대영문화사

우리와 함께 연구했던

故 나현 씨에게

이 책을 바칩니다.

머리말

한국 거버넌스의 보편성과 특수성은? 이 책은 한국 거버넌스의 특성(보편성과 특수성)을 다양한 실증사례를 통해 분석하는 '한국 거버넌스 사례연구' 시리즈 중 두 번째 출간물이다. 이번 출간에서도 전편에 이어 한국의 중앙과 지방의 수준에서 다양하게 전개되고 있는 거버넌스 사례를 다각도로 분석하고 있다.

사회나 공동의 문제에는 공동의 해결노력이 더욱 절실히 요구되고 있는 실정이다. 저성장과 양극화로 대별되는 한국 사회의 문제들은 일시적이 아닌 장기적 현상으로 고착화되는 경향이 크다. 청년 및 중·장년층 등 전 세대에 걸쳐 심화되고 있는 일자리문제, 저출산-고령화의 가속화, 일련의 지진과 같은 자연재해, 그리고 각종 인재로 기인하는 사회적 재난 등은 국민들의 일상적 삶과 삶의 질에 지대한 영향을 미치고 있다. 전통적 국가 중심의 패러다임으로는 새롭게 등장하는 공동의 문제에 능동적으로 대처하기 힘들다. 국가 간, 정부 간, 또는 정부-시민-기업 간 다양한 행위자들의 지혜와 역량을 결집하는 접근이 더 높은 관심을 받을 수밖에 없게 되었다. 한국의 정부 차원에서도 일련의 지방선거와 총선은 권력과 권한의 분점을 통한 협치의 중요성을 대다수의 국민들이 요구하고 있다.

이상의 문제 인식 하에 이 책은 성균관대 국정전문대학원의 '한국 거버넌스 사례 연구팀'이 강의와 연구를 통해 진행한 두 번째 결과물이다. 본 연구팀은 2010년 한국연구재단의 지원으로 한국의 맥락에서 진행되고 있는 거버넌스의 담론 및 실증사례를 발굴-축적해왔다. 특히, '한국 거버넌스 사례연구' 시리즈의 두 번째인 이 책은 2013년 한국연구재단 SSK 프로그램의 지원(NRF-2013 S1A3A 2055108)을 받아 편찬하게 되었다.

이 책은 한국 거버넌스의 실증적 사례로서 총 9편을 담고 있다. 수록된 사례들은 국가 및 지방단위를 포함하면서, 영역별로는 무상급식, 주민참여예산제도, 커뮤니티 비즈니스, 국민통합정책으로서 마을만들기사업, 서울역고가도로 공원화 사례, 서울시 재난안전관리와 조직 탄력성, 성남보호관찰소 민관거버넌스, 메르스 사태와 보건조직, 해외원조사업(ODA)거버넌스 등 다양한 영역에서 주요 현안으로 제기된 이슈를 논의하고 있다. 시간적 측면에서도 세계화 · 지방화가 가속화되면서 최근 주요 현안이 되고 있는 메르스와 같은 질병의 확산과 관련된 보건거버넌스와 현재 추진되고 있는 서울역고가도로 공원화 사업의 결정과정 등을 담아 사례의 시의성을 제고하였다. 특히, 해외원조사업(ODA)거버넌스는 '국정관리연구'에 출간한 논문임에도 한국이 해외원조에서 위상이 증대하고 있는 상황에서 바람직한 방향을 모색하고자 포함하였다. 이와 같이 영역 및 시간적 맥락에서 주요 현안이자 관심이 높은 사례를 논의함으로써 한국 거버넌스의 현 주소 및 보편성-특수성을 반영한 논의를 증대하고자 하였다.

이 책은 많은 분의 지속적인 관심과 지원으로 결실을 맺게 되었다. 집필진으로 참여하고 있는 '한국 거버넌스 사례 연구팀' 뿐만 아니라 성균관대 국정전문대학원 박사수료생인 최문형 양은 편집과 교정에 헌신적인 역할을 하였다. 더불어 출간을 흔쾌히 동의해 주신 대영문화사 임춘환 사장님께도 깊은 감사를 드린다.

이후에도 한국 거버넌스 사례연구 시리즈는 지속적인 사례발굴과 심층적인 분석을 통해 한국 거버넌스의 보편성과 특수성을 고찰하고 한국의 현상을 적실하게 담아내는 이론화 작업을 이어갈 것이다. 이를 통해 한국 거버넌스 이론과 실제의 발전을 도모하고 국내 및 국외 학자 및 실무자들과 행정-정책적 시사점을 공유-확대하기를 소망한다.

2016년 6월

엮은이 공동성 · 정문기 씀

차 례

제 1 장

정당구도 이원화에 따른 의사결정과정의 역동성 탐색* **

-서울시 무상급식 사례를 중심으로-

이순철 · 김진열 · 정문기

제 1 절 서 론

지방자치란 "특정 지역으로서의 지방이, 또는 그 지방에 사는 사람들이 스스로 다스림"을 의미하는 용어이다. 지역주민들을 통해 구성되는 지방정부의 기관은 단체장과 의회 관계에 따라 기관통합형과 기관분리형으로 구분할 수 있다. 이 중 우리나라의 기관구성은 단체장과 지방의회가 분리되어 있는 기관분리형의 형태를 취하고 있다. 기관분리형은 의결기관과 집행기관이 상호 견제와 균형을 이루어 권력남용을 방지할 수 있고, 집행기관장에 대한 행정책임이 명확하다는 등의 장점이 있다(김병준, 2010).

그러나 기관분리형이 가지는 가장 큰 단점 중의 하나는 단체장-의회 간 갈등으로 인한 행정상 불안정 및 비효율이다. 백형배 외(2006)에서 언급하였듯이 우리나라 지방의 정책과정에서 지방의회와 집행기관 간 대립으로 인한 갈등은 순기능적 측면보다는 부작용을 빚는 사례가 더 많았다. 우리나라에서 단체장-의회 간 갈등관계에 관한 연구들이 본격적으로 시작된 시기는 1995년 민선단체장 이후이다. 지방의회와 단체장을 직접선거로 선출하게 되면서 상호 독립적인 권한을 가진 이

* 이 논문은 2013년 정부(교육부)의 재원으로 한국연구재단의 지원을 받아 수행된 연구임(NRF-2013S1A3A2055108).

들 간 갈등사례가 발생하기 시작하였다(김진윤 · 이정훈, 2010; 김대현, 2011). 또한, 2005년 개정 공직선거법 이후부터는 지방선거에서 정당공천을 광역단체장, 광역의회, 기초단체장, 기초의회까지 그 범위를 확대하면서 갈등은 더욱 증폭되었다. 지방선거에서의 정당참여는 지방정부 운영에 대한 책임을 물을 수 있고, 지방선거 후보를 일차적으로 검증할 수 있어 정보비용을 줄이는 등의 장점이 있다(김병준, 2010). 그러나 임도빈(2015)에 따르면 법적으로 단체장이 3선까지 연임할 수 있는 상황, 정보비대칭, 단체장과의 동일정당 등은 단체장에 대한 지방의회의 감시기재를 어렵게 하였다. 반면 지방선거에서의 정당참여 확대는 정당 간 경쟁을 부추기는 현상을 초래할 수 있다(황아란, 2010). 정당 간 경쟁이 선거공약을 통해 이루어질 경우 지방선거에서 대립하는 두 정당은 상대 정당과 차별화를 위하여 서로 다른 공약을 제시할 것으로 예상할 수 있다. 정당공천이 이루어진 2006년부터 각 정당은 단체장, 지방의회 후보를 당선시키기 위해 차별화된 공약을 제시하였다. 만약 단체장, 지방의회 다수당을 서로 상반되는 내용의 공약을 제시한 정당이 점유하는 현상이 발생한다면 이들 간 정책경쟁이 발생할 것이다. 또한 이러한 정책경쟁은 앞서 논의하였던 단체장-의회 간 갈등을 심화시킬 것으로 예상할 수 있다. 이와 같은 가능성을 검증하기 위해 이후 논의에서는 지방선거과정에서 정당 간 정책의 차이와 단체장-의회 다수당의 이원화[1]가 지방선거 이후 단체장-의회 간 관계에 어떻게 연결되는지를 무상급식 사례 및 관련 의정활동(예산, 조례)을 중심으로 살펴보도록 한다.[2]

즉, 이론적 · 실증적으로 단체장과 의회가 이원화 되었을 때 긍정적인 기능과 부정적인 기능이 공존할 수밖에 없는 바, 구체적인 사안에서 실제로 어떤 장 · 단점을 가지고 있는지 심도있게 살펴보는 것도 의미가 있을 것이라 판단되며, 따라서 본 연구에서는 단체장-의회 갈등과 정당공천이라는 두 개념을 가지고 다음과 같은 가설적 연구질문을 도출하였다. '단체장-의회 간 정당구도가 이원화된 상황에서 의정활동(조례, 예산과정)과정에서 갈등은 어떻게 나타나는가?', '갈등을 해결하는 기재로 어떤 수단들이 선택되었으며 갈등은 완화되고 있는가?', '갈등은 상호견

1) 이원화란 단체장의 정당과 의회 다수당의 정당이 다른 경우를 말한다.
2) 의정활동을 중심으로 살펴보는 이유는 각 정당의 공약은 예산, 조례 등의 형태로 실현되기 때문이다.

제의 산물로서 긍정적으로 볼 수 있는가?'

이와 같은 목적을 토대로 제2절에서는 단체장－의회 관계(정당구도 및 갈등)와 지방정부 의정활동(예산 및 조례과정)을 다룬다. 제3절에서는 서울시 무상급식 사례를 중심으로 각 시기별 쟁점과 조례 및 예산과정에서 나타나는 단체장－의회 간 갈등에 대해 살펴보았다. 제4절에서는 본 연구가 가지는 의의 및 함의에 대해 논하고 한계를 제시하도록 한다.

제 2 절 이론 및 제도적 배경

1 단체장-의회 정당구도

지방자치는 정치중립적인 행정이 아니라 지역 차원의 가치배분을 결정하는 지방정치의 장이며, 지방자치단체에서 정치적 기능을 제거하는 것은 지방자치가 없어지는 것과 마찬가지라고 할 수 있다(Boyle, 1986). 이에 따라 지방자치단체의 활성화와 지방자치의 발전을 위해 '정당'의 의미와 영향에 관심이 점차 커지고 있다. 우리나라는 집행기관을 대표하는 자치단체장과 의결기관인 지방의회가 기관대립형의 형태를 보유하고 있으며, 자치단체장과 지방의원 선거에서 정당공천제를 인정하고 있으므로 '정당'의 의미가 더욱 크다. 지방정부의 '정당구도'라는 개념은, 지방정치를 달성하는 과정으로서 지방선거의 결과 선출된 단체장과 지방의원의 소속 당적으로 인해 형성된 당적 구도를 의미한다. 이는 상하관계보다는 '수평적인 힘의 경쟁관계'를 강조하는 의미이다(정명은 · 이종수, 2008). 지방정부의 정당구도에 관한 선행연구들을 간략하게 살펴보면 <표 1－1>과 같다.

지방자치단체의 정당구도에 대한 기존 연구들은 다양한 관점에서 분석되었다. 허철행(2011)은 지역주의로 인해 정당구도가 일원화되는 경우 단체장－의회의 기관대립형 구조형태의 주 기능인 견제기능을 상실한다고 보았다. 차경은(2009)은 단체장과 의회구성이 일당지배화 되는 경우 이는 정책독재가 수반되므로 지역주민의

표 1-1 지방정부의 정당구도

연구자	분석대상	정당구도	연구결과
윤영진 (1993)	두 광역시 비교	단독지방정부 내 지배정당 성향	당파성과 의정활동과의 상관관계 있다
김기언 (1994)	두 도의회 비교	단독지방정부 내 지배정당 성향	당파성과 의정활동과의 상관관계 없다
김명환 · 김주원 (1997)	광역자치단체	정당구도 이원화	설명, 입장표명, 대안제시, 책임추구형 질문 중 대안제시, 책임추구형 질문의 비중이 높았다
임헌만 (1999, 2000)	중앙–광역–기초	정당구도 이원화	정당구도가 이질적 성향이 강하면 의회의원의 의정활동이 더욱 활발해진다
황아란 (2006)	중앙정치 연계 (여/야당)	정당 간 경쟁	당파성과 정책 산출물 간은 상관관계가 없다
허철행 (2011)	일원화	정당구도 일원화	의회의 단체장 견제기능 상실
정명은 · 이종수 (2008)	기초–광역	일원화, 이원화	일원화일 때 지방의회 내 경합성은 가장 낮으며, 이원화일 때 경합성은 높은 편이다

다양성을 수렴하지 못하고 평면적 지방자치의 방향성을 나타낸다고 하였다. 신진(2008)은 정당구도가 일원화되었을 때 견제와 감시기능이 사라진다고 하였고, 이원화된 정당구도에서는 견제와 균형보다는 비협조적 행태로 정치적 폐해를 가져올 수 있다고 함으로써 지방선거에서 정당참여 배제 주장의 근거로 내세웠다. 이승철(2015)에 따르면 대구시 4~6회 지방선거에서 광역단체장은 모두 한나라당(새누리당)이었으며, 광역의원 비율은 4회 100%(29명 중 29명), 5회 93%(29명 중 28명), 6회 96.7%(30명 중 29명)으로 나타났다. 이러한 구성에서는 집행부–의회 간 상호견제가 어려우며 당략에 의한 지방자치를 배제할 수 없을 것이다(남창우 · 최화식, 2009). 민병익(2014)의 연구는 단체장과 의회다수당 간 동일정당일 경우 상임위원회와 조례안 처리의 소요시간이 짧아짐을 경험적으로 검증하였고, 조례안 처리 등이 졸속으로 이루어질 가능성을 제기하였다.

정당구도가 이원화되었을 경우의 연구 결과들을 살펴보면 다음과 같다. 임헌만(2000)은 정당구도가 정치적으로 이질적 성향이 강할 경우 의회의원이 보다 적극적으로 의정활동을 수행한다는 연구 결과를 제시하였다. 김명환 · 김주원(1997)은 지방의회의 정당별 의석분포와 단체장 소속정당의 역학관계를 중앙정치권의 권력 구도(여/야당)와 관련해서 분석하였으며, 의회에서 집행기관에 대한 질문의 형태와 이 질문유형별 답변의 형태를 분석하였다. 정명은 · 이종수(2008)는 지방정부 정당 구도를 단체장의 당적과 의회 과반수 의석확보 정당의 당적을 기준으로 분류하여 4가지 유형을 제시하며 지방의회 내에서 견제와 경쟁의 수준을 도출하였다.

2 단체장-의회 갈등

앞서 언급한대로 단체장과 의회의 갈등에 관하여 부각되기 시작한 것은 지방자치제가 실시된 이후이며 2005년 공직선거법 개정 이후 기초의회까지 정당공천의 범위가 확대되면서 갈등이 심화될 가능성 역시 커졌다. 지방의회와 지방자치단체장의 갈등은 사회적 · 정치적 갈등이며 조직 간의 갈등이라고 볼 수 있다(김진윤 · 이정훈, 2010). 단체장-의회 간 갈등관계에 대해 정의된 연구들을 보면, Johnson (1992)은 갈등을 의회와 행정기관 간에 정책이나 행정절차에 관하여 공식적 행위로써 드러난 견해차라고 정의하였다. 김영기(1998)는 제도적으로 상호의존적 활동관계에 있는 지방자치정부의 의결기관 구성원들과 집행기관 구성원들의 일부 또는 전체 간 목표, 이념, 지식, 정보, 감정 등에서 집단적 견해차가 다르거나 상호작용 과정이 장애를 빚는 상태로 정의하였다. 정채융(1999)은 지방자치단체의 집행부와 의결기관 간의 양 기관 간 나타나는 대립적 상호작용으로서 특히 권력 등과 같은 희소자원을 획득하기 위한 투쟁으로 보았고, 서우선(2003)은 주체적인 면에서는 조직 간 갈등, 객체적인 면에서는 정책의 내용을 대상으로 하는 정책갈등, 지방의회와 집행부 간 갈등을 조직 내 행동주체 간의 대립적 내지 적대적인 상호작용이나 교호작용이라는 조직 간 갈등이론을 원용하였다.

지방의회와 단체장 간 갈등관계 요인에 대한 선행연구들은 규범적 · 이론적 차원에서 경험적 사례연구까지 다양한 연구들이 있다. 이성재(2015)는 단체장과 의회가 갈등하는 요인들 중 하나로 정당의 영향을 들고 있는 데 단체장과 의회다수당의 정당이 다를 경우 의회에서 의안처리 지연, 예산심의 거부 등이 발생할 수 있을 것이라 보았다. 김진복(1994)은 단체장과 의회의 제도적 권한 비교분석과 상호관계의 시대적 변천을 분석의 기초로 갈등원인을 분석하였다. 분석결과 역할에 대한 상호간의 인지 부족, 자원배분 측면에서의 경쟁, 이용가능한 정보의 불균형, 역할자의 행태 및 가치관의 차이로 인하여 양자 간의 갈등이 발생하였다. 김영기(1998)는 단체장-의회 갈등요인을 정부형태, 지방정부조직 규모, 정당참여, 공직자 가치관, 공직자 인지요인, 인구규모, 재정상태, 지리적 조건 등의 요인을 도출하고 광역자치단체와 기초자치단체를 대상으로 실증적으로 분석하였다. 정채융(1999)은 단체장-의회 간의 협력 및 갈등 정도에 관하여 제도적, 개인적, 정치적, 행·재정적 요인을 설정하고 실증적으로 분석하였다. 김순은(1999)은 사례분석 방법을 사용하여 양 기관이 정책심의과정에 어떻게 대응하였는지를 실증적으로 규명하였다. 분석결과 지방의회와 단체장을 중심으로 전개되는 정책과정이 이념지향적, 정책지향적이라기보다는 양자의 권위와 위상을 정립하려는 의도가 강하게 나타났다. 김진윤·이정훈(2010)은 단체장-의회 갈등관계 요인을 제도적/비제도적 측면으로 나누어 분석하였다. 제도적 갈등관계 요인으로는 조직구성상의 권한관계나 업무분담에 관한 관계법령이 명확하고 구체적이지 못한 데서 찾을 수 있다. 법령의 부재와 미개정에 의한 갈등, 권한의 불분명한 위임과 사무의 분류 불투명, 갈등조정제도의 문제, 단체장의 의회사무처 직원 임명, 정치적 이해관계로 인한 대립관계를 원인으로 보면서 여당출신의 기관장과 야당출신의 의원이 다수 의석을 차지했을 때 양 기관의 갈등은 지방자치 운영에 있어서 마비와 폐해를 초래할 것이라고 주장하였다. 비제도적 측면에서는 양 주체 간의 지방자치에 대한 이해 부족과 개인적인 기술과 자질의 부족을 갈등관계의 요인으로 들며 지방의원과 단체장의 역할 및 자질 부족, 중앙정부의 자치단체에 대한 불신풍조, 주민의 행정 참여기회 축소를 우리나라 양 기관 간 갈등원인으로 보았다. 김대현(2011)은 단체장-의회 갈등에 영향을 미치는 것으로 제도적 요인에 한정하여 연구하였는 데, 두 기관 간 권한의 상대적인 배분 정도에 의해 갈등이 발생한다고 보았다. 그는 조례 제·개정, 행정사무감사, 예산안 심의 영역에서 갈등사례를 분석하였는 데 이는 단체장-의회 간 불균형적 권한 배분을 시정하려는 영역 다툼으로 보았다.

3 분석대상: 조례제정 및 예산결정과정

앞선 논의를 통해 단체장과 의회 다수당 간 당적이 다를 경우 이들 관계에서 갈등이 발생할 수 있음을 살펴보았다. 지방자치단체의 정당구도에 관한 접근은 정치적 관점에서 논의될 수 있는 데 각 정당별로 추구하는 가치가 다르기 때문에 주민의 의견을 수렴하여 정책을 형성함에 있어서도 서로 다른 입장을 취할 수 있다. 따라서 이후 사례의 분석과 논의에서는 지방자치단체의 정책을 결정하는 과정인 조례제정 및 예산결정과정에서 정당구도 이원화가 어떻게 나타날 수 있는지 살펴보고자 하며, 기본적인 조례의 제정과정과 예산의 결정과정은 다음과 같다.

1) 조례제정과정

조례는 지방의회에 의하여 제정되는 법규범이다. 지방의회 의원은 당해 지역주민에 의한 직접선거로 선출되므로(지방자치법(이하 법) 제26조의2), 지방의회는 당해 지역에서 대표성을 가진다 할 수 있고, 조례는 그 의미에서 정통성과 민주적 기반을 가진다 할 수 있을 것이다. 다른 한편 조례는 당해 지방공공단체의 사무에 관하여 제정된 법규범이다. 따라서 그 범위를 넘는 사항에 대하여는 조례제정의 대상으로 할 수 없다(강수경, 2006).

조례제정과정은 조례안 발의 또는 제출－지방의회에서의 심의－의결－공포를 거쳐서 이루어진다. 조례의 발의권은 지방의회와 자치단체장 양쪽이 갖고 있다. 이밖에 지방의회가 의결한 사항에 대하여 지방자치법에 의해 자치단체장이 재의를 요구할 수 있는 근거는 3가지로 규정하고 있다. ① 법 제26조 3항에 의하여 '조례안에 대한 이의가 있는 때'와 ② 법 제107조 1항에 의하여 '지방의회의 의결이 월권 또는 법령에 위반되거나 공익을 현저히 해한다고 인정되는 때' 그리고 ③ 법 제172조 1항에 의하여 '지방의회의 의결이 법령에 위반되거나 공익을 현저히 해한다고 판단될 때' 시·도에 있어서는 주무부장관이 재의를 요구할 수 있고, 시·군 및 자치구에 대하여는 시·도지사가 재의를 요구할 수 있다.

조례제정과정에서 단체장－의회 관계에 대한 연구는 임헌만(1999)의 연구가 대표적이다. 이 연구에서는 기초자치단체를 분석단위로 하여 조례안의 대부분이 자치단체장에 발의되어졌고(88.7%), 발의된 조례안의 대부분이 지방의회에서 가결되었으며(96,6%), 통과된 조례안들도 거의 대부분이 원안 그대로 가결되었음(88.6%)을 보여주었다. 이는 단체장-의회 관계에서 지방의회의 위상이 낮고 상대적으로 집행기관의 위상이 높아서 집행기관이 지방정치과정에서 주도적 역할을 하고 있다고 실증하는 결과이다. 또 이 연구에서 지방정부 활동영역을 지방의회가 주된 역할을 하는 정책결정영역과 자치단체장이 주된 역할을 하는 정책집행영역으로 나누어 정당구도가 이들 영역에 어떠한 영향을 미치는지를 연구하였다. 연구 결과 기초자치단체 정당구도는 조례안 가결비율, 조례안 원안가결비율 및 단체장조례안 발의비율과는 상관관계가 없는 것으로 도출되었다.

2) 예산결정과정

예산결정과정은 예산의 편성 · 심의 · 집행 · 회계검사 및 결산의 4단계로 구분해 볼 수 있다. 정부 또는 행정기관들이 사용할 수 있는 자금은 한정되어 있으며, 따라서 예산을 둘러싸고 사용처와 방법에 있어서 각 이해당사자들이 첨예하게 대립할 수밖에 없다. 지방자치단체장과 의회 역시 가치관과 소속 당적 등에 의하여 예산사용의 우선순위가 다를 수 있고 이 경우 갈등은 증폭된다.

우리나라 지방의회 예산심의에 대한 선행연구들의 분석결과 지방정부가 제시한 예산안에 대한 순 삭감률이 매우 낮게 나타났다. 이는 지방의회가 예산의 전체적 규모를 삭감하여 집행부를 통제하는 특성이 부족함을 의미한다(윤영진, 1993; 김순양, 1995; 문인수 · 정원식, 1997). 윤영진(1993)은 광역의회의 예산심의 행태를 연구하여 집행기관이 제출한 예산안이 시의회에서 수정된 수정률이 0~1.6% 정도의 매우 낮은 비율임을 분석하여 '행정부가 예산결정에 있어서 입법부를 지배한다'는 가설을 사례로 뒷받침하였다. 이준원(1998)은 집행기관은 주창자 — advocates: 주민의사를 예산에 반영하여 재정지원 증대를 추구 — 의 역할, 의회는 보호자 — 최소비용으로 정부서비스를 제공하고 재정지출 억제 — 역할을 수행할 것을 기대하고, 분석한 결과 상임위원회는 보호자 역할에 충실하고 예결위는 조정자 역할을 수행하여 집행기관에 대해 정치적 통제를 가하는 기능을 수행한다고 주장하였다.

표 1-2 지방자치단체 예산결정과정에 관한 선행연구

연구자	연구주제	분석 관점 및 중심 내용
윤영진 (1993)	광역의회의 예산심의 행태에 관한 연구	중앙정부와 지방정부와의 관계에서 정당의 역할에 관한 연구
이준원 (1998)	기초자치단체의 예산편성과정에 관한 사례연구	지방정부의 예산편성과정 기술
황종규 (2005)	기초의회 예산심의 행태 비교연구	예산심의 행태를 삭감과 증액으로 구분하여 비교 분석
김순양 (1995)	지방의회 예결위 예산심의 행태에 관한 연구	보호자, 주창자로서 참여자의 역할
박광국 · 황종규 (1994)	지방정부 예산결정과정에서 지방의회 역할에 관한 연구	보호자, 주창자로서 지방의회의 역할

제 3 절 사례분석

1 사례개요

서울시 무상급식이 본격적으로 논의되기 시작한 것은 2010년 2월 2일 원희룡, 손숙미(한나라당 소속) 의원이 개최한 '교육기본권으로서의 무상급식 실현을 위한 정책토론회' 이후이다. 토론회에서 당시 한나라당 서울특별시 시장 후보로 거론되던 원희룡 의원은 "서울시 예산규모로 볼 때 무상급식 예산의 부담은 크지 않으며 낭비적 예산, 홍보성 예산 등을 줄이면 충분하다. 따라서 무상급식의 실현 여부는 서울시장의 의지문제이다"라고 밝혔다. '무상급식'이라는 정책적 화두를 제시한 이 토론회 이후, 중앙정당 뿐만 아니라 서울시에서도 많은 논의가 이루어지게 된다(원희룡 · 손숙미, 2010: 3-5).

우선, 서울시 이수정 의원이 이상규 외 2,029명이 청원한 '서울특별시 친환경 무상급식에 관한 청원'을 서울시 의회에 제출하였다. 청원은 서울시 초 · 중학교 재학생을 대상으로 친환경 무상급식을 실시하기 위해 「서울특별시 학교급식 등 지원에 관한 조례」의 대상을 기존 저소득층 학생에서 서울시 초·중학교 재학생으로 확대하는 안이었다. 그러나 서울특별시 의회 재정경제위원회는 검토결과, 무상급식에 대한 철학적[3]·경제적 대립[4]과 법적인 이유[5]로 조례에 대한 개정이 당장은 불가능하다는 결론을 내렸다(재정경제위원회, 2010b: 1-5).

서울시 무상급식은 2010년 제5회 6·2 지방선거에서도 최대 화두였다. 민주당은 2011년부터 초·중학교 무상급식을 실시하여 2012년 이후 고등학교까지 단계적으로 추진할 것을 핵심공약으로 내세웠다(중앙선거관리위원회, 2010b: 315-316). 이에 반해 한나라당은 현재의 급식체계를 확대하여, 현재 97만 명이 받고 있는 무상급식 혜택을 2012년 저소득층과 농산어촌의 초·중·고등학생 전원인 197만 명(소득하위 30%)까지 확대하는 것을 공약으로 내세웠다(중앙선거관리위원회, 2010b: 247). 6·2 지방선거 결과 서울시장으로는 단계적 무상급식을 공약으로 내세웠던 한나라당 오세훈 후보가 당선되었고, 시의회는 전면 무상급식을 내세웠던 민주당이 다수당을 차지하게 되었다. 서울시의회 의석분포를 살펴보면 <표 1-3>과 같다.

한편, 전면 무상급식을 공약으로 내세웠던 곽노현 교육감은 2010년 7월 1일 취임준비위원회 결산보고서에서 2011년 초등학교, 2012년 중학교, 2013년 고등학교까지 단계적으로 무상급식을 확대하는 계획을 발표하였다(서울시교육감취임준비

---

3) 철학적 대립-전면 무상급식을 주장하는 측에서는 학습권을 보장하는 기본권리이자 헌법이 정한 의무교육이라는 사실, 수혜받는 저소득 학생에게 상처를 줄 수 있다는 이유를 들어 전면 무상급식의 시행을 주장하지만, 선별적 무상급식을 주장하는 측에서는 열악한 교육재정과 지방재정 상황에서 부유층에까지 무상급식을 지원하는 것보다는 보육과 타 교육수요에 활용하는 것이 효율적인 재정운용이라 주장하고 있다.

4) 경제적 대립-서울시에서의 전면 무상급식을 위해 약 4천 5백억 원이 소요될 것으로 추정이 되는데, 정부 등은 부족한 교육재정여건 속에서 부유계층에까지 무상급식 예산을 지출하는 것은 바람직한 재정운영 방향이 아니라는 주장을 펴고 있다. 이에 반해 야당은 4대강 사업 등 불요불급한 예산지출을 줄이면 충분히 감당할 수 있는 수준이라고 맞서고 있다. 전면 무상급식을 시행할 경우, 막대한 재원이 추가 소요되는 것은 분명하고 이는 시민의 조세부담으로 되돌아오기 때문에 신중하게 접근할 필요가 있다.

5) 법적 이유-「학교급식 등 지원에 관한 조례」는 「학교급식법」을 근거로 하는데, 동 법에서는 급식시설 및 설비비와 운영비는 학교의 설립·경영자가 부담하고, 학교급식을 위한 식품비는 '보호자'가 부담하는 것을 원칙으로 하고 있다. 비록 단체장이 보호자가 부담할 경비의 전부 또는 일부를 지원할 수 있도록 하고 있으나 경비지원시 저소득층 학생 등을 우선 지원하도록 명시하고 있다. 따라서 경비지원이나 우선지원 대상 등을 관계 법령에 따르지 않고 청원 내용에 따라 확대 규정하는 데는 일부 무리가 있다(재정경제위원회, 2010b: 3-5).

표 1-3 서울특별시의회 의석분포

시의원	민주당	한나라당
선출직	74	22
비례대표	5	5
총 계	79	27

자료: 중앙선거관리위원회 역대선거정보시스템을 바탕으로 작성.

위원회, 2010: 34-38). 시의회에서 다수당이 된 민주당은 서울시 교육청과 무상급식을 찬성하는 자치구들과의 긴밀한 협조 속에 「친환경 무상급식지원 특별위원회」를 구성하는 등 전면 무상급식 시행을 위한 노력을 계속하였다.

그러나 오세훈 시장 및 시의회 한나라당 의원 등은 여전히 전면 무상급식에 대해 부정적인 입장을 표명하였다. 무상급식 뿐만 아니라 다른 교육현안에서도 양측의 의견이 계속 대립되자, 무상급식을 비롯한 서울시 교육현안을 총체적으로 논의하기 위한 「서울교육행정협의회」[6]가 2010년 9월 9일 출범하였다. 「서울교육행정협의회」는 곽노현 교육감, 오세훈 시장, 허광태 시의회 의장, 고재득 서울구청장협의회 회장의 합의 하에 교육쟁점 사안들에 대해 논의하기 위해 출범한 민관실무협의회이다(교육협력국, 2010: 16).

「서울교육행정협의회」 1차(2010. 9. 14), 2차(9. 17) 회의에서, 교육청은 2011년도 초등학교 무상급식 전면시행을 주장하였다. 이에 서울시는 3차(9. 27), 4차(9. 30) 회의에서 무상급식 단계별 확대(최대 20%, 매년 5%)안을 제시하였다. 그러나 5차(10. 6) 회의에서 무상급식 실시 대상, 방법, 재원분담 등에 대한 양측의 입장 차이를 확인하고, 이후 회의를 갖지 않기로 결정함으로써 「서울교육행정협의회」는 결렬되었다(교육협력국, 2010: 16).

6) 「서울교육행정협의회」는 시 기획조정실장, 교육청 기획관리실장, 성북구청장, 서울시 김종욱 의원(민주당), 김용석 의원(한나라당) 등 5명과 시와 교육청이 추천한 민간단체 대표 1명씩을 포함한 모두 7명으로 구성된 민관실무협의회를 중심으로 정기적 모임을 갖고 교육현안을 논의하였다(교육협력국, 2010: 16).

2 서울시 무상급식 사례 전개

1) 지방선거 이전 시점

사례의 개요에서도 살펴보았듯이, 원희룡 의원의 전면 무상급식 발언 후 민주당과 한나라당은 각각 전면 무상급식과 단계적 무상급식이라는 서로 다른 공약을 가지고서 2010년 제5회 전국동시 지방선거를 실시하였다. 교육정책 및 무상급식과 관련하여 한나라당은 사교육, 학교폭력, 학습준비물의 부담을 시에서 부담하는 '3무'를 공약으로 제시하였고, 소득 하위 30%의 학생들에 대해 급식비, 수업료, 교재비, 교복비, 학습준비물을 지원하는 공약을 제시하였다(중앙선거관리위원회, 2010b: 247). 반면 민주당은 2011년부터 초·중학교 전면 무상급식 및 학교급식지원센터의 활성화와 2012년 이후 고등학교까지 무상급식을 단계적으로 확대하는 방안을 공약으로 제시하였다(중앙선거관리위원회, 2010b: 315).[7]

2010년 6월 2일 지방선거 결과 한나라당과 민주당의 양 정당을 배경으로 서울시장과 시의회·교육감과 교육위원 등, 무상급식 정책에 영향을 미칠 수 있는 행위자들이 결정되었다. 무상급식과 관련된 각 당선자들의 공약을 제시하면 <표 1-4>와 같다.

<표 1-4>에서 보는 바와 같이 서울시 무상급식은 한나라당의 당론과 같은

표 1-4 당선자별 무상급식 공약

당선자	공 약
서울시장	소득 하위 30%까지 급식비 지원
구청장	25개 구청장 중 21개(강남, 서초, 송파, 중랑 제외) 구청장이 무상급식 공약
시의원	114명의 시의원 중 79명(69.3%)이 무상급식 공약
교육감	2011년 초·중등 무상급식 실시, 2012년 이후 고등학교까지 확대
교육의원	8명의 교육의원 중 5명(62.5%)이 무상급식 공약

자료: 서울시교육감취임준비위원회(2010: 35)를 바탕으로 구성.

7) 후보자 개인의 공약을 살펴보면, 오세훈 시장은 소득 하위 30%까지 무상급식을 지원하는 방안을(중앙선거관리위원회, 2010a: 3), 곽노현 교육감은 초·중학교에 무상급식을 우선 실시한 후 고등학교까지 확대하는 방안을 제시하였다(중앙선거관리위원회, 2010a: 87).

맥락에서 제시된 서울시장(한나라당 시의원 및 구청장 포함) 중심의 소득 하위 30% 급식지원 방안과 교육감과 교육의원 및 민주당 시의원·구청장을 중심으로 한 전면 무상급식(민주당의 당론과 상통)의 두 방안이 대립하고 있음을 알 수 있다. 즉, 각 주요정당들의 당론과 시장 대(對) 시의회 및 교육감 등의 입장이 교호하는 가운데 무상급식에 대한 정책적 대비가 나타나게 된 것이다. 특히, 교육감이라는 제3의 민선행위자가 전면 무상급식 입장의 전면에 있다는 점을 주목할 필요가 있다. 교육부문 유력행위자의 이해가 한 측의 입장과 일치됨으로써, 해당 의사에 정책적 무게감이 실리게 된 것이다.

2) 지방선거 이후 시점

2010년 6·2 지방선거 이후 무상급식의 주된 논의는 서울시와 시의회, 교육감의 권력분점으로 인한 대립구도 형성과 '서울교육행정협의회'의 출범 및 종결에 관한 것이다. 지방선거 결과 서울시장에는 한나라당 오세훈 후보가 당선되었고, 시의회는 민주당이 다수를 점하였으며, 교육감에는 곽노현 후보가 당선되었다. 지역 권력이 대립정당 구도로 분점된 상황에서, 각 행위자들은 전면 무상급식(교육감 결산보고서 및 무상급식 조례)과 단계적 무상급식(소득 하위 30%)으로 무상급식 실현 방안에 대한 구도를 이원화한 채 합의를 도출하지 못하였다.

무상급식에 관한 서울시의 기본입장은 소득 하위 30%의 학생을 대상으로 2014년까지 무상급식을 단계적으로 확대해 나가자는 것이다(교육협력국, 2010: 10-11). 이는 전술한 바와 같이 한나라당의 당론과 큰 틀에서 일치되는 입장으로서, 2010년 기준으로 전체 학생의 약 11% 정도 지원되는 수준을 2011년 평균 16% → 2012년 평균 21% → 2013년 평균 26% → 2014년 평균 30%를 목표로 매년 5%씩 지원범위를 확대해 나가자는 것이다. 이를 위한 구체적인 예산 및 지원인원은 <표 1-5>와 같다.

2010년 4월을 기준으로 서울시에서는 664억 원의 예산을 들여 약 14만 명에게 무상급식을 지원하고 있는 데, 이는 기초생활수급자, 한부모가족, 건강보험료 월 34천 원 이하의 자녀를 기준으로 편성된 것이다. 무상급식에 대한 서울시 대안은, 2014년까지 965억 원의 추가비용을 들여, 기존 지원대상에서 약 22만 명에 대한 지원을 점진적으로 확대한다는 것이다. 서울시가 제시한 소득 하위 30% 지원은, 차상

표 1-5 소득 하위 30% 단계적 무상급식방안

(단위: 억 원, 천 명)

구 분		2011~2014 합계	2011	2012	2013	2014
예 산	계	2,573	278	539	792	965
	초	1,149	115	221	342	472
	중	761	82	159	234	286
	고	663	81	159	216	207
지원인원	계	-	62(+5%)	121(+10%)	179(+15%)	219(+19%)
	초	-	28(+5%)	54(+10%)	82(+16%)	115(+22%)
	중	-	17(+5%)	33(+10%)	48(+15%)	59(+19%)
	고	-	17(+5%)	34(+10%)	47(+14%)	45(+14%)

자료: 교육협력국(2010: 11).
주 1. 지원단가: 초 2,270원, 중 2,930원, 고 2,900원(2010년 평균단가).

위계층(최저생계비 120% 수준)과 차차상위(최저생계비 150%) 이상 지원범위가 확대되는 것이다(교육협력국, 2010: 16).

서울시, 즉 서울시장 측의 입장과 대비하여 무상급식 전면실시 측의 구체적 방안을 이해하기 위해 '교육감취임준비위원회 결산보고서'[8]의 내용을 살필 필요가 있다. 전면 무상급식 이전 서울시는 '저소득층 자녀 학교급식비 지원'의 형태로 무상급식을 지원하고 있었으며, 2010년 약 560억 원 정도 확보가 되어 전체 학생의 11.2%인 143,232명에 대해 무상급식을 지원하고 있었다. 보고서에 따르면, 무상급식 지원범위를 초등학교 전체로 확대할 경우 약 3,900억 원 정도가 소요되는 데 구체적인 항목은 <표 1-6>과 같다.

<표 1-6>의 주 3에서도 논의하였듯이, 초등학생 전면 무상급식 지원을 위해서는 기존의 지원금인 '교특, 지자체 지원경비' 이외에 '학부모 부담경비'인 약 2,200억 원의 확보가 필요하다. 또한 무상급식의 지원범위를 2012년 중학교까지 확대할 경우에는 약 3,700억 원이, 2013년 고등학교까지 지원범위를 확대할 경우에는 약 5,200억 원의 추가재원 마련이 필요하다. 이와 같은 재원을 마련하기 위해, 곽노현 교육감 측은 2010년 7, 8월 서울시 및 자치구와의 협의를 통해 예산분담을 협의

8) 곽노현 교육감이 당선 후 '서울형 혁신학교 설립', '교육비리 척결', '친환경 무상급식' 등 총 10여 개 분야의 정책과제를 검토한 보고서.

표 1-6 초등학교 급식비 경비부담 주체

(단위: 천 원)

구 분	총 소요액(연간, 1일 1식 기준)			비 고
	학부모 부담경비	교특, 지자체 지원경비	계	
초등학교	229,548,620	162,859,106	392,407,726	* 교특, 지자체 지원경비는 09년 집행기준

자료: 서울시교육감취임준비위원회(2010: 34).
주 1. 사립초(40개교 25,018명) 급식비 10,222,355천 원 포함.
2. 친환경 식재료 사용에 따른 추가비용 미반영(약 18,909,953천 원).
3. 교특, 지자체 지원경비는 기 지원되는 예산이므로「학부모 부담경비」예산확보 필요.

하고, 2010년 9~12월 시의회 예산심의시 무상급식 소요 예산을 확보하여, 2011년 3월부터는 초등학생을 대상으로 한 전면 무상급식을 실시한다는 계획을 수립하고 있다.

살펴본 바와 같이 대립하는 양측은 구체적인 무상급식 시행의 목표, 목표를 달성하기 위한 기본 진행 방향, 필요 자원 등의 부분에서 차이를 보이고 있다. 이는 곧, 당론 및 공약차원에서의 포괄적 대립양상이 보다 세부적인 차원에서의 정책 방향 차이로 이어지고 있음을 의미하는 것이다.

3) 무상급식 조례 논쟁 시점

무상급식 조례에 관한 논의는 '서울특별시 친환경 무상급식 등 지원에 관한 조례'가 발의되는 과정과 조례의 방향으로 인해 나타난 서울시-시의회의 핵심적 대립 양상을 의미한다. 결과적으로 의회 차원의 무상급식 조례 의결에 대해 서울시는 재의결 요구 및 무효확인소송으로 대응하였으며, 구체적인 예산안 편성에 있어서도 한나라당 및 시장의 의사가 반영된 단계적 급식지원의 방향이 나타나게 된다. 이러한 과정으로 인해 양 측의 극명한 대립은 더욱 증폭된 것으로 판단된다. 구체적으로 '서울특별시 친환경 무상급식 등 지원에 관한 조례'가 논의되는 과정을 간략하게 정리하면 <표 1-7>과 같다.

<표 1-7>에서 살펴본 바와 같이 서울시의회는 '서울특별시 친환경 무상급식 등 지원에 관한 조례'를 발의하였지만, 서울시는 조례에 관해 재의결을 요구하였고, 시의회가 재의결하자 서울시는 결국 대법원에 무효확인소송을 제기하였다. 무효

표 1-7 '서울특별시 친환경 무상급식 등 지원에 관한 조례' 논의과정

일 자	내 용
2010. 03. 18	'서울특별시 학교급식 등 지원에 관한 조례' 개정에 관한 청원
2010. 08. 02	'서울특별시의회 친환경 무상급식지원 특별위원회' 구성결의안 통과
2010. 10. 05	'서울특별시 친환경 무상급식 등 지원에 관한 조례(안)' 발의
2010. 10. 08	서울시의회 재정경제위원회 '무상급식 조례안' 검토
2010. 10. 11	서울시에서 시의회에 조례에 관한 '보류'의견 제출(법령위반 소지)
2010. 11. 18	서울시의회 재정경제위원회 조례 수정안 의결
2010. 12. 01	서울시의회 무상급식 조례안 본회의 의결
2010. 12. 02	조례의결 통보(시의회 → 서울시)
2010. 12. 21	서울시에서 시의회에 조례에 관한 '재의'요구 제출
2010. 12. 30	서울시의회 조례 재의결
2011. 01. 06	허광태 서울시의회 의장 조례 공포
2011. 01. 18	서울시 대법원에 무상급식 조례안 무효확인소송 제기

자료: 교육협력국(2011b: 6) 및 시의회 무상급식 관련 의안정보 참조.

확인소송의 주된 근거로서 서울시는 조례안이 "교육감의 급식의무를 서울시장에게 행정적·재정적으로 강제하기 위한 다수의 위법사항을 포함"하고 있다며, 다음과 같이 조례의 위법사항을 지적하였다(교육협력국, 2011b: 2-5). 첫째, 조례 제3조에서 학교급식지원계획의 수립 및 시행을 시장에게 전가하는 것은 "교육감은 매년 학교급식에 관한 계획을 수립·시행하여야 한다"는 학교급식법 제3조 2항을 위반한 것이다. 둘째, 부칙 제3조에서 초등학교 2011년, 중학교 2012년 시행한다고 규정한 것은, 학교급식법 제3조 2항에 대한 침해일 뿐 아니라, 시장에게 무상급식에 관한 예산편성을 강제한다. 따라서 "시장은 … 급식에 관한 경비를 지원할 수 있다"고 규정한 학교급식법 제8조 4항과 시장의 무상급식 경비지원 재량을 박탈함으로써, 지방자치단체의 사무인 예산 편성·집행을 규정한 지방자치법 제9조 2항을 위반한 것이다. 셋째, 조례 제8조에서 "서울특별시 급식지원센터를 설치·운영한다"고 규정한 것은, "시장 등은 … 학교급식지원센터를 설치·운영할 수 있다"고 규정한 학교급식법 제5조 4항을 위반한 것이다. 넷째, "친환경무상급식지원심의위원회에서 심의한 급식경비를 … 지원하여야 한다"고 규정한 조례 제5조는, "시장 등은

… 학교급식 지원에 관한 중요사항을 심의하기 위하여 … 학교급식지원심의위원회를 둘 수 있다"고 규정한 학교급식법 제5조 3항을 위반한 것이다.

무상급식 조례에 대한 서울시 이의제기 내용의 핵심은 "① 법령상 교육감 고유권한인 학교급식을 서울시장에게 전가했다는 점, ② 급식경비 지원에 관한 시장의 재량권 및 예산편성권 침해, ③ 법령상 의무사항이 아닌 급식지원센터의 설치 및 운영을 의무화"했다는 점 등을 들 수 있다(교육협력국, 2011b: 1).

4) 주민투표 시점

전면 무상급식과 단계적 무상급식을 주장하는 양측이 의사결정에 합의를 도출하지 못하자, 오세훈 서울시장은 2011년 1월 10일 주민투표를 제안한다. 무상급식 주민투표에 관한 논의는 무상급식의 지원범위를 결정하기 위한 주민투표가 실시되는 과정과 주민투표 결과에 관한 논의이다. 서울시 무상급식에 대한 의사를 결정하기 위하여 진행된 주민투표과정을 정리하면 <표 1-8>과 같다.

<표 1-8>에서 살펴본 바와 같이 서울시 무상급식 대안 선택을 위한 주민투

표 1-8 서울시 무상급식 주민투표 진행과정

일 자	내 용
2011. 01. 10	오세훈 시장. 주민투표 제안
2011. 01. 18	서울시. 서울시장이 제안하는 주민투표 의회 동의안에 대한 무기한 연기
2011. 01. 31	'복지포퓰리즘추방국민운동본부'. 서울시 무상급식 주민투표 청구
2011. 02. 09	무상급식 주민투표 서명 시작
2011. 03. 03	'친환경무상급식국민연대'. 무상급식 원년 선포식
2011. 06. 16	'복지포퓰리즘추방국민운동본부'. 801,263명 서명첨부 주민투표청구서 제출
2011. 06. 27	주민투표 서명부 검증작업 시작
2011. 07. 11	'오세훈심판무서운시민행동'이 주민투표 청구 서명부의 명의도용 제기
2011. 07. 12	서울시. 유효서명자 수 530,337명으로 서명부 검증 결과 발표
2011. 07. 19	'오세훈심판무서운시민행동'. 주민투표 집행정지 가처분신청
2011. 08. 01	서울시. 무상급식 주민투표 발의. 투표운동 시작
2011. 08. 18	부재자 투표 실시(~19)
2011. 08. 24	주민투표 실시. 주민투표권자 전체 중 25.7% 투표로 투표함 미공개
2011. 08. 26	오세훈 시장 사퇴

표는 자치단체장 혹은 지방의회가 발의한 형태가 아닌, '복지포퓰리즘추방국민운동본부(공교육살리기학부모연합 등 165개 단체의 연합체)'를 중심으로 한 지역주민들이 청구한 형태의 주민투표이다. 따라서 '복지포퓰리즘추방국민운동본부'는 주민투표법 제9조 2항에 의거, "주민투표청구권자 총수의 20분의 1 이상 혹은 5분의 1 이하"의 범위 안에서 서명을 받아 주민투표의 실시를 청구할 수 있다. 이는 서울시 유권자의 5% 이상인 418,005명 이상의 서명을 받아야 한다는 뜻으로, '복지포퓰리즘추방국민운동본부'는 총 801,263명의 서명을 제출하였고, 이 중 530,337명의 서명이 청구요건을 충족하는 것으로 확인되어 주민투표를 청구하게 되었다. 이에 서울시는 2011년 8월 1일 주민투표를 발의하고 투표운동을 실시하였다.

이 과정에서 전면 무상급식을 찬성하는 측에서는 '친환경무상급식풀뿌리국민연대'가 보편적 복지의 시작으로서 무상급식 지지를 천명하며 출범하였고(무상급식연대 홈페이지 참조), 더불어 '참여연대 및 시민단체'로 구성된 '오세훈심판무서운시민행동(가)'이 주민투표 청구과정, 즉 주민 서명부의 명의도용 의혹 및 절차적 불법성을 강조하며 서울시의 입장과 배치하는 구도를 나타내게 된다(연합뉴스, 2011. 07. 11). 결과적으로 8월 24일 실시된 주민투표에서 총 유권자의 25.7%만이 투표에 참여하여, 투표권자 1/3 이상 투표라는 주민투표결과의 확정요건(주민투표법 제24조 1항)을 충족하지 못하고 주민투표는 무산되었다.[9] 이는 표면적으로 양 정책방향 모두가 선택받지 않은 것이나, 결과에 대한 책임을 지고 오세훈 시장이 사퇴하기에 이른다.

주민투표안으로 사용된 '소득 하위 50%의 학생을 대상으로 2014년까지 단계적으로 무상급식 실시'는 소득 하위 30%에 대한 지원과는 달리 구체적 가이드라인이 설정된 것은 아니다. 소득 하위 50%는 무상급식 지원범위에 대한 추상적 목표치이며, 구체적인 정책대안 및 재원분담부분은 목표에 대한 서울시-시의회-교육청의 합의가 이루어진 후 논의하도록 하였다. 2010년 10월 6일, 서울시는 '서울교육행정협의회' 민관실무협의회에서 2010년 소득 하위 11%까지 지원되는 무상급식을 2014년까지 하위 50%까지를 목표로 할 것을 제안하였으나, 시의회 및 시교육청과의 입장차로 인해 실무협의회가 결렬되었다. 이후 소득 하위 50% 대안은 "소득 하위

9) 주민투표법 제24조 1항 1호는 전체 투표수가 투표권자 총수의 1/3에 미달될 경우 주민투표에 사용된 양자 택일의 대상 모두를 선택하지 아니하기로 확정된 것으로 본다.

50%의 학생을 대상으로 2014년까지 단계적으로 무상급식 실시"와 같이 주민투표의 한 대안이 되었다.

'소득 구분없이 모든 학생을 대상으로 초등학교는 2011년부터, 중학교는 2012년부터 전면적으로 무상급식 실시'한다는 안은 곽노현 교육감이 제시한 교육감취임준비위원회 결산보고서(서울시교육감취임준비위원회, 2010: 37)와 '서울시 친환경 무상급식 등 지원에 관한 조례' 부칙 제3조 2항에서 언급된 내용이다.

5) 소 결

서울시 무상급식정책에 관한 시기별 특징을 통해 서울시에서 무상급식에 관한 논의가 어떻게 진행되었는지를 살펴보았다. 지금까지 논의된 무상급식 사례를 행위자 간 의사결정 구조 및 논의과정에 따라 정리하면 [그림 1-1]과 같다.

[그림 1-1]을 통해서 제시된 의사결정구조와 주요 논의과정을 정리하면 다음과 같다. 첫째, 지방선거 이전의 시기에는 무상급식 정책에 관한 구체적인 대안과 핵심행위자라는 개념보다는 각 정당 및 후보자의 공약을 통해 논의되었다. 둘째, 지방선거 이후에는 서울시의회 및 곽노현 교육감(취임준비위원회 결산보고서 등)과 오세훈 시장(소득 하위 30% 등)을 중심으로 전면 무상급식과 단계적 무상급식을 위한 필요재원과 재원확보방안 등을 구체적으로 수립하기 시작하였다. 또한 이 시기에는 '서울교육행정협의회'를 통해 양측 간 합의를 도출하려 하였지만 무상급식 조례제정과 함께 협의회는 결렬되었다. 셋째, 무상급식 조례에 관한 논의가 중점이었던 시기에는, 서울시의회가 '조례'라는 제도를 활용하여 서울시에 전면 무상급식을 위한 업무를 강제하는 특징이 나타났다. 그러나 오세훈 시장은 이에 반발하여 대법원에 '조례 무효확인 소송'을 제기하였고, 시의회에서 편성한 695억 원의 무상급식 예산을 집행하지 않았다. 따라서 2011년 1학기 서울시는 초등 3개 학년+일부 4학년(강남, 서초, 송파, 중랑 제외)에 대한 무상급식을 실시하였다. 넷째, 주민투표 시기는, 무상급식의 전면 혹은 단계적 시행 여부의 원칙적 결정권이 지역주민 및 시민단체에게로 이전된 시기이다. 그러나 주민투표 결과 25.7%의 투표율로 주민투표 자체가 무산되었고, 이에 대한 책임으로 오세훈 시장이 사퇴하게 되었다.

그림 1-1 무상급식 관련 행위자 구조 및 논의과정

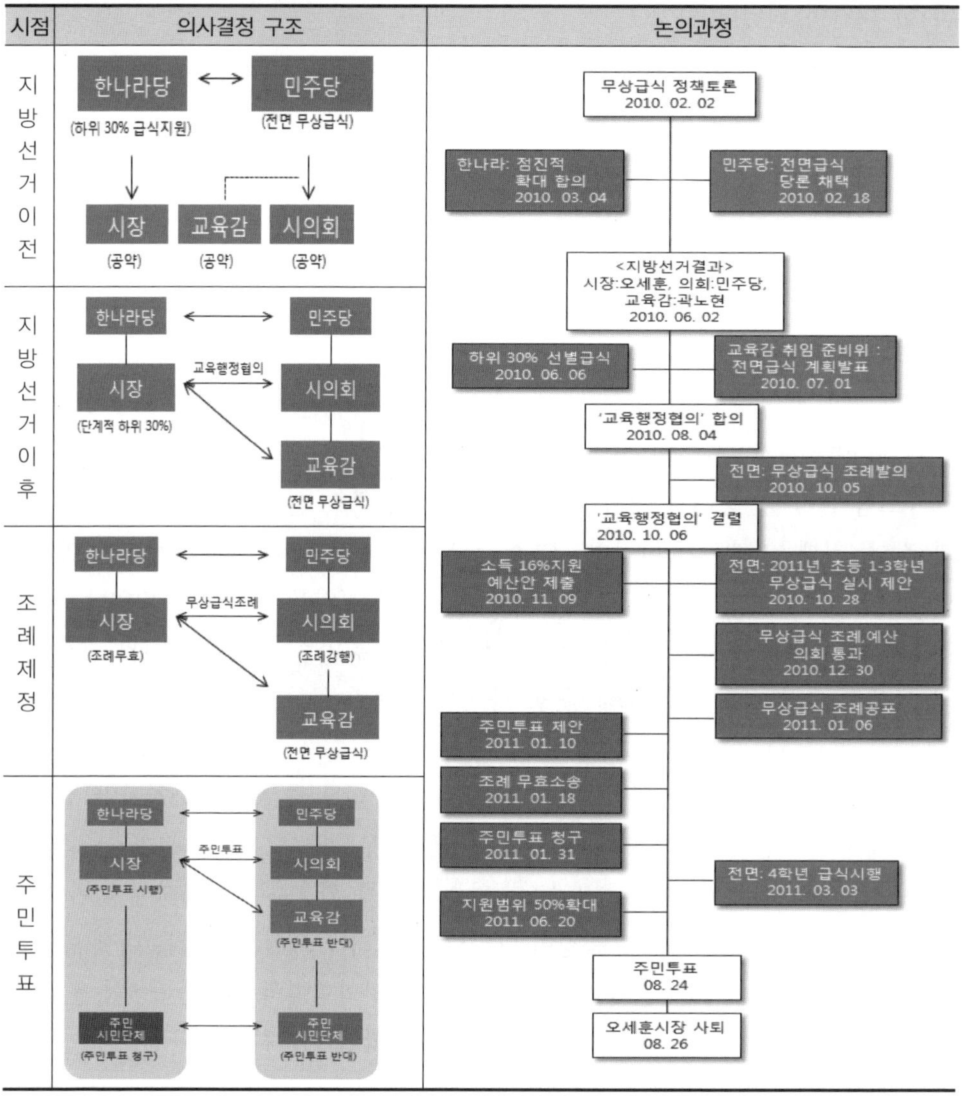

3 조례제정 및 예산결정과정

1) 조례제정과정

(1) 조례제정과정 개요

「친환경 무상급식[10] 등 지원에 관한 조례(안)」은 「학교급식법」, 「영유아보육법」, 「유아교육법」 및 같은 법 시행령과 「식생활교육지원법」에 따라 서울특별시내 학교 등에 무상급식 실시에 필요한 경비를 지원하여 성장기 아동 및 청소년의 건전한 심신 발달과 올바른 식생활 습관의 형성을 도모하며, 친환경 농・수・축산물 또는 그 가공품 등의 소비를 촉진시켜 친환경 농・수・축산물의 수급체계를 완성하여 지속가능한 지역사회 발전에 이바지하는 것을 목적으로 하였다(재정경제위원회, 2010a: 14)(제1조). 구체적으로 친환경 무상급식의 지원대상은 유치원, 초・중・고등학교, 보육시설 등이며, 그 중에서도 의무교육기관을 우선적으로 지원하도록 하였다(서울특별시의회, 2010c: 1)(제4조).

구체적인 학교급식 지원계획은 매년 7월말까지 수립하되, 서울특별시 교육감 및 서울특별시 구청장과 재정분담 비율 등을 충분히 협의하도록 하였다. 확정이 된 지원계획에 따른 필요경비는 다음연도 예산에 우선 반영하도록 하였다(제3조). 또한 조례안은 예산의 범위 내에서 급식경비를 교육감 및 구청장에게 현금 또는 현물로 지원하게 하였다(제5조). 그리고 서울시장이 '서울특별시 급식지원센터'를 설치하고 직접 운영토록 하였다(재정경제위원회, 2010a: 15－17)(제8조).

또한 친환경무상급식지원심의위원회를 구성하여 급식경비 및 급식 지원 대상, 지원 방법, 지원 규모 등에 관한 사항을 심의하도록 하였다. 필요시에는 소위원회를 구성할 수 있게 하였으며, 그 기능, 구성, 운영에 관한 사항도 규정하였다(제9조~제11조). 또한 지원 신청, 지원대상자의 의무, 급식지원센터의 설치 및 운영에 관한 사항들을 규정하였다. 그 밖에 부칙으로 초등학교는 2011년부터, 중학교는 2012년부터 의무교육기관에서 무상급식을 시행하도록 하였다(서울특별시의회, 2010c:

10) 「친환경 무상급식 등 지원에 관한 조례(안)」은 '친환경 무상급식'을 제1조의 목적을 실현하기 위하여 제4조의 지원대상에게 친환경 급식에 소요되는 경비 전부를 국가나 지방자치단체가 부담하는 것으로 정의하였다.

1－10)(부칙 제3조).

(2) 갈등양상

조례과정에서 나타난 단체장－의회 관계는 크게 두 가지로 요약될 수 있다. 하나는 조례의 내용(기관별 사무분담의 원칙, 단체장의 권한 침해)과 관련된 갈등이며, 다른 하나는 오세훈 서울시장의 시정협의 중단 선언과 같은 권력행위와 관련된 갈등이다.

우선 조례의 내용과 관련하여 기관별 사무분담의 원칙 및 단체장의 권한에 침해가 있는 것으로 보고 있다. 오세훈 서울시장은 조례안이 기관별 사무분담의 원칙에 위배된다고 주장하였으며 주장의 대상이 된 조례의 내용은 제3조 '학교급식지원계획의 수립 및 시행'과 제8조 '급식지원센터의 설치 및 운영'이다. 「학교급식법」은 급식계획의 수립과 시행 등 급식에 관한 전반적 의무와 권한을 교육감에게 두고 있다. 그런데 조례안은 시장에게 친환경급식지원의 중장기계획의 수립과 예산지원, 안전한 친환경농수산물 수급체계 구축방안 등 친환경 무상급식에 대한 중요한 사항을 포괄하여 지원계획을 수립하도록 하였다. 또한 「학교급식법」에는 급식지원센터는 자치구청장이 설치하여 운영토록 규정하였다. 그러나 조례안은 구청장의 업무로 규정되어 있는 급식지원센터의 설치와 운영을 시장의 책무로 규정하였다. 서울시에서는 이와 같이 시장에게 교육감과 자치구청장의 업무를 부여하는 것은 기관별 사무분담의 원칙과 「학교급식법」 등의 상위법을 위반하는 것이라고 주장하였다(서울특별시장, 2010: 1－2).

그러나 시의회는 조례안의 여러 사항 등이 지원에 관한 내용이기 때문에 학교급식법 제3조 1항에 의해 당연히 시장이 해야 할 일로 문제될 것이 없다는 입장이다(민주당, 2010b: 1). 학교급식지원센터 또한 「학교급식법」 제5조 4항이 특별자치도지사, 시장, 군수, 자치구의 구청장이 그 소속 하에 학교급식지원센터를 설치, 운영할 수 있도록 하였기 때문에, 서울시장에게 학교급식지원센터의 설치, 운영을 금지하는 규정은 아니라고 주장하였다. 따라서 서울시장이 학교급식지원센터를 설치, 운영하는 것이 사무분배의 원칙에 위배되지 않는다고 주장하였다(민주당, 2011a: 2).

다음으로, 오세훈 서울시장은 친환경무상급식지원심의위원회가 단체장의 권한을 침해한다고 주장하였다. 「학교급식법」은 지방자치단체장이 재정상태 등을 고려해서 우수한 농산물 사용 등 특정한 목적을 위해 식품비 등 급식경비의 지원 여부를 결정할 수 있도록 규정하고 있다. 그런데 조례안은 무상급식을 전제로 구체적인 대상과 시기 등을 규정하여 급식경비 지원에 대한 시장의 책무를 과도하게 부과하였다는 것이다. 이는 급식지원 사무집행에 관한 시장의 집행권과 예산편성권도 침해하는 것이라고 지적하였다. 또한 「학교급식법」에서 급식지원에 관한 중요사항을 심의하기 위한 심의위원회 구성 여부를 지방자치단체장의 재량에 맡기고 있고, 그 역할도 심의기구로 한정하고 있다. 그러나 조례안은 친환경무상급식지원심의위원회의 구성 및 운영을 의무화하고 급식경비도 심의위원회에서 심의한대로 지원하도록 하여 사실상 시장의 권한을 침해하였다는 것이다(서울특별시장, 2010: 1-2).

이에 대해 시의회는 '국가 또는 지방자치단체는 보호자가 부담할 경비의 전부 또는 일부를 지원할 수 있다'는 「학교급식법」 제9조 1항에 의해 단체장이 경비를 지원할 수 있기 때문에 시장에게 지원시기와 지원대상을 규정하는 것이 시장의 권한을 침해하는 것이 아니라고 주장하였다(민주당, 2010b: 1). 또한 학교급식법 시행령을 보면 급식의 비용 주체와 시기 등은 교육감이 정하도록 되어 있으며 이미 곽노현 서울시교육감이 결정한 사항이므로 아무 문제가 없다는 입장이다(한국일보, 2011. 01. 02).

이상의 조례의 내용와 관련된 갈등 뿐만 아니라 일방당사자의 실력행사로 인한 갈등증폭이 있었다. 오세훈 서울시장이 반대하는 조례를 시의회에서 강행처리함으로써 서울시장과 시의회의 갈등이 깊어지게 되고, 본회의 통과 과정에서 시의회 한나라당 의원들이 의장석을 점거하는 등 시의회 내부에서도 민주당과 한나라당 의원 사이에 갈등이 깊어지는 과정에서(파이낸셜뉴스, 2010. 12. 01) 서울시장과 시의회의 갈등은 오세훈 시장이 시의회와의 시정협의를 중단하겠다고 밝히면서 걷잡을 수 없이 커졌다. 오세훈 시장은 "시의회가 무상급식 조례를 강요한 데 따라 시의회 출석을 전면 거부하는 등 시의회와의 시정협의를 전면 중단하겠다"고 밝혔다. 이에 따라 오세훈 시장은 2010년 12월 2일 열린 시의회 본회의 시정 질문부터 출석을 거부하였다(연합뉴스, 2010. 12. 02).

이에 시의회 민주당은 오세훈 시장의 시정협의 중단 선언을 강도 높게 비난하였고, 지방자치법 제42조에 따라 오세훈 시장의 시의회 출석을 요구하였다(허광태,

2010: 1). 그러나 거듭된 출석요구에도 불구하고 오세훈 시장이 출석을 거부하자, 2010년 12월 29일 오세훈 서울시장을 직무유기 혐의로 서울중앙지방검찰청에 고발하였다. 시의회 민주당은 오세훈 시장이 의회에 무단으로 불출석하는 등 지방자치법 제42조 2항을 위배하였고, 이는 형법 제122조의 직무유기에 해당한다고 주장하였다(연합뉴스, 2010. 12. 29).

2) 예산결정과정

(1) 예산결정과정 개요

2010년 11월 9일 서울시 교육청은 2011년도 예산안에 전면 무상급식 시행을 위해 1,162억 원의 예산을 배정하였다(동아일보, 2010. 11. 09). 그러나 서울시는 단계별 무상급식에 약 278억 원을 배정한 2011년 예산안을 11월 9일 확정하여, 10일 시의회에 제출하였다. 이는 시의회에서 요구하는 전면 무상급식이 배제된 것이었다. 이에 시의회는 전면 무상급식 시행을 위해, 그 동안 미뤄왔던 「친환경 무상급식 등 지원에 관한 조례」를 12월 1일 본회의에서 의결하였다(교육협력국, 2011a: 6).

그러나 오세훈 서울시장은 「친환경 무상급식 등 지원에 관한 조례」 통과에 반발하여 12월 2일 시의회 출석을 전면 거부하고 시의회와의 시정협의를 중단하겠다고 발표하였다. 이에 시의회 민주당은 시정 질의가 이루어지지 않는 한 서울시 예산안 심사를 하지 않겠다고 발표하였다(민주당협의회, 2010: 1-2) 결국, 서울시 예산안은 법정처리 시한인 16일을 넘기게 되는 파행을 겪게 되었다(연합뉴스, 2010. 12. 17).

그러나 시의회 민주당은 2011년도 준예산 집행[11]의 파국을 막기 위해 예산안 연내 처리를 결정하고 정례회 회기를 열흘(12. 20~29) 간 연장하였다(민주당, 2010b: 2). 12월 20일부터 23일까지 상임위원회에서 예비심사를 진행하였다. 상임위원회 결과 시의회는 서울시예산 20조 6,107억 원 중 3,084억 원을 삭감한 후, 이 가운데 2,511억 원의 예산을 신설·증액하였다(민주당, 2010a: 1). 그 후 시의회는 예산결산특별위원회 심사를 진행하여, 30일 본회의 임시회에서 예산안을 의결하였다(서

11) 지방자치법 제131조는 전년도 예산에 준해 집행할 수 있는 준예산 항목을 정해 놓았다. → 법령이나 조례에 따라 설치된 기관이나 시설의 유지·운영 → 법령상 또는 조례상 지출의무의 이행 → 이미 예산으로 승인된 계속사업 등이다(중앙일보, 2010. 12. 06).

울특별시, 2011a: 14).

그러나 서울시는 본회의에서 권영규 서울시 행정1부시장이 오세훈 시장을 대신하여 증액, 신설한 예산에 대해 동의하지 않는다고 선언하였다(서울특별시의회, 2010b: 12－30). 또한 서울시는 시의회가 시장의 동의없이 증액하거나 신설한 2011년도 서울시 예산안은 위법이며, 신설·증액한 예산에 대해 2011년 1월 13일 재의를 요구하였다(서울특별시, 2011b: 1).

한편 오세훈 시장이 불법으로 증액 및 비용항목 신설한 예산은 원인무효로 관련 예산집행을 거부하여(서울특별시, 2011c: 1), 2011년 서울시내 초등학교 무상급식은 4개 학년(강남, 서초, 송파, 중랑구는 3개 학년)에서 실시되었다(서울특별시의회, 2011: 1). 그러나 10·26 재·보궐선거에서 당선된 박원순 서울시장이 친환경 무상급식의 지원 확대를 결정함으로써, 2011년 11월부터 서울시내 공립초등학교(강남, 서초, 송파, 중랑구 제외)에서 무상급식이 전면 실시되게 되었다(교육협력국, 2011a: 1).

서울시가 의회에 제출한 예산안은 총계규모 206,107억 원으로 2010년도 총계규

표 1-9 2011년도 서울시 예산안 논의과정

날 짜	내 용
2010. 11. 09	시교육청, 2011년도 예산안에 1162억 원의 예산을 전면 무상급식에 배정
	서울시, 단계적 무상급식에 278억 원을 배정한 2011년도 예산안 확정
2010. 11. 10	서울시, 2011년도 예산안 시의회 제출
2010. 12. 01	시의회, 「친환경 무상급식 등 지원에 관한 조례」 의결
2010. 12. 02	오세훈 서울시장, 시정협의 중단 선언
2010. 12. 16	시의회, 2011년도 서울시 예산안 법정기한(16일) 내 처리가 무산
2010. 12. 17	시의회, 정례회 연기하여 예산안 연내 처리 시사
2010. 12. 23	시의회 재정경제위원회, 2011년도 예산안 심의에서 무상급식 예산 695억 원 등을 신설·증액
2010. 12. 25	서울시-시의회, 2011년도 예산안 협상 재개하기로 합의
2010. 12. 29	서울시-시의회, 협상결렬
2010. 12. 30	시의회, 2011년도 예산안 의결
2011. 01. 13	서울시, 2011년도 예산안 재의요구

자료: 서울특별시(2011a: 13-14) 및 신문기사로 구성.

모 214,172억 원보다 8,065억 원, 비율로는 3.8%를 삭감하였다(예산결산특별위원회, 2010a: 6). 이에 대해 시의회는 서울시 제출 예산안을 총계규모 205,850억 원으로 수정하여 의결하였으며, 이는 257억 원, 비율로는 0.1%를 삭감하였다. 시의회는 서울시 제출안 중에서 3,803억 원을 삭감하고, 3,546억 원은 신설·증액하였다(서울특별시, 2011a: 14). 대표적인 삭감 예산으로는 한강예술섬 40억 6,000만원, 서해뱃길 752억 원 등이 있으며, 신설·증액한 예산으로는 친환경 무상급식 695억 원, 중증장애인 활동 보조지원 200억 원 등이 있다(예산결산특별위원회, 2010a: 6).

한편 서울시는 무상급식에 대하여 현재 서울시 교육청에서 소득 하위 11%까지 지원하는 학생급식 지원사업의 지원범위를 매년 5%씩 확대하여 2014년 소득 하위 30%까지 확대하는 계획을 수립하였다. 이를 위하여 서울시는 제출예산안에서 저소득층 학생들(소득 하위 16%)의 급식비를 지원하기 위해 277억 7,355만 원[12]을 배정하였다. 또한 학교급식 우수 농·축산물 구매비용으로 102억 5,622만 원[13]을 편성하여 급식지원과 관련된 서울시 예산은 총 380억 2,977만 원이었다(예산결산특별위원회, 2010a: 39-40). 시의회는 이에 대해 기존 예산안을 학교시설 개선 지원 등을 위한 사업비로 전환하고 초등학생을 대상으로 하는 친환경 무상급식 지원에 695억 원을 신설하였다. 또한 기존 예산안 전환으로 인한 중고교생 저소득층의 피

표 1-10 11년도 무상급식 관련 서울시 예산안

(단위: 천 원)

사업명	서울시 제출안	시의회 수정안			
		증액	감액	소계	수정안
교육경비지원 (조례 전출금)	86,854,380	24,773,546	△27,773,546	△3,000,000	83,854,380
친환경 무상급식 지원 (공립초교)	0	69,513,300	0	69,513,300	69,513,300
중고교생 저소득층 무상급식 확대지원	0	16,296,115	0	16,296,115	16,296,115

자료: 2011년 서울특별시 예산안 수정안(2010)을 바탕으로 작성.

12) '교육경비 지원' 사업의 조례상 전출금 868억 5,438만 원의 산출내역으로 구성되어 있다.
13) '건강한 학교급식 지원'의 총예산편성요청액은 152억 6,522만 원이나 유통센터 건립관련 출자금 등을 제외한 순수 급식보조금은 102억 5,622만 원이다.

해를 막기 위해 163억 원을 중고교생 저소득층 무상급식 확대지원 예산으로 분리 편성하였다(서울특별시의회, 2010a: 12－23).

(2) 갈등양상

예산결정과정에서 단체장과 의회의 갈등양상은 세 가지로 살펴볼 수 있다. 첫째, 갈등으로 인하여 예산안이 법정기한을 넘기게 되는 초유의 사태가 발생하였으며, 둘째, 일말의 양보없는 상태가 끝까지 지속되었고, 셋째, 「실 집행예산」이 등장하였다. 각각의 내용을 살펴보면 다음과 같다.

첫째, 예산안의 처리기한과 관련하여 당초 시의회는 11월 29일 시정 질의를 시작하여 각 상임위원회별 예비심사, 예산결산특별위원회 심의를 거쳐 본회의에서 예산안 법정시한인 12월 16일까지 예산안 처리를 완료할 예정이었다.[14] 그러나 오세훈 서울시장이 12월 2일 「친환경 무상급식 등 지원에 관한 조례」에 반발하여 시정협의를 중단하고 시의회 출석을 전면 거부하였다. 이에 시의회 민주당은 시정 질의가 이루어지지 않는 한 2011년도 서울시 예산안 심의를 하지 않겠다고 발표하였다(민주당협의회, 2010: 2). 그 결과 1995년 지방자치제 부활 이후 처음으로 서울시의 예산안 처리가 법정시한(16일)을 넘기게 되었다(연합뉴스, 2010. 12. 17). 그러나 시의회 민주당은 심의 지연으로 빚어질 피해를 우려해서 연내 예산안 처리를 결정하였다. 이에 정례회 회기를 열흘(12. 20~29)해서, 12월 20일부터 상임위원회 예비심사를 진행하였다(민주당, 2010b: 2).

둘째, 예산안의 협상과정을 살펴보면 양측 모두 양보없는 평행선을 달리고 있다. 시의회 상임위원회의 예산안 예비심사 결과, 친환경 무상급식 지원 695억 원 등 일부 예산이 신설, 증액되고 서울시가 기존에 추진했던 역점사업의 예산이 삭감됨에 따라 서울시가 강력히 반발하고 나섰다. 이에 서울시와 시의회는 25일 무상급식 등 당면한 예산 과제에 대해 의견을 조율하기 위해 협의를 재개하기로 합의하였다. 특히, 양측이 어느 정도의 양보를 전제로 하면서 양측 간 갈등이 해결될 것이라는 기대감이 생성되었다. 그러나 협상을 진행하기도 전부터 양측의 기존 입장을 고수하는 발언으로 인해 협상은 난항을 겪게 되었다. 시의회 민주당은 "무상급식 예산을 원점에서 재검토하거나, 실시 규모를 이미 확보된 4개 학년보다 줄이려

14) 서울특별시의회 홈페이지 회기별 의사일정 참조.

한다면 합의가 불가능하다"고 밝혔다. 특히, 오세훈 서울시장은 협상 당일인 28일 "서울시의회가 예산을 삭감하며 압박하더라도 원칙에 어긋나는 무상급식은 받아들일 수 없다"고 밝혔다. 결국, 양측은 12월 28일 실무협상단[15]을 꾸려 오후 2시부터 10시까지 협상을 진행하였지만, 기존의 입장차만 다시 확인하였을 뿐 2011년도 예산안에 대한 타협점을 찾는데 실패하였다. 협상이 결렬된 후, 2011년도 서울시 예산안은 끝내 시장의 동의 없이 시의회에서 의결되었다.

마지막으로 갈등으로 인하여 일반적인 예산안이 아닌 '실 집행예산'이 운영되었다. 예산과정에서 나타난 서울시장의 실 집행예산 운영은 특이한 사례로서, 시의회가 시장의 동의 없이 2011년도 서울시 예산안에서 친환경 무상급식 695억 원 등 총 3,546억 원의 예산을 신설·증액하자, 서울시는 시의회에서 증액 및 비용항목을 신설한 3,546억 원의 예산은 원인무효이므로 집행을 하지 않겠다고 밝혔다. 서울시는 신설·증액된 예산안이 「지방자치법」 제127조의 규정에 따라 반드시 거쳐야 하는 서울특별시장의 동의절차를 무시하였다고 지적하였다. 또한 이는 지방재정법 제36조에 보장된 시장의 예산편성·집행권을 침해하는 행위라고 밝혔다. 서울시는 이러한 시의회의 행위가 "집행부와 의회 간 상호견제와 균형의 원칙을 이루도록 한 지방자치의 근간을 흔드는 것"이라고 주장하였다. 그러므로 서울시는 신설·증액된 예산은 불법이므로 집행 불가하고, 법적으로 유효한 원안통과 및 감액예산만을 대상으로 한 「실 집행예산」을 편성·운영하였다(서울특별시, 2011c: 4-5).

이에 시의회는 행정안전부의 유권해석에 따라, 예산안은 의회의 의결로서 확정됨과 동시에 효력을 가지며 대법원의 최종적인 판단 이전까지 유효하기 때문에 즉시 신설·증액된 예산을 집행할 것을 요구하였다(민주당, 2011: 1). 또한 서울시의 주장처럼 부동의한 증액분에 대해 집행하지 않겠다는 것은 「지방자치법」 제103조 및 「지방재정법」 제3조에 정한 관리의무를 방조하는 것이고, 실 집행예산을 편성, 운영하는 것은 「지방자치법」 제39조에 정한 의회의 예산 심의·확정권을 부인하는 행위라고 지적하였다(뉴데일리, 2011. 01. 04).

15) 서울시에서는 조은희 정무부시장, 강철원 정무조정실장, 황정일 시민소통특보가, 시의회에서는 박양숙 민주당 시의회 수석부대표, 김생환 예산·결산특별위원회 부위원장, 김종욱 행정자치위원장이 협상단으로 참여하였다.

4 분석결과 종합 및 토론

이상의 논의로부터 나타난 서울시 무상급식 사례의 주요 특징 및 함의는 크게 세 가지로 구분해 볼 수 있다. 먼저, 이론적 논의와 유사한 맥락에서 의사결정구조의 극명한 대립구도가 나타났다. 핵심 행위자인 단체장과 의회의 이해관계 대립에 의해 의사결정과정이 보다 첨예한 대립형태로 진행되었으며, 그 과정상 기타 행위자들의 옹호 및 지지구도 역시 양분되어 나타나는 현상을 확인할 수 있다. 즉, 단체장과 의회의 정책적·정치적 분화가 정책적 사안에 대한 의사결정구조의 복잡성과 갈등 가능성 증대의 현상으로 나타나게 된 것이다. 다음으로 지역 내 유력행위자의 관여가 심대한 영향요인이 됨을 확인할 수 있다. 과거 단체장-의회 중심의 정책결정구조와는 달리, 특정 분야에 대해 권한을 갖는 제3의 민선행위자(교육감)가 등장함에 따라 의사결정구조에서의 중요한 변화가 나타나게 된 것이다. 실제로 교육감의 전면 무상급식 의지 표명과 주도적 추진은 '강시장-약의회'의 전통적 구조에서 의회 측의 입장을 강화하는 데 큰 역할을 한 것으로 판단된다. 이는 곧 유력행위자에 의해 발현된 정책의지가 동질의 이해관계 구도와 결합하여 보다 강력한 대립 축을 형성할 수 있음을 의미하는 것이다. 마지막으로 지역 내 이해구조의 다원화와 의사결정과정의 역동성으로 인해 나타날 수 있는 제문제들을 확인할 수 있다. 특히 지역 정책 사안에 대한 정치적 합의가 이루어지지 못함으로 인해 의사결정과정 자체가 장기화 될 수 있다는 점이다. 무상급식 사례의 경우, 각 정책 행위자들이 입장을 표명한 이후로 결론지어지는 시점까지 1년 이상의 시간이 소요되었다. 무엇보다도 교육행정협의회가 등장하고 결렬된 시점을 고려한다면, 정치적 합의가 결렬됨으로 인해 이후 1년간 논쟁이 지속된 것이다. 이와 더불어 장기간의 대립구조로 인해 시정운영에 차질이 발생함은 물론 단체장의 사퇴로 인한 행정적 공백이 발생했다는 점, 나아가 정책결정을 위해 소비된 예산 및 자원 측면도 유념해야 한다. 즉, 단체장의 의회 출석거부 및 의회의 조례 강행·시장의 사퇴·주민투표 및 이후 재보선에 의한 자원 소모 등이 제반 문제로서 확인된다는 것이다. 이는 일견 지방행정의 정치화에 따른 부정적 측면으로도 이해할 수 있으며, 이에 대한 제도적·정치적 보완 노력이 필수적으로 수반되어야 함을 강조하는 맥락으로 볼 수 있다.

조례 및 예산과정 분석결과 지방선거 과정에서 정당 간 정책경쟁과 지방선거 이후 단체장-의회 이원화를 맞은 민선 5기 서울시에서는 무상급식을 중심으로 단체장-의회 간 갈등관계가 나타났다. 첫째, 무상급식 조례와 관련하여서는 학교급식지원계획의 수립 및 시행과 관련한 단체장-의회 사무분담 문제가 나타났으며, 급식지원센터 설치 및 운영과 관련하여 단체장-의회 권한문제가 갈등의 소지가 되었다. 이와 같은 갈등요소들은 조례제정 및 정책을 시행함에 있어 단체장-의회 간 권한과 의무관계가 명확하게 규정되지 않은 것에 기인한다. 둘째, 서울시의회 조례안 통과와 관련하여 오세훈 시장이 시정협의 중단을 선언하고, 2010년 예산과정에서는 ① 서울시 예산이 민선 이후 처음으로 법정시한을 넘겨 처리되었으며, ② 이 과정에서도 서울시-시의회 간 협상이 결렬되었고, ③ 시의회가 편성한 2011년 예산을 서울시가 집행하지 않는 현상이 발생하는 등 양측 간 정치적 갈등이 발생하였다.[16] 그러나 이와 같은 단체장-의회 갈등은 2011년 10월 26일 재・보궐선거로 당선된 박원순 신임 서울시장이 무상급식 지원 확대를 결정함으로써 일단락되었다. 이상의 논의들을 종합하여 살펴보았을 때 2006년 지방선거부터 도입된 정당공천으로 기인한 단체장-의회 정당구도 이원화는 자치단체장-의회 간 갈등을 심화시키는 요인이 될 수 있음을 알 수 있다.

제 4 절 결 론

본 연구는 정당공천으로 인한 정당참여는 정당 간 경쟁을 유발하고, 이러한 정책경쟁은 이원화된 단체장-의회 간 갈등을 증폭시킬 것이라는 아이디어에서 출발하였다. 이러한 아이디어를 뒷받침하기 위해 제2장 이론적 논의에서는 단체장-의회 간 정당구도가 일원화일 경우와 이원화일 경우 단체장-의회 간 관계가 어떤 모습으로 나타나는지 이론적으로 검토하였으며, 이후 사례를 통하여 단체장-의회

16) 이상과 같은 사무분담 문제, 권한・의무관계, 정치적 갈등 등은 선행연구들에서 논의되었던 단체장-의회 갈등의 원인 및 형태와 유사하다.

간 갈등의 모습이 어떻게 변화하는지 대상 사례인 서울시 무상급식 사례 및 조례·예산과정을 토대로 구체적으로 살펴보았다.

사례분석을 통하여서는 단체장-의회 간 정당구도가 이원화된 후 나타나는 갈등의 양상이 기존의 선행연구들에서 논의하였던 갈등의 양상(권한관계의 불명확, 책임·의무관계, 정치적 갈등 등)과 비슷하게 나타났다. 그러나 2011년까지 지속되던 단체장-의회 갈등은 2011년 8월 서울시 무상급식 주민투표와 오세훈 시장 사퇴, 뒤이어 취임한 곽노현 교육감이 무상급식 예산안에 서명함으로써 일단락되었다. 사례에서 확인할 수 있듯이 단체장-의회 간 관계에서 정당구도 이원화로 인하여 지방자치단체 의사결정과정 전 과정에서 갈등을 유발하고 증폭시키고 있으며 결국 일원화를 통하여 봉합되었다.

본 연구에서 사례를 통하여 살펴보고자 하였던 점에 있어서, 갈등해결기제로서 각 이해당사자들이 참여한 협의회 및 위원회 등을 통하여 상호 타협과 협의가 이루어 질 수 있을 것으로 기대되었으나 실상은 아무런 역할을 하지 못했던 것으로 나타났으며 갈등을 완화시키지도 못하고 있다. 이에 따라 양측이 서로의 입장만 내세우고 있음으로써 상호견제라는 긍정적 기능 또한 전혀 작동하지 못하고 시정의 지연과 각 입장의 갈등만 증폭되고 있다. 또한, 이러한 단체장-의회의 이원화는 최근 지방자치단체의 의사결정과정에 참여하는 주요행위자(교육감, 시민단체 등)들이 늘어나는 것을 고려했을 때 단체장과 의회의 대립을 넘어 지역 내 참여행위자들 역시 정책별로 양분됨으로써 이전보다 갈등이 더욱더 증폭되고 첨예해진다는 것을 보여주고 있다. 이에 따라 지방자치단체의 의사결정 과정이 기한없이 지연될 수 있음을 확인할 수 있었다. 사례에서는 시장의 사퇴와 새로운 시장의 선출로 단체장과 의회가 일원화 됨으로써 갈등이 봉합되었으나 그렇지 못할 경우 계속해서 갈등이 커져갔었을 것으로 추론할 수 있다.

이상의 논의를 통하여 현 정당대결구도 하에서 지방자치단체의 단체장과 의회가 이원화 될 경우 대상사례와 같은 정치적으로 민감한 사안의 경우 양보와 타협이 쉽지 않을 가능성이 크며 이로 인하여 시정의 공백과 같은 여러 가지 문제가 발생할 수 있음을 알 수 있다. 따라서 현실적으로 정치적인 대화와 타협이 힘들어 시정의 지연과 공백이 우려될 때, 이를 방지할 수 있는 제도적인 보완방법이 강구되어야 할 것이라고 생각된다.

마지막으로 본 연구는 다음과 같은 한계점을 지닌다. 우선 사례연구가 일반적으로 가질 수 있는 한계인 일반화 가능성의 문제일 것이다. 단체장-의회 정당구도에 따른 갈등에 관한 연구들이 축적되어 있을 경우 이러한 한계는 극복될 수 있으나 정당공천이 시작된 이래로 단체장-의회 간 정당구도에 관한 논의가 본격적으로 시작되었기 때문에 축적된 연구가 많지 않고, 더욱이 대상 사례와 같이 갈등이 첨예하면서 정치적으로 큰 관심을 가지는 사례는 흔치 않다. 따라서 일반화 가능성이 지적될 수 있다. 이러한 한계는 추후 유사한 사례 및 대립되는 사례 등 다양한 사례를 대상으로 후속 연구를 통하여 보완해 나가고자 한다.

참고 문헌

김병준(2010). 「지방자치론」. 경기: 법문사.

강수경(2006). "지방자치단체의 조례제정권의 한계." 「법학연구」, 24: 37-55.

김기언(1994). "지방의회 회의록 분석을 통해 본 예산심의의 문제점과 개선방안: 경기도와 전라남도를 중심으로." 「한국행정학보」, 28(3): 1091-1103.

김대현(2011). "지방의회와 집행기관 간의 갈등해결방안." 「대한정치학회보」, 19(1): 129-151.

김명환·김주원(1997). "정당이 지방의회와 집행기관의 관계에 미치는 영향." 「한국지방자치학회보」, 9(4): 25-46.

김순양(1995). "지방의회 예산결산특별위원회의 예산심의행태에 관한 연구: 서울시의회를 중심으로." 「한국사회와 행정연구」, 5(2): 207-227.

김순은(1999). "자치단체장과 지방의회의 관계정립." 「지역사회」, 20: 20-29.

김영기(1998). "지방정부내의 의결기관-집행기관 간 갈등에 관한 연구." 「한국지방자치학회보」, 10(2): 29-50.

김진복(1994). "지방의회와 자치단체장간의 관계정립." 「지방자치연구」, 6(1): 41-58.

김진윤·이정훈(2010). "권력분립의 측면에서 본 지방의회와 지방자치단체장의 갈등과 협력." 「한국지방자치연구」, 12(3): 69-90.

남창우·최화식(2009). "기초지방의회선거와 정당공천제 도입효과 분석." 「정책분석평가학회보」, 19(4): 307-330.

문인수·정원식(1997). "도시정부의 예산과정에서 시의회의 통제와 책임성." 「한국행정논집」, 9(3): 557-580.

민병익(2014). "지방의회 조례안 처리 소요시간과 영향요인." 「지방정부연구」, 17(4): 335-

361.
박광국 · 황종규(1994). “지방정부 예산결정과정에서 지방의회의 역할에 관한 연구: 경상북도 의회를 중심으로.” 「한국행정학보」, 28(1): 241–261.
백형배 · 김재영 · 신무호(2006). “지방의회와 집행기관 간 갈등의 협력요인에 관한 사례분석.” 「지방행정연구」, 20(4): 55–81.
서우선(2003). “한국 지방의회와 집행기관 간의 갈등에 관한 실증적 연구.” 명지대학교 대학원 박사학위 논문.
신진(2008). “한국의 지방선거와 정당공천에 관한 연구.” 「대한정치학회보」, 16(2): 255–278.
윤영진(1993). “광역의회의 예산심의행태에 관한 연구: 대구시와 광주시를 중심으로.” 「한국행정학회 동계학술대회 발표논문집」: 221–241.
이성재(2015). “지방의회와 자치단체장과의 관계: 갈등 발생 원인과 그 개선방안.” 「한국의회학회보」, 3(1): 42–67.
이승철(2015). “기초의회의원 지방선거에서 정당공천제의 효과성 분석: 대구광역시를 중심으로.” 「한국지방자치학회보」, 27(4): 1–21.
이준원(1998). “지방정부 예산심의과정에 있어서 집행부와 의회의 상호작용.” 강신택(외). 한국의 재정과 재무행정, 212–238. 서울: 박영사.
임도빈(2015). “공약과 돈쓰기 경쟁: 지방개발정책의 실패사례.” 「행정논총」, 53(3): 1–28.
임헌만(1999). “지방의회와 자치단체장의 정책역할 구조에 관한 연구.” 서울대학교 대학원 박사학위 논문.
______(2000). “정당구도가 지방의정활동에 미친 영향에 관한 연구.” 「한국행정학보」, 34(1): 193–212.
정명은 · 이종수(2008). “지방정부의 정당구도가 지방의회 의정활동에 미치는 영향.” 「한국도시행정학회 도시행정학보」, 21(1): 25–48.
정채융(1999). “지방자치단체의 집행기간과 지방의회의 상호관계에 관한 실증적 연구.” 경남대학교 대학원 박사학위논문.
차경은(2009). “지방자치 권한과 정당구도 딜레마.” 「한국지방자치학회보」, 21(3): 53–78.
허철행(2011). “지방선거에 있어서 정당공천제의 한계와 개선방안에 관한 연구.” 「지방정부연구」, 15(1): 233–251.
황아란(2006). “정당경쟁과 한국 지방선거의 구조화.” 「한국과 국제정치」, 22(2): 1–28.
______(2010). “지방선거와 정당공천: 비교론적 시각에서.” 「지방행정연구」, 24(1): 37–66.
황종규(2005). “기초의회 예산심의 행태에 관한 비교연구: 농촌과 도시지역 사례(1991년–2005년)를 중심으로.” 「한국행정학회 하계학술대회 발표논문집」: 91–109.
Boyle(1986), Sir Lawence(1986). “In Recommendation of Widdicombe.” *Local Government Studies*, vol. 12, no. 6: 33–39.
Johson, C. M.(1992). *The Dynaics of Conflict between Bureaucracy and Legislators*. N.Y.: M.E. Sharpe.

교육협력국(2010). 「주요업무 및 현안업무 보고」. 서울특별시: 교육협력국.
______(2011a). 「서울시, 11월부터 초등학교 5, 6학년 무상급식 지원」. 서울특별시: 교육협력국 교육격차해소과 보도자료. 10. 27.
______(2011b). 「서울시, 무상급식조례안 대법원에 무효확인소송 제기」. 서울특별시: 교육협력국 교육격차해소과 보도자료. 01. 18.
민주당(2010a). 「2011년 서울시예산안에 대한 시의회상임위 심의결과」. 서울특별시의회: 민주당 보도자료. 12. 24.
______(2010b). 「무상급식관련 한나라당 주장에 대한 민주당 입장」. 서울특별시의회: 민주당 보도자료. 12. 02.
______(2010c). 「서울시민 여러분께 드리는 글」. 서울특별시의회: 민주당 보도자료. 12. 18.
______(2011a). 「동아일보 "무상급식 법적 하자"에 대한 반박 자료」. 서울특별시의회: 민주당 보도자료. 01. 06.
______(2011b). 「서울시의 예산 집행거부로 발생하는 시민 불편사항 22가지를 고발한다!」. 서울특별시의회: 민주당 보도자료. 01. 12.
민주당협의회(2010). 「민주당은 서울시교육청 예산을 법정기한 내에 처리할 것입니다!!」. 서울특별시의회: 민주당협의회 보도자료. 12. 10.
서울시교육감취임준비위원회(2010). 「곽노현 서울시 교육감 취임준비위원회 보고서」. 서울: 서울시교육감취임준비위원회.
서울특별시(2011a). 「2011년 서울시 예산개요」. 서울특별시.
______(2011b). 「서울시, 시의회가 불법증액하고 위법적으로 삭감한 2011년 예산안 재의요구」. 서울특별시: 예산담당관 보도자료. 01. 13.
______(2011c). 「시의회에서 불법으로 증액 및 비용항목 신설한 예산 원인무효이므로 미집행-실 집행예산으로 편성 · 운용」. 서울특별시: 예산담당관 보도자료. 01. 05.
서울특별시의회(2010a). 12. 23. 서울특별시의회 회의록.
______(2010b). 12. 30. 서울특별시의회 회의록.
______(2010c). 「서울특별시 친환경 무상급식 등 지원에 관한 조례(안)」. 서울특별시의회.
______(2011). 「친환경무상급식, 중랑구 등 4개 자치구 끝내 거부해.」. 서울특별시의회의원: 공석호 보도자료. 01. 07.
서울특별시장(2010). 「서울특별시 친환경 무상급식 등 지원에 관한 조례안 재의요구안」. 서울특별시.
원희룡 · 손숙미(2010). 「교육기본권으로서의 무상급식 실현을 위한 정책토론회」. 국회의원: 원희룡 · 손숙미.
예산결산특별위원회(2010a). 「2011년도 서울특별시 예산안 및 기금 운용계획안 검토보고서」. 서울특별시의회: 예산결산특별위원회.
______(2010b). 「2011년도 서울특별시 예산안 수정안」. 서울특별시의회: 예산결산특별위원회.

재정경제위원회(2010a). 「서울특별시 친환경 무상급식 등 지원에 관한 조례안 심사보고서」. 서울특별시의회: 재정경제위원회.

______(2010b). 「서울특별시 친환경 무상급식에 관한 청원 검토보고서」. 서울특별시의회 : 재정경제위원회.

중앙선거관리위원회(2010a). 「2010. 6. 2 실시 제5회 전국동시지방선거: 당선자 선거공약 모음집」. 중앙선거관리위원회.

______(2010b). 「2010. 6. 2 실시 제5회 전국동시지방선거: 정당정책 · 공약 모음집」. 중앙선거관리위원회.

허광태(2010). 「서울특별시민 여러분께…」. 서울특별시의회: 허광태 의장 보도자료. 12. 14.

「뉴데일리」(2011). 서울시 “강행 예산안 인정 못한다” 재의 요구. 01. 04.

「동아일보」(2010). 서울 초등교 3개 학년 2011년부터 무상급식. 11. 09.

「연합뉴스」(2010). 서울시, 시의회와 시정 협의 전면 중단. 12. 02.

「연합뉴스」(2010). 서울시 예산안 법정시한 처음 넘겨. 12. 17.

「연합뉴스」(2010). 서울시의회, 오세훈 시장 고발. 12. 29.

「연합뉴스」(2011). 시민단체, “주민투표 저지 행정소송 · 가처분신청”. 07. 11.

「연합뉴스」(2011). 박원순 ‘2학기 무상급식 지원’ 첫 결재. 10. 27.

「파이낸셜뉴스」(2010). 내년부터 서울 초등학교 무상급식. 12. 01.

「한국일보」(2011). ‘무상급식’ 시의회 의결 조례, 시장 재량권 침해? 사무분담 원칙 위배?. 01. 02.

제 2 장

재난안전관리를 위한 조직의 탄력성에 대한 시론적 연구: 서울시 재난거버넌스를 중심으로[1)2)]

정규진 · 송민선 · 김용희

제 1 절 서 론

지난 20년 동안 체계적으로 관리되지 못한 경제성장과 산업화 또한 이와 맞물린 기후변화는 지구상의 모든 국가들이 직면하고 있는 재난위험(disaster risk)의 수준을 지속으로 증가시켜 왔다(United Nations Development Programme: UNDP, 2013). 특히 중국, 일본, 대만 그리고 한국이 속한 동아시아 지역은 환태평양지역의 지진과 필리핀 북부 해상에서 지속적으로 발생하고 있는 태풍, 그리고 급속한 산업화에 의한 인적 재난까지 상대적으로 높은 위해(hazards)와 환경적 취약성(environmental vulnerability)에 노출되어 있는 실정이다(National Oceanic and Atmospheric Administration: NOAA, 2014). 이러한 재난안전관련 위험을 효과적으로 관리하기 위한 대안으로서 최근 대두되고 있는 재난거버넌스(disaster governance)는 조직 간의 수평적인 협력을 통해 지역공동체의 탄력성(resilience)을 제고하는 데 그 목적을 두고 있다(Tierney, 2012; Rao, 2013; Jung and Song, 2015). 이와 함께 재난위험거버넌스(disaster risk governance)는 재난으로 인해 발생하는 위험에 대처하

1) 본 연구는 서울연구원(2013-PR-54)을 수정 및 발전시킨 것으로 작은연구 좋은서울(2013-07)의 지원을 받아 수행되었음.
2) 이 논문은 2013년 정부(교육부)의 재원으로 한국연구재단의 지원을 받아 수행된 연구임(NRF-2013S1A3A2055108).

기 위한 의사결정과정(risk–related decision making)의 핵심원칙으로서 집합적인 결정(collective binding decision)을 주도하는 다양한 행위자와 이를 수반하는 과정을 의미한다(van Asselt and Renn, 2011).

재난거버넌스는 비단 자연재난 뿐만 아니라 인적 재난과 사회적인 복합재난과 관련된 모든 유형의 위험에 대응하기 위한 조직 간의 협력적 행태(collaborative behavior)를 의미한다. 기본적으로 이러한 거버넌스 생태계를 유지하기 위한 필수 조건은 정책 및 제도적 발전과 지지–옹호(advocacy), 지식 공유, 보다 폭 넓은 참여를 위한 수단 확보 등이 있다(Tierney, 2012; Rao, 2013). 특히 Rao(2013)는 지방 수준의 거버넌스 생태계(local governance ecosystem)에서 보다 효과적으로 재난안전을 관리하기 위해서는 분권화(decentralization)와 조직역량 강화(capacity–building)가 네트워크를 통해 관리되어야 한다고 지적한다. 다시 말해, 재난거버넌스에 보다 체계적으로 접근하기 위해서는 거시적인 수준에서 재난안전관리 분권화 그리고 미시적 수준에서 조직의 탄력성을 함께 고려해야 할 필요가 있다. 이와 관련하여 Tierney(2012)는 재난거버넌스 내 조직 간의 협력이 형식적인(formal) 혹은 비형식적인(informal) 제도적 장치를 통해 형성되는 바, 재난 발생 전후의 네트워크 구조 및 위상 변화가 개별 재난거버넌스의 보편성과 특수성을 설명할 수 있다고 강조한다.

본 연구는 2013년 서울 홍수를 사례로, 한국 재난거버넌스의 보편성과 특수성을 거시적·미시적 측면에서 접근한다. 이를 위해 먼저 조직의 탄력성에 대한 이론적 논의와 함께 현 서울시 재난안전관리체계를 검토하고, 2013년 서울 홍수 전후의 재난거버넌스를 거시적인 수준에서 네트워크 지표 변화를 통해 분석한다. 뿐만 아니라 미시적인 수준에서 재난거버넌스에 참여하고 있는 조직들의 탄력성 변화를 분석하고 조직유형별 역량 강화방안에 대해 논의한다. 마지막으로 한국적 맥락에서 재난거버넌스의 발전방안을 정책적·제도적인 측면에서 제언한다.

제 2 절 이론적 · 제도적 배경

1 재난거버넌스에 대한 이론적 논의

재난관리 영역에서 재난거버넌스(혹은 재난위험거버넌스)에 대한 보편적인 개념화는 아직 이루어지지 않은 실정이나, Tierney(2012)가 논의한 재난거버넌스의 전반적인 맥락(특히 사회적, 경제적, 그리고 정치적 측면)을 포괄하고 있는 UNDP(2013)의 정의가 주로 국가 간 비교연구에 활용되어 왔다. 이에 따르면, 재난거버넌스는 '재난과 기후 관련 위험을 저감 및 관리하기 위한 국가, 지역, 그리고 마을 공동체 수준의 공공단체, 공무원, 언론, 민간부문, 그리고 시민사회의 제반 행위'로 정의된다(UNDP, 2013: 1). 또한 이러한 재난거버넌스는 세계화(globalization), 국제사회의 역동성(world-system dynamics), 사회적 불평등(social inequality), 그리고 사회-인구통계학적 추세(socio-demographic trends)를 통해 형성되고 있으며, 기본적으로 사회적 거버넌스 체계(societal governance system)에 의해 영향을 받는다(Tierney, 2012). 예를 들어 한국적 맥락에서 재난거버넌스는 다른 국가들과는 달리 중앙정부부터 광역지방자치단체를 통해 기초지방자치단체로 이어지는 비교적 위계적인 재난안전관리정책 및 제도 틀 내에 있으며, 미국과 달리 법률적으로 경찰행정권과 소방행정권이 기초지방자치단체에 속해 있지 않다. 다시 말해 한국에서 재난에 대비하고 대응하는 과정에서 나타나는 조직 간 협력 및 집합행위는 보편성과 특수성을 통해 논의될 필요가 있다.

재난거버넌스는 기존 재난안전관리(emergency safety management) 혹은 재난위험저감정책(disaster risk reduction policy)보다 포괄적인 개념으로서 재난과 관련된 위험을 다양한 조직 및 행위자들 간의 협력을 통해 효과적으로 해결하고자 하는 일련의 제도적 장치들을 포함하고 있다(Jung and Song, 2015). 특히, 재난거버넌스에서 수평적 거버넌스 장치들은 주로 기초지방자치단체(예를 들어 시, 군, 구)라는 지리공간적 맥락에서 지방정부, 관할 소방서 및 경찰서, 그리고 시민단체 사이에서만 작동한다. 하지만, 위계적 거버넌스 장치들은 이러한 기초지방자치단체 내

행위자들의 역량으로 재난에 대응할 수 없을 경우 광역지방자치단체(예를 들어 광역시, 도) 혹은 중앙정부(관할 부처)의 인적·재정적 자원을 지원받는 과정을 의미한다. 특히, Jung and Song(2015)은 국내 부산, 울산, 경상남도 재난거버넌스 내 130 여개의 행위자를 분석한 결과 위계적 거버넌스 장치들이 실제 조직들의 역량 강화에 긍정적인 효과를 미치는 반면 수평적 거버넌스 장치들은 통계적으로 유의미한 수준의 영향을 미치지 못하고 있는 것으로 나타났다.

재난거버넌스의 역동성(dynamics)은 거버넌스 내 조직 및 행위자들이 위계적 혹은 수평적 제도적 장치(institutional arrangement)를 통해 위험에 대비하고 대응하는 재난안전관리단계에 따라 보다 명확하게 나타난다(Song and Jung, 2015). 예를 들어, Jung(2013)에 따르면 2012년 8~9월 발생한 태풍 볼라벤-덴빈-산바와 관련된 재난거버넌스 내 조직 간 협력구조 및 위상은 재난발생 전후에 따라 역동적으로 변화한다. 다시 말해, 재난발생 전 대비단계에서의 협력은 보다 다양한 유형의 조직들과 형식적인 제도적 장치를 통해 이루어지는 반면, 재난발생 이후 협력은 비형식적인 거버넌스 장치들을 통해 자원-집약적인 구조를 따라 협력이 이루어지는 것으로 나타났다(Kapucu, 2011).

재난거버넌스의 효과성(effectiveness)은 거버넌스 내 조직들의 탄력성 수준에 의해 결정된다(Kapucu, 2011; Tierney, 2012; Rho, 2013; Jung and Song, 2015). 결과적으로 재난관련 위험에 효과적으로 대응하기 위한 역량은 재난거버넌스를 구성하고 있는 조직 및 행위자들의 탄력성, 즉 이들의 강인성·신속성·자원가용성·가외성과 직접적인 관련이 있다. 재난 발생 이후 재난거버넌스가 관할하고 있는 국가, 지역, 혹은 공동체가 얼마나 빨리 재난발생 이전의 상태로 돌아갈 수 있는가를 가늠할 수 있는 조직의 탄력성은 제도적 집합행위(institutional collective action)의 결과로서 재난거버넌스의 기본가정이다(Jung, 2013). 다시 말해, 단일조직 혹은 지방자치단체가 재난으로 인해 발생하는 위험에 대비 혹은 대응할 수 없기 때문에 관할 지역 내외 조직들과의 협력을 유도하는 동기(motivation)가 발생하고 이를 통해 재난거버넌스가 형성된다. 자연 및 인적 재난이라는 사건 자체가 가지고 있는 높은 불확실성(uncertatinty)과 다른 조직들과의 협력에 대한 위험(collaboration risk)에도 불구하고 재난거버넌스는 기본적으로 협력을 통한 조직 역량 확보, 즉 탄력성의 유지 및 성장을 목표로 하고 있으며 이를 통해 재난에 효과적으로 대응하여 재난거버넌스의 효과성을 제고하고자 한다.

2 조직의 탄력성 결정요인: 강인성 · 신속성 · 자원가용성 · 가외성

재난거버넌스와 관련하여, 불확실성하에서의 조직 간 협력의 중요성이 강조됨은 물론, 관계적 탄력성의 유지가 재난대응 혹은 재난 이후에 재난발생 이전의 상태로 회복하는 능력과 밀접한 관계를 가진다. 이러한 조직 탄력성 개념은 재난 상황에서 신속하고, 효과적인 대응이 가능하도록 하는 조직 간 협력역량을 가늠하는 지표로 이해되기도 한다. 기본적으로 탄력성은 사회학, 도시계획, 심리학, 공학 등 다양한 학문에서 유연성(flexibility)과 내구성(durability)으로 이해되기도 하는 데, 재난관리에 있어서 Comfort(1999)는 탄력성을 "현존하는 자원과 기술을 동원해 예상치 못한 새로운 상황에 대처하는 역량"으로 정의하고 있다. 재난관리에서 탄력성은 다음의 세 가지 역량으로 요약된다. 1) 재난 발생의 가능성을 낮추고, 2) 재난발생 중 그로 인한 충격을 완화시키며, 3) 재난 후 신속하게 복구할 수 있는 능력으로 설명될 수 있다(Jung and Song, 2014).

지역 커뮤니티의 대응역량에 따라 재난안전관리의 정도가 달라질 수 있다는 관점에서 지역공동체 탄력성(community resilience) 개념에 대한 논의가 활발하게 이루어지고 있는 데, 지역공동체는 "가치를 공유하는 집단"(NRC, 2011: 4)으로서, 탄력성은 "외부에서 충격이 가해졌을 때, 원래의 상태로 회귀하게 하는 능력"(Cox and Perry, 2011: 395)으로 일컬어진다. 미국 국토안보부(DHS: Department of Homeland Security)는 지역공동체 탄력성을 "재난 동안 뿐만 아니라 후속적인 충격에도 지역공동체의 제기능을 지속할 수 있는 능력"이라고 정의하고 있다(NRC, 2010: 3).

하지만 이에 앞서 지역공동체 탄력성이 제대로 발휘될 수 있도록 하는 근간으로서 조직적 탄력성(orgniazational resilience)에 대한 이해가 선행되어야 한다(Bruneau 외, 2003: 736). 조직 탄력성은 재난관리 운용상황에서 주요한 의사결정이나 대응조치관련 권한과 책임을 가진 조직들의 역량과 밀접한 연관을 가지고 있다. 이는 재난상황에서 과도한 충격이나 손실을 방지하여 지역공동체의 정상화를 유지하고, 재난 후에는 적절한 대처를 통해 빠른 시일 내에 회복하도록 돕는다. 이러한 재난상황에서의 조직적 대응은 가용자원의 동원과 정보의 공유 등과 연관되어 있으며, 재난거버넌스의 구조와 과정, 운용에 따라 탄력성의 정도가 달라진다고 할 수 있다(Vogus and Sutcliffe, 2007). 조직 간 대응능력은 예상치 못한 재난상황에서 발휘될 유연하고, 능숙한 상황대처능력과도 밀접한 연관을 가진다.

재난에 대비하고, 대응하며, 복구하는 등의 일련의 과정은 단순히 재난의 강도(intensity)와 빈번성(frequency)에만 의존하는 것이 아니고, 조직의 탄력성 수준에도 영향을 받는다. 재난거버넌스 내 조직들의 탄력성 수준은 강인성(robustness), 신속성(rapidity), 가외성(redundancy), 자원가용성(resourcefulness)의 4가지 하위차원으로 이해될 수 있다(Bruneau 외, 2003: 746; Andrew 외, 2015).

- 강인성(robustness): 재난상황에서도 본연의 기능을 수행하고 유지할 수 있는 능력
- 신속성(rapidity): 재난상황에서 적절한 시간 내에 주요한 대응 시스템 운용을 가동할 수 있는 능력, 시스템이나 서비스를 빠른 시간 내에 복구할 수 있는 능력
- 가외성(redundancy): 재난대응을 유지할 수 있도록 하는 백업(back-up)을 해 놓거나, 대체자원을 비축해 두는 것(예, 여분의 자원, 대안적인(2차적) 장소확보)
- 자원가용성(resourcefulness): 재난대응을 위한 자원의 운용 가능성. 계획, 정보, 상호호혜적 원조, 의사결정 시스템 등을 포괄하는 개념

조직의 탄력성과 관련한 4가지 차원을 구체적으로 논의하면 다음과 같다(Bruneau 외, 2003).

① 강인성(robustness): 재난과 같이 예상치 못한 충격에 직면한 상황에서 지역공동체가 심각한 손실이나 기능의 마비없이 이를 견디어 낼 수 있는 조직적 능력(Bruneau 외, 2003)을 의미한다. 조직의 강인성은 재난의 잠재적 충격으로 오는 피해를 최소화하면서도, 이차적인 손실(cascading event)을 방지할 수 있는 역량과 밀접한 관련이 있다. 강인성의 정도는 재난에 견디어 내는, 궁극적으로는 재난 동안

재난으로부터 받는 손실의 정도에 영향을 넘어 이차적 충격의 피해를 완화시키고, 이는 자원가용성의 정도에도 영향을 미치게 된다. 또한, 재난 후 복구단계에 있어서, 재난의 피해를 받은 지역의 회복 정도에도 영향을 미치게 된다. 더 나아가, 재난의 대응관련 안정성을 높이게 됨으로써 경제적으로는 비용절감의 효과를 누리게 할 수 있으며, 지역이나 구역 간 협력의 지속성을 그 바탕으로 하여 정보나 자원의 흐름을 유지하게 된다.

② 신속성(rapidity): 신속성은 대응의 시기적 적절성을 의미하고, 재난이라는 예측 불가한 특수한 상황에 있어서도 신속하고 정확한 대응을 할 수 있는 능력을 의미한다. 2013년도의 오클라호마 토네이도만 보더라도 재난은 즉각적이면서도 특정한 대응을 요구하게 되고, 이에 실패할 경우, 인명피해와 직결된다. 재난의 신속한 대응은 지역 내, 그리고 지역 간 협력의 정도에 따라 그 결과는 전혀 달라질 수 있으며, 그렇기 때문에 정보의 공유와 자원의 운용 속도가 재난대응의 성패와 직접적으로 연결된다고 할 수 있다. 궁극적으로 신속한 재난대응은 불확실성하에서의 피해정도를 완화시키는 데 중요한 역할을 한다고 할 수 있다.

③ 가외성(redundancy): 가외성은 정상적인 일반상황에서는 낭비라 여겨질 수 있으나, 재난상황에서의 정상적 시스템 운영을 강화하기 위한 여분의 자원을 투자하는 개념으로 이해될 수 있는 개념이다. 다시 말해 만약의 상황에 대비하여 여분의 자원을 보충해 두거나, 백업(back up)을 해 놓는 것으로 지속적이고 안정적인 운영관리를 그 목적으로 한다. 이는 일반적으로 자원의 효율적 사용과는 괴리가 있는 개념이나, 역설적으로 재난과 같은 상황에서 시스템을 유지하거나, 파괴된 자원의 일부를 대체하는 등의 역할을 통해 재난관련 조직운용이나 시스템관련 안정성과 효율성을 달성하게 된다. 다시 말해 정보의 가외성은 정보의 흐름과 관련한 여러 갈래의 접근성을 보장하여, 정확한 정보의 획득에 효과적이라 할 수 있다.

④ 자원가용성(resourcefulness): 재난 동안에 자원 가용성은 필요한 자원을 얼마나 운용할 수 있는 가를 의미한다. 여기서 말하는 자원은 단순히 장비와 같은 물리적인 자원의 개념을 넘어 계획, 정보, 상호 호혜적 원조, 의사결정 시스템 등을 총 망라하는 포괄적인 개념으로 이해될 수 있다. 자원의 상호적 지원도 잠재적으로는 조직 간 탄력성의 자원가용성에 대한 역량을 강화하는 방안이며, 재난 특성상, 자원의 가용성 정도는 거의 모든 시점에서 부족현상으로 나타나게 되는 데, 협력을

통한 물리적 원조뿐만 아니라, 정보공유를 통해 우선순위를 매기는 것 또한, 자원의 효율적 이용을 위한 역량으로 간주될 수 있다.

3 서울시 재난안전관리체계

서울시는 재난으로부터 안전하게 생활할 권리 등 재난관리에 관한 시민의 권리를 지자체 최초로 규정하고 서울특별시 재난 및 안전관리 기본조례를 공포·시행하고 있다(서울특별시 재난 및 안전관리 기본조례 제5292호, 시행 2012.5.22.). 서울시는 기후변화와 급속한 도시화에 따라 대형복합재난이 늘어나고 있는 추세에 대응하기 위해서 시의 역할 뿐만 아니라 시민의 참여도 중요하다는 것을 강조하고 있다. 이러한 재난 대응주체로서 공공기관이나 재난관련기관의 역할을 넘어 시민에 대한 책무를 더욱 강조하고 있다.

시민의 역할이 점차 강조되면서, 기존의 재난대응에 있어 관련기관으로부터 단순히 보호를 받던 주체에서 스스로를 보호하고, 지역사회의 일원으로서 재난 및 안전사고 예방에 관한 책임의식을 가지고, 재난 후에는 상호 협력하여 거주지의 복구 및 재건을 위해 노력하여야 하고, 시민은 시와 자치구가 수립·시행하는 재난 및 안전관리시책에 협력하여야 함을 다시 한번 강조하고 있다.

서울시는 지난 2009년 새로운 재난관리체계 개선을 위해 통합관리체계 구축과 협력적 체계 구축, 학습조직 구축에 대한 추진사항을 검토한 바 있으며(김윤종 외, 2009), 통합관리체계 구축으로는 재난관리 총괄부서의 통합적 재난관리체계 구축을 위한 조직 및 관련제도 정비, 서울특별시 안전관리계획 수립 및 관리체계 확립, 서울시 재난관리 통합 DB구축을 포함한다. 한편, 협력적 체계 구축으로 대규모 재난에 신속한 대응을 위한 서울특별시 재난안전대책본부의 기능 일원화, 재난발생시 현장지휘 및 대응체계 개선, 유관기관, 민간단체 등과의 재난관리거버넌스 구축, 유관기관 민간단체 등과의 재난관리거버넌스 구축을 강조하고 있다.

한편, 서울시는 기상이변에 대응하기 위해 방재패러다임을 설정하고 있는 데, 방재패러다임은 기존에 시설물 중심의 방재대책과 관주도 통제형 방재대책, 방재시설물 중심의 중앙집중형 대책, 단기대책 등이었으나 미래에는 사람 중심의 주민참여형 방재대책, 분산형 시설과 효율적 운영을 조합한 통합형 방재대책, 친환경적 중장기 대책을 마련하는 패러다임으로 설정이 변경되고 있다. 구체적으로는 인명손실 최소화를 위한 홍수 예·경보체계 구축, 상습침수지역 해소를 위한 시설적 대책 강화, 인명피해 방지를 위한 대피 시스템 확립과 사람 중심성 방재대책으로서 방재 자원봉사 시스템의 확립, 재해관련 주민홍보 및 교육 강화, 주민참여형 방재마을 추진 등 주민참여형 방재대책을 포함한다.

그림 2-1 기상이변에 대비한 서울시 방재패러다임

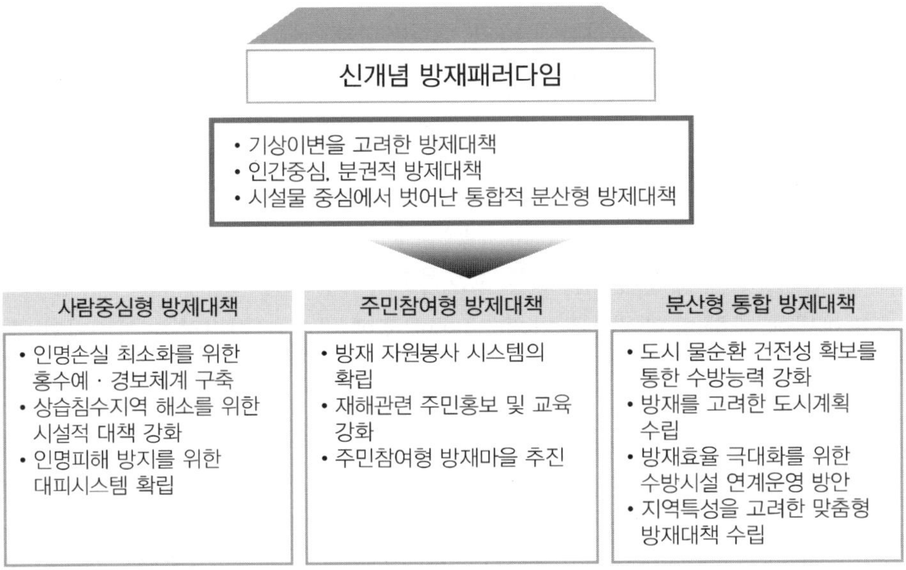

자료: 기상이변에 대비한 서울시 방재패러다임 설정 연구, 서울연구원, 2011.

서울시는 2011년 도시안전 가이드라인을 마련하였는 데, 이는 재난저감 역량, 재난정보시스템, 재난교육과 훈련 및 지역사회 방재역량 등의 측면으로 SWOT분석을 실시하여 5개의 전략목표를 도출하고 하위에 18개의 과업을 포함하고 있다.

서울형 도시안전 가이드라인의 주요내용은 상호협력, 위험도 평가, 안전문화, 연계, 예방의 큰 영역으로 구성되어 있으며, 상호협력에 협력, 토대, 예산에 대한 가이드라인 항목이 있고, 위험도 평가영역에 평가, 자료, 경보, 소통이, 안전문화영

그림 2-2 서울형 도시안전 가이드라인 전략적 목표

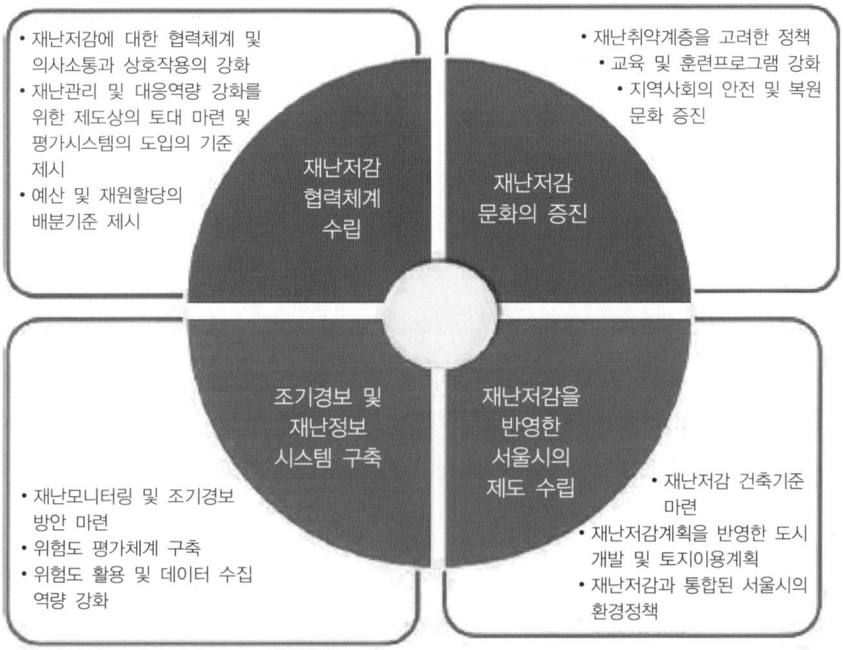

자료: 서울형 도시안전 가이드라인에 관한 연구, 서울연구원, 2011.

역에 사업, 교육, 지식, 계층으로 나누어지며, 연계에 도시계획, 건축, 대외협력에 대한 가이드라인이 구성되어 있으며 마지막으로 예방영역에 계획, 강화, 통합의 항목으로 구성되어 있다.

서울시의 안전재난관련 정책은 시설에서 사람 중심의 재난안전관리로 패러다임이 변화하고 있고, 소통과 시민참여를 보다 중요한 재난안전대책으로 생각하고 있다는 것을 알 수 있으며, 서울형 도시안전 가이드라인에서도 재난의 모니터링과 관련된 시스템을 구축하고 재난정보를 전파할 기준과 시민참여와 상호협력을 유도하기 위한 전략 등 빠르고 정확한 정보제공과 모니터링 그리고 시민들과 연계하고 협력할 정보전파 기준을 마련하고자 노력함을 알 수 있다.

한편, 서울시 재난대응관련 조직에 있어서도 기관 간 협력을 강화하기 위한 노력을 엿볼 수 있다. 기본적으로 한국의 재난관련 시스템은 중앙정부–광역–지방의 세 단계 수준을 기준으로 이뤄져 있음을 알 수 있는 데, 이는 미국의 연방-주-카운티 중심의 3단계 운용시스템과 비슷한 형태를 띠고 있다고 할 수 있다. 재난관련 제반사항을 총괄하고, 조정하는 역할로서의 중앙정부, 지방과 중앙정부의 가교역할을 하며, 지방의 직접적인 의사결정사항에 따른 조력자로서의 역할을 하는 광역수준의 재난관리기관, 그리고 재난의 일차적 대응기관으로서의 재난관련 충격의 완화나 악화에 결정적 역할을 하는 지방정부 수준으로 나뉜다.

서울시 재난거버넌스를 살펴봄에 있어, 광역수준의 재난안전관리조직을 살펴보면, 서울시는 도시안전에 관한 통합적인 기획관리기능을 강화하고, 민관협력을 기반으로 하는 안전관리체계 구축을 지향하고 있으며(신상영 외, 2011), 재난관리조직은 시·도의 경우, 재난유형에 따라 실(室), 본부, 또는 센터를 구축하여 운영하는 등 분산위기관리모형을 채택하고 있음을 알 수 있다. 하지만, 행정조직상 도시안전을 위한 총괄부서가 만들어졌음에도 안전관리업무 등이 여러 개 분과에 분산되어 있어 서울시의 안전관리 총괄부서로서 통합적 위상이 불안정한 상태이나, 서울종합방재센터의 설립을 통한 시스템 통합 노력이 이루어지고 있는 실정이다. 기존의 서울시 재난관리체계는 개별법령을 근거로 하여, 자연재난은 물관리국, 도시교통본부 등에서, 인적 재난은 소방재난본부, 도시교통본부, 행정국 방재기획과 등에서 관련 업무를 수행해 왔다.

기초자치구수준의 재난안전관리조직은 재난관리의 최일선에서 중앙정부보다 재난관리의 예방·대비·대응·복구의 모든 과정에서 일차적인 역할을 하도록 요구받고 있으며, 직접적으로 재난에 대응하고자 노력하고 있다(Kreps, 1991: 30; 이재은 외, 2006: 234). 서울시 기초자치단체는 1943년 7개구에서 출발하여 9차례에 걸친 분구(分區)에 의해, 1995년 이래로 25개의 구를 유지하고 있으며, 기초자치단체들의 재난-안전관련 조례는 2004년 3월 11일 「재난 및 안전관리기본법」이 제정된 후, 2004년~2005년에 걸쳐 서울특별시 자치구 재난안전대책본부운영조례가 제정되었다. 2014년에 이르기까지 대부분의 기초자치구는 조례의 일부 개정이 지속적으로 이루어져 왔으나, 2012년 5월 22일 '서울특별시 재난 및 안전관리 기본조례'가 공포됨에 따라 일부의 기초자치구(7개구)는 이를 기점으로 하여 2012년~2013년에 걸쳐 전문을 개정하기에 이르렀다. 전문의 내용을 구체적으로 살펴보면, '서울특별시 재난 및 안전관리 기본조례'에 기반하여 전문개정을 한 자치구의 경우는 시민중심의 재난대응 및 안전관리에 필요한 사항을 종합적으로 규정하고, 예방 · 대비 · 대응 · 복구에 관한 사항과 재난관리 관련계획 수립 등의 사항을 망라해 규정하고 있음을 알 수 있다.

표 2-1 서울시 기초자치단체 재난-안전관련 조례 제정 현황

조례명	내 용	자치구명
서울특별시 자치구 재난 및 안전관리기구의 설치 · 운영에 관한 조례 (2004년 「재난 및 안전관리 기본법」에 근거하여 제정)	「재난 및 안전관리기본법」의 제11조, 제16조, 제75조의 규정에 따라 서울특별시 자치구 안전관리 위원회, 서울특별시 자치구 재난안전대책본부 및 서울특별시 자치구 안전관리자문단의 구성 및 운영에 관한 사항을 규정	용산구, 광진구, 동대문구, 중랑구, 성북구, 강북구, 도봉구, 노원구, 서대문구, 마포구, 양천구, 강서구, 영등포구, 동작구, 서초구, 강남구, 송파구, 강동구
서울특별시 자치구 재난 및 안전관리 기본조례 (2012년 이후 전문개정이나 제정을 통해 이루어짐)	기존 조례의 내용에 더해 시민중심의 재난대응 및 안전관리에 필요한 사항을 종합적으로 규정하고, 예방 · 대비 · 대응 · 복구에 관한 사항과 재난관리 관련계획 수립 등의 사항을 망라해 규정	종로구, 중구, 성동구, 은평구, 구로구, 관악구, 금천구

그림 2-3 서울특별시 자치구 '재난 및 안전관리 기본조례' 제정

* 7개 자치구들은 2012~2013년 '서울특별시 자치구 재난 및 안전관리기구의 설치 · 운영에 관한 조례'의 전문개정을 통해 재난시민이 재난으로부터 안전하게 보호받으며 안심하고 생활할 권리부터 종합적 대응까지 망리헤 규정.

제 3 절 연구방법

1 분석대상과 분석범위

본 연구는 2013년 큰 이슈였던 서울시 홍수피해를 사례로 재난거버넌스에서 거시적으로 어떤 네트워크가 구성되는지, 그리고 재난 네트워크는 어떤 차이가 있는지 살펴보고, 거시적 수준에서의 네트워크가 미시적인 수준에서 재난관련조직들이 재난발생시 필요한 탄력성에 어떻게 작용하는지 살펴보고자 한 연구이다. 즉, 재난상황에서 조직과 기관의 재난거버넌스의 특성은 어떻게 관계되어 전개되고 있으며 그 네트워크는 재난상황을 복구하고 대응하는 데 탄력성은 어떻게 작용하는지에 대한 답을 찾는 것이다.

이에 대하여 본 연구의 분석대상은 서울시에 한정하였다. 지방보다 인구가 밀집되어 있음에도 불구하고 재난안전에 대한 취약성이 항상 제기되어 왔으며 때문에 한 번 큰 재난이 발생했을 때 상상 이상의 피해가 발생할 수 있다는 점에서 분석범위가 고려되었다.

재난은 발생한 후 피해가 그 이전 상태, 즉 시간의 차이를 두고 비교할 수 있다는 점 때문에 재난에 대한 피해를 평가하기도 하지만, 얼마나 잘 대비하였고, 대처했고, 복구했는지도 평가할 수 있다. 이러한 점에서 본 연구는 2013년 서울에서 있었던 홍수피해 사례를 통해 분석하였다.

분석범위는 공간적으로 서울시에 한정하였다. 이에 따른 재난발생시 재난에 대응하기 위한 정부와 재난관련기관의 관계를 살펴보기 위해 분석대상은 서울시 25개 자치구와 자치구에 소속되어 있는 소방서, 경찰서 등 재난에 대응하는 기관 및 NGO를 포함한 단체들을 대상으로 조사범위에 포함시켰다. 이들은 각각 재난과 관련된 조직으로 구성되어 있고 '안전치수과'나 '대응관리과' 등 다른 이름으로 불리지만 재난에 대응하는 업무는 같다. 실제 재난에 대응하는 소방서의 경우는 '현장지휘대'에서 관련 업무를 담당한다. 경찰서는 '경비과' 혹은 '경비교통과'에서 재난업무를 담당한다. 특히, 민간단체는 지역사회에 존재하여 재난의 피해를 최소화하기 위한 자발적 참여자의 역할을 수행할 뿐만 아니라 재난발생시 정부의 지원이나 자원 가용이 어려운 경우 도움을 받을 수 있는 매우 중요한 조직이다.

표 2-2 분석대상

유 형	개 수	대 상
기초자치단체(자치구)	25	강남구, 강동구, 강북구, 강서구, 관악구, 광진구, 구로구, 금천구, 노원구, 도봉구, 동대문구, 동작구, 마포구, 서대문구, 서초구, 성동구, 성북구, 송파구, 양천구, 영등포구, 용산구, 은평구, 종로구, 중구, 중랑구
소방서	25	강남구, 강동구, 강북구, 강서구, 관악구, 광진구, 구로구, 금천구, 노원구, 도봉구, 동대문구, 동작구, 마포구, 서대문구, 서초구, 성동구, 성북구, 송파구, 양천구, 영등포구, 용산구, 은평구, 종로구, 중구, 중랑구
경찰서	25	강남구, 강동구, 강북구, 강서구, 관악구, 광진구, 구로구, 금천구, 노원구, 도봉구, 동대문구, 동작구, 마포구, 서대문구, 서초구, 성동구, 성북구, 송파구, 양천구, 영등포구, 용산구, 은평구, 종로구, 중구, 중랑구
NGO	10	대한적십자사, 서울특별시 의사회, 서울특별시 간호사, 서울특별시 새마을, 서울 의용소방대연, 서울가톨릭사회복지, (사)해병대중앙회, 안전생활실천시민, 서울시립대학교, 한국산업안전공단
기타 국가 및 지방정부기관	9	특별시청, 소방재난, 서울종합, 서울경찰, 구안전행정부(행정자치부), 소방방재청, 경찰청, 국토해양부, 환경부

2 분석방법

본 연구에서 재난거버넌스 특성 확인과 함께 미시적 수준에서의 조직의 탄력성을 확인하는 연구모형은 다음과 같다. 우선 자치구와 기관이 재난발생시에 어떻게 서로 협력관계를 발생시키는지를 알아보기 위해 스노우볼(snowball)방식으로 조사되었으며, 가시적인 네트워크를 통해서 나타내었다. 스노우볼 방식은 재난이 발생하였을 경우 업무에 대한 협조 요청이나 직접적인 협력을 수행하는 기관이나 단체 또는 조직을 선택하도록 하는 설문조사를 통해 이루어진다. 이때 평상시 재난관련한 업무요청이나 협력이 얼마나 있어 왔으며 재난발생시 업무협조요청이나 협력을 수행할 예정인 곳도 포함되었다.

거시네트워크 지표로는 재난에 따르는 조직 간 관계가 어떻게 형성되어 있는지 위상구조의 형태로 관찰할 수 있도록 도와주며 거버넌스의 관계구조가 어떤 연계성을 띠고 있는 것인지 혹은 관계가 밀접한 것인지에 따라서 거버넌스 협력의 정도를 가늠할 수 있을 것이다.

반면, 조직 차원에서 미시적 수준은 구체적으로 재난에 있어서 조직유형에 따라 탄력성이 재난상황이 발생했을 경우 차이가 있음을 비교하는 것은 탄력성의 네 가지 차원인 강인성, 신속성, 가외성, 자원가용성에 대하여 구조화된 설문을 통한 조직유형별 탄력성의 네 가지 차원을 평균값으로 비교 분석되었다. 이는 조직이 재난발생시 위기를 극복할 수 있는 의지와 어떻게 보유하고 있는 자원을 활용하여 피해를 구제할 자원분배의 우선순위를 부여할 것인지, 재해구제에 필요한 풍부한 자원을 보유하거나 제공할 수 있는지 여부, 그리고 항상 재난에 대처하기 위해 일상적인 작업을 수행할 수 있는지에 대한 조직의 능력을 바탕으로 한다.

앞서 설명한 두 가지 분석방법을 통해 재난에 있어서 조직의 거버넌스 협력이 이루어지는 차이와 재난거버넌스에 참여하고 있는 조직이 재난발생시에 얼마 만

그림 2-4 연구모형

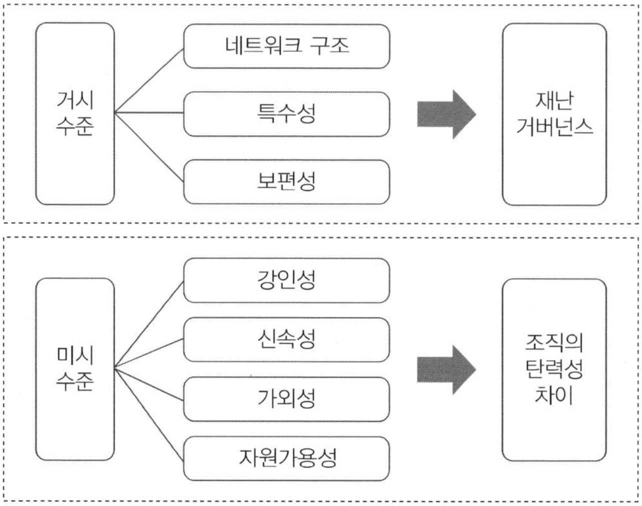

큼의 탄력성을 바탕으로 재난을 복구해 나가는지 조직의 역량과 능력에 대한 비교는 한국적 맥락에서 재난거버넌스의 정책적 시사점을 도출함과 동시에 재난거버넌스의 발전을 논의하는 데 중요한 근거가 될 것이다.

제 4 절 분석결과 및 토론

1 거시적 수준에서의 재난거버넌스

서울시 자치구와 재난관리기관, NGO 등 관련 단체의 재난협력 네트워크는 [그림 2-5]에서 보는 바와 같다. 가장 중심에 SEOC(Seoul Emergency Operation), NGO(nongovernmental organization), MOSPA(Ministry of safety and Public Administration), SFA(Seoul Fire Agency), MOLIT(Ministry of Land Infrastructure), MOE (Ministry of Environment)에 집중되어 있어 자치구와 정부부처, 재난관리기관 및 민간단체가 재난거버넌스를 구성하고 있다는 것을 의미한다. 서울시와 중앙정부, 민간단체가 재난거버넌스에서 자치구 그리고 재난관리기관으로 계층적인 협력관계 구축을 하고 있다는 것이다. 이를테면 정부기관 등 중앙에서의 재난대비 및 복구 등 재난관리가 자치구와 지역의 재난관리기관 내에서의 협력관계 구축으로 이어지고 있는 것이다. 한편 재난을 관리하고 대응하는 데 지역적 특성을 비롯한 재난관리에 특화된 의존성에 따라 누구와 협력해야 하는지도 주요한 분석결과로 나타나고 있다.

[그림 2-6]에서처럼 그룹별 재난거버넌스의 협력 네트워크는 자치구들이 재난거버넌스에 있어서 서로 의존적인 그룹이 존재하고 있다는 것을 보여주는 데, 경찰서나 소방서처럼 재난관리기관에 의존적인 자치구가 있는가 하면, 재난관리기관과 자치구 등이 중앙에 의존하는 경우도 있다. 이것이 의미하는 것은 재난을 준비하고 대응하는 데 있어서 역할에 따라 혹은 기능에 따라 상호보완적으로 의존하는 경우가 있을 수 있음을 암시하고 있다. 즉, 재난이 발생했을 경우 관리나 준비가 잘 되

그림 2-5 서울시 재난거버넌스 협력 네트워크

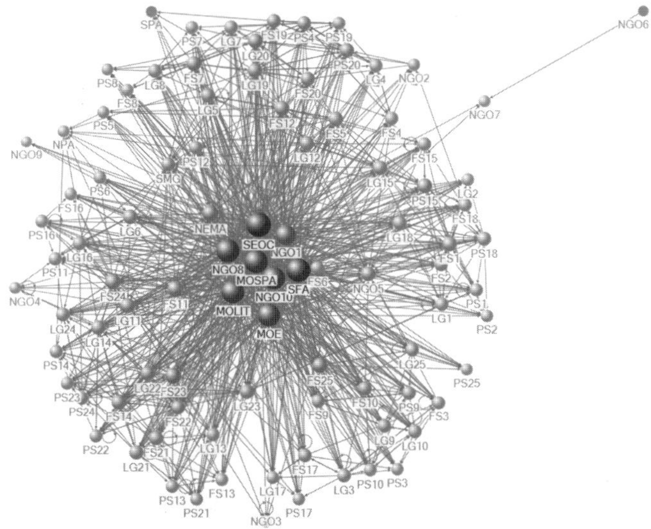

그림 2-6 조직유형별 재난거버넌스 협력 네트워크

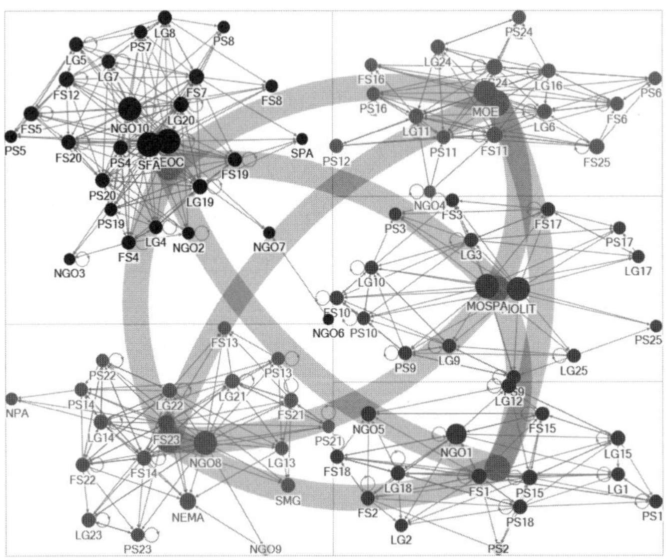

*newman-moor 알고리즘에 의한 그룹별 재난거버넌스 협력 네트워크

어 있는 등의 재난경험이 풍부하거나 가용자원을 효과적으로 쓸 수 있는 기관 및 정부부처와 협력하는 것이 자치구 스스로의 재난대응 가용자원보다 효과적으로 재난을 복구할 수 있을 것이다. 또한 행정구역상 관할구역이 아니지만 인접해 있는 다른 자치구와의 협력관계가 필요한 경우도 있을 수 있을 것이다. 예를 들어 폭설재난에 경험이 많은 강원도 관할의 재난관리기관들은 관할구역은 아니지만 가평의 폭설재난에 도움을 줄 수 있다. 반면, 재난관리기관의 준비상태가 잘되어 있더라도 민간단체의 도움이 보다 효과적인 곳도 있을 것이다.

재난거버넌스 네트워크 지표인 <표 2-3>에서 보는 바와 같이 각 기관 및 정부부처마다 협력 및 의존관계에 차이가 있다. in-degree와 out-degree에서 어떤 기관은 업무협력을 일방적으로 받는가 하면 어떤 기관은 다수의 업무협력을 주는 기관도 있다. 이는 협력이나 의존적인 관계에 차이가 있음을 나타냄과 동시에 관계 협력과 의존적 차이에 어떤 특징들을 가지고 있다. 즉, 민간단체의 경우 협력관계가 주는 쪽이 더 많게 나타나고 있다. 이는 민간단체의 특성에 기인한다. 반면 NEMA(전 소방방재청)는 업무협력을 일방적으로 받고 있다. 이는 재난과 관련하여 가용자원을 어디서 얻을 수 있는지에 대한 문제로 재난거버넌스 네트워크에서 계층적으로 하부에 위치한 자치구가 재난을 해결하기 위해 필요한 것이 무엇인지를

표 2-3 재난거버넌스 네트워크 상위10개 네트워크 지표

Label	In-Degree	Out-Degree	Betweenness Centrality	PageRank
SEOC	12	90	1231.150	3.901
SFA	23	85	1056.779	3.726
MOSPA	11	80	751.501	3.446
NGO8	7	81	756.221	3.429
NGO10	3	77	636.493	3.275
MOLIT	1	77	636.495	3.202
MOE	1	75	622.270	3.129
NGO1	27	56	274.589	2.362
NEMA	32	0	74.231	1.393
FS23	14	24	67.803	1.326

* SEOC: 서울시재난안전상황실, NGO: 비정부단체, MOSPA: (구) 행정안전부, SFA: 서울시소방본부, MOLIT: 국토교통부 MOE: 환경부, NEMA: (구) 소방방재청, FS: 소방서

보여준다.

결국 자치구들이 서울시 그리고 중앙정부부처에 의존적인 관계를 보이고 있다는 것으로 일부 협력관계에서는 민간에 의존적인 경우도 있지만 대부분 재난은 중앙과 협력하는 것이 대응과 복구에 보다 효과적이라는 것을 보여주고 있는 것이다.

2 미시적 수준에서의 조직 탄력성 차이

재난에 대응하기 위해 각 조직들의 역할에 따라 탄력성은 강인성(robustness), 신속성(rapidity), 가외성(redundancy), 자원가용성(resourcefulness)의 네 가지 차원으로 구성된다. 각 자치단체 및 재난관리기관, 민간단체, 정부조직 등에 따라 이러한 탄력성 차원은 각기 달리 작용할 수 있게 된다. 이러한 탄력성의 차이가 앞서 설명한 재난거버넌스 네트워크에서 협력에 필요한 관계를 형성하는 차이를 만들어 준다. 이를 확인하기 위해 각 탄력성의 네 가지 차원을 조직유형별로 평균의 차이를 분석하여 알아 볼 수 있다. 이를 위해 ANOVA 분석을 실시하였다.

우선 탄력성의 네 가지 차원에 대한 설문 결과 강인성에 있어서는 기타 정부기관 및 부처의 평균이 가장 높게 나타났고 민간단체가 가장 낮게 나타났다. 신속성에 대해서는 기초자치단체와 중앙정부 및 부처가 가장 높게 나타났으며 민간단체가 가장 낮았다. 가외성은 기초자치단체가 가장 높게 나타났고 민간단체가 가장 낮게 나타났다. 마지막으로 자원 가용성은 기초자치단체가 가장 높았고 민간단체가 가장 낮았다.

<표 2-5>는 각 조직유형별로 탄력성 차원에 차이가 있는지에 대한 유의성을 확인하는 표로 유의확률($P<0.05$)을 확인한 결과 각 조직유형별로 조직유형에 평균적으로 차이가 있음을 확인할 수 있다. 이를 통해 조직유형에 따라 탄력성 차원에 차이가 있으며, 중앙정부 및 부처는 강인성에서 자치구에서는 신속성, 가외성, 자원가용성에서 차이가 있음을 알 수 있다.

표 2-4 탄력성의 네 가지 차원에 대한 조직유형별 기술통계

		N	평균	표준편차
강인성	기초지자체	25	4.4000	1.15470
	소방서	23	4.1739	1.07247
	경찰서	21	4.0476	1.24403
	민간단체	8	3.0000	.92582
	기타	5	5.0000	.00001
	합계	82	4.1463	1.16663
신속성	기초지자체	25	4.4000	.64550
	소방서	23	4.0870	1.12464
	경찰서	21	3.4286	1.02817
	민간단체	8	3.1250	.83452
	기타	5	4.4000	.89443
	합계	82	3.9390	1.02256
자원가용성	기초지자체	25	4.6400	.81035
	소방서	23	4.0870	1.08347
	경찰서	21	3.6667	1.23828
	민간단체	8	3.1250	.64087
	기타	5	4.4000	.89443
	합계	82	4.0732	1.09748
가외성	기초지자체	25	4.4800	1.00499
	소방서	23	3.9565	.97600
	경찰서	21	3.6667	1.31656
	민간단체	8	3.2500	.46291
	기타	5	4.4000	.89443
	합계	82	4.0000	1.09994

*기타: 중앙 및 광역지자체 정부기관 및 부처.

표 2-5 탄력성의 네 가지 차원에 대한 기관유형별 평균차이

		제곱합	*df*	평균 제곱	*F*	유의확률
강인성	집단-간	15.987	4	3.997	3.265	.016
	집단-내	94.257	77	1.224		
	합계	110.244	81			
신속성	집단-간	17.651	4	4.413	5.068	.001
	집단-내	67.044	77	.871		
	합계	84.695	81			

자원가용성	집단-간	19.233	4	4.808	4.727	.002
	집단-내	78.328	77	1.017		
	합계	97.561	81			
가외성	집단-간	13.437	4	3.359	3.059	.021
	집단-내	84.563	77	1.098		
	합계	98.000	81			

3 토 론

서울시 재난거버넌스를 구축함에 있어 본 연구는 관련협력기관 간 탄력성에 그 주안점을 두고, 재난 네트워크에 기반한 대응역량을 검토함과 동시에 현 체계가 가진 문제점을 진단하고, 이를 제고하기 위한 함의점을 찾고자 하였다. 서울시 재난협력체계 네트워크를 크게 두 가지 다른 수준에서(미시・거시) 분석한 결과, 각 주체에 따른 조직 간 협력적 성향 차이와 4가지 하부요인 — 즉, 강인성(roustness), 신속성(rapidity), 가외성(redundancy), 자원가용성(resourcefulness) — 에 기반한 탄력성 정도가 다르게 나타나고 있음을 알 수 있었다.

서울시 재난관리체계가 과거 중앙집권적인 형태(top-down)의 운영에서 점차 지방정부를 중심으로 한 재난대응역량을 제고하고, 다양한 계층을 아우르는 통합적인 재난시스템을 구축하고자 노력해 왔다. 그럼에도 불구하고, 계층적 협력 네트워크를 거시적 수준에서 분석한 결과 지방수준의 관련기관이 중앙정부나 광역수준에 의존하는 정도가 여전히 높은 수준임을 알 수 있었으며, 이는 최일선에 포진된 재난대응 주체로서의 지방수준 관련기관들이 여전히 계층적 네트워크를 기반으로 한 상위기관의 조정(coordination)역량에 의존하고 있음을 암시한다. 즉, 네크워크 내 협력 주체로서 상위기관이 그 중심에 있다는 것이다. 한편, 미시적인 수준에서는 동일한 기관 내 협력이 기관 간 협력에 비해 활발하게 이루어지고 있음을 알 수 있는 데, 이는 단순히 기능적 유사성에 오는 공감대의 정도에 따른 협력의 용이성을 넘어, 주체별 권한을 중심으로 구성되어 있는 현 법률체계 또한 이에 영향을 미쳤다고 볼 수 있다. 결과적으로, 재난대응관련 협력체계를 통합적으로 구성하고자 노력하였음에도, 다양한 권한 주체 간 통합의 정도는 여전히 만족스럽지 못한 수준이며, 이질적 기능을 담당하는 조직 간 협력이나 소통의 정도가 상당히 제한되어 있음을 알 수 있다.

또한, 조직별 탄력성 하부요인의 차이를 살펴보면, 전체 네트워크를 구성함에 있어 일관적이고, 비슷한 정도의 조직탄력성을 형성하고 있기보다는 조직유형에 따라 매우 상이하게 나타나고 있음을 알 수 있다. 이는 서울 재난 네트워크가 통합적인 시스템 구축을 위해 노력을 하고 있으나, 여전히 그 운영에 있어서는 분절된 권한관계(fragmented authority)를 중심으로 한 단일조직 역량에 중점을 두고 있음을 시사한다고 볼 수 있다. 효율적인 재난대응을 위한 유관기관 간 강한 응집성에 기반한 탄력성이 필수적이며, 각각의 역량을 상호보완적으로 활용할 수 있는 네트워크 형성이 중요하다고 할 수 있다. 더 나아가, 탄력성 하부수준과 관련한 민간기관의 탄력적 취약성을 고려해 본다면, 단순한 재난 네트워크의 양적 확대에 대한 고려를 넘어 전체적인 조직수준의 탄력성을 제고할 수 있는, 질적 네트워크에 대한 고민이 함께 이루어져야 할 것으로 보인다. 이는 현재 서울시가 재난관리를 함에 있어, 대응주체자로서 시민의 역할을 강조하고, 이들을 잠재적 네트워크 내 관련주체로서 간주하고 있음을 고려할 때, 조직탄력성에 기반한 효율적 네트워크 구축과 관련한 장기적 시사점을 내포하고 있다고 볼 수 있다.

조직탄력성은 단순히 특정 조직의 역량이 높아진다고 해서 향상되는 것이 아니라, 유관기관 간 협력을 강화할 수 있는 시스템, 법률, 상호작용 등 다양한 요인들이 함께 고려될 때 가능하다. 우선, 재난관리는 일회성에 기반한 시스템 운영이라기보다는 되풀이되는 재난사건, 혹은 일회성으로 보이는 재난일지라도 관련사건과 연관되어 반복적으로 나타나는 경우가 일반적인 만큼, 평가(assessment)나 피드백(feedback)을 통한 시스템 제고가 필수적이라 할 수 있다. Song and Jung(2015)은 재난관리 네트워크에 있어, 대응협력을 위한 계획과 실제 대응 사이에 괴리가 있음을 밝히고, 재난계획이 실제 사건을 바탕으로 이루어진 대응을 반영하여 계획된 네트워크(planned network)가 좀더 현실적으로 수정됨과 동시에, 계획원안이 원활하게 이루어질 수 있도록 유관기관 간 교육훈련(training, drills, and exercise)을 통한 신뢰형성(trust building)과 소통(communication)강화의 중요성을 지적하고 있다. 또한, 법률에 있어서도 재난관리 관련법의 재정비를 통해 유기적인 권한관계를 규정하고, 기존의 기능중심으로 분절되어 운영되던 법안운영을 넘어 통합적 관점(comprehensive perspective)을 관철할 수 있는 노력이 선행되어야 할 것으로 보인다. 마지막으로, 상호작용은 기관 간 신뢰형성과 밀접하게 연관되어 있다고 볼 수 있는데, 이는 재난상황과 같은 긴박하고, 모든 재원이나 자원이 부족한 상태에서도 협력기관을 지원할 수 있고, 도움을 요청할 수 있는 가능성의 정도와 직결된다. 이러한 신뢰형성을 저해하는 협력적 위험(collaboration risk)을 완화시키기 위해서는 교육훈련이 필수적인 요소로 작용하게 되고, 이는 재난 동안에 유관기관 간 소통(communication)을 원활하게 할 뿐만 아니라 자원동원(resource mobilization)과 자원공유(resource sharing)를 향상시킬 수 있다.

제 5 절 결 론

Tierney(2012)가 지적한 바와 같이, 재난거버넌스는 행정학 분야 내 재난안전관리연구의 새로운 개념을 제시하고 있으며 자연 및 인적 재난에 효과적으로 대비 및 대응하기 위한 다양한 연구 아젠다들을 제공하고 있다. 예를 들어, 계획 및 매뉴얼 수립에 있어 관련 조직들은 재난으로 인한 피해를 가중시킬 수 있는 위험(risk), 위해(hazard), 그리고 취약성(vulnerability) 저감대책을 수립할 수 있다. 또한, 기초지자체 수준에서의 조직 간 유기적인 협력관계 구축을 통한 자원가용성과 가외성을 확보하여 보다 신속한 대응을 유도하는 조직의 탄력성 제고가 바로 대표적인 사례이다. 이러한 관점에서, 본 연구는 사회연결망분석, 즉 네트워크 알고리즘을 통해 서울시 재난거버넌스 내 조직 간 협력구조 및 조직유형별 탄력성 수준을 분석했다.

본 시론적 연구의 이론적 · 정책적 함의는 다음과 같다. 첫째, 재난거버넌스, 즉 재난안전관리를 위한 조직 간 협력관계는 조직유형과 공간적 범위에 따라 형성된다. 예를 들어, 서울시 재난거버넌스에서 보다시피 25개 자치구 내 기초지자체, 소방서, 그리고 경찰서는 동일한 조직유형 내 협력관계가 다른 조직 간 협력행위에 비해 뚜렷하게 나타나고 있다. 이는 현 기초자치단체가 소방행정과 경찰행정을 지휘할 수 없는 법률 혹은 제도적인 한계를 고려할 때, 재난발생시 인접 자치구의 소방서 혹은 경찰서는 동일한 유형의 조직 간 직접적인 커뮤니케이션 채널 및 자원 조정(resource coordination)이 역동적으로 이루질 수 있는 반면 다른 조직 간 소통 및 협력은 다소 협소한 범위에서 이루어지고 있다는 것이다.

둘째, 재난거버넌스 내 조직의 탄력성 수준은 조직유형에 따라 상이하다. 이는 현 한국의 재난거버넌스가 통합적인 접근(comprehensive approach)이 아니라 단일 조직의 역량(capability) 제고 혹은 재난안전관리의 개별단계에 중점을 두고 있다는 것을 시사한다. 즉 기초지자체 내 다른 조직들 간의 유기적인 협력행위가 조직 유형별로 상호 필요한 역량을 보완해주는 역할을 할 때, 재난거버넌스 내 조직의 탄력성이 제고될 수 있다는 것이다. 예를 들어, 서울시 재난거버넌스 내 조직의 탄력성 제고는 재난안전관리 단계별로 분절된(fragmented) 지휘권과 형식적인 협의(formalized arrangement)에 기인하는 불명확한 문제(wicked problem)를 해결하는데 주목하는 한편, 공유된 자원(shared resource) 확보를 위한 지속적인 노력이 요구된다는 것이다.

마지막으로 본 연구는 한국 재난거버넌스의 특수성 및 보편성 연구를 위해 다음과 같은 미래연구과제를 제안한다. 첫째, 학제 간 연구를 통해 재난거버넌스의 본질을 이해하기 다각적인 이론적 접근이 요구된다. 비단 미국뿐만 아니라 유럽 국가들의 재난거버넌스 연구는 행정학이라는 일원적인 관점보다 정치학, 사회학, 도시계획학, 그리고 언론정보학 등 다양한 관점에서 논의되는 개념들을 적용하고 경험적 연구(empirical studies)로 확장되는 분야이다. 둘째, 재난거버넌스의 역동성(dynamics)과 진화(evolution)를 한국적인 맥락에서 이해하기 위해 조직의 탄력성과 제도적, 사회경제적, 지리공간적, 그리고 인구통계학적인 요인 간의 체계적인 연구가 필요하다. 국내 재난거버넌스의 규모(scale)와 수준(level)은 법률과 중앙정부기관 및 부처에서 제시하는 제도 및 정책의 틀을 벗어나기 어렵다. 하지만 그럼에도 불과하고 개별 광역 혹은 기초지자체의 지리공간적인 요인은 자연적 취약성을, 사회경제적 · 인구통계학적 요인은 사회적 취약성을 결정하는 주요 변수로 고려된다. 이에 재난거버넌스 내 조직의 탄력성을 넘어 조직 간 협력구조와 패턴에 영향을 미치는 인과요인들에 대한 보다 체계적인 연구가 요구된다.

참고 문헌

곽현근(2009). "사회적 배제 극복을 위한 동네 거버넌스 사례연구: 대전광역시 무지개 프로젝트를 중심으로." 「한국행정연구」, 18(4): 227-257.

김용학(2004). 「사회연결망이론」. 박영사.

김윤종 · 신상영 · 김귀영 · 지승희(2009). "서울시의 새로운 재난관리체계 구축." 서울연구원.

박희봉(2009). 「사회자본-불신에서 신뢰로, 갈등에서 협력으로」. 조명문화사.

박희봉 · 김명환(2000). "지역사회 사회자본과 거버넌스 능력." 한국행정학회 학술대회 발표논문집. 475-465.

손동원(2008). 「사회네트워크 분석」. 경문사.

신상영(2012). 「주민참여형 안전한 마을 만들기 구현방안」. 서울연구원.

신상영 · 이석민 · 원종식 · 배윤신(2011). 「안전한 도시 서울을 만들기 위한 중장기 정책방향」. 서울연구원.

원종석(2011). 「서울형 도시안전 가이드라인에 관한 연구: 재난관리를 중심으로」. 서울연구원.

유석춘 외(2003). 「사회자본 이론과 쟁점」. 그린.

이석민 · 여창건(2011). 「기상이변에 대비한 서울시 방재 패러다임 설정 연구」. 서울연구원.

이재은 외(2006). 「재난관리론」. 대영문화사.

이희창 · 박희봉(2005). "사회자본과 지역발전". 「한국행정논집」, 17(4): 1183-1207.

정규진 · 김용희 · 송민선(2013). "서울시 재난관리를 위한 소셜미디어의 구조적 활용." 「서울도시연구」, 15(4): 159-184.

최종렬(2004). "신뢰와 호혜성의 통합의 관점에서 바라본 사회자본." 「한국사회학」, 38(6): 97-132.

Andrew S. A., S. Arlikatti, L. Siebeneck, et al.(2014). "Factors explaining organizational resilience during the Thailand Floods of 2011: A test of bonding and bridging hypotheses." *Disasters*, 40(1): 65-84.

Bruneau, M., S. E. Chang, R. T. Eguchi, G. C. Lee, T. D. O'Rourke, A. M. Reinhorn, & D. von Winterfeldt(2003). "A framework to quantitatively assess and enhance the seismic resilience of communities." *Earthquake spectra*, 19(4), 733-752.

Comfort, L. K., *Shared risk: Complex systems in seismic response*. Pergamon, Amsterdam (1999).

Cox, R. S., & K. M. E. Perry(2011). "Like a fish out of water: Reconsidering disaster recovery and the role of place and social capital in community disaster resilience." *American journal of community psychology*, 48(3-4), 395-411.

Elinor Ostrom (*Governing the Commons*), 윤홍근, 집합행동과 자치제도. 자유기업원, 36-

47쪽, 1999.
Haythornthwaite, C.(2005). "Social networks and Internet connectivity effects." *Information, Communication, & Society*, 8(2): 125-147.
Jung, Kyujin(2013). "Community Resiliency and Emergency Management Networks: Following the 2012 Korean Typhoons. Natural Hazards Center (Boulder, CO)." *Quick Response Report QR237.*
Jung, Kyujin & Minsun Song(2015). "Liking emergency management networks to disaster resilience: Bonding and bridging strategy in hierarchical and horizontal collaboration networks." *Quality & Quantity*, 49(4): 1465-1483.
Kreps, G. A.(1991). "Organizing for emergency management." *Emergency management: Principles and practice for local government.* 30-54.
National Research Council(2010). "Private-Public Sector Collaboration to Enhance Community Disaster Resilience: A Workshop Report." Washington, DC: National Academies Press.
National Research Council(2011). "Building Community Disaster Resilience through Private-Public Collaboration." Washington, DC: National Academies Press.
Putnam, Robert(1993). "Making Democracy Work." Princeton: Princeton University Press.
Rheingold, H.(1993). "The virtual community: Homesteading on the electronic frontier(1st ed.)." New York: Harper Perennial.
Rao, S.(2013). "Disaster Risk Governance at National and sub-National Levels." *GSDRC Helpdesk Research Report 991.* Birmingham, UK: University of Birmingham.
Robert D.(1994). *Making democracy work: civic traditions in modern italy.* 안청시 외 역(2000). 「사회적 자본과 민주주의: 이탈리아의 지방자치와 시민적 전통」. 서울: 박영사.
Schuler, Douglas(1996). "New Community Networks: Wired for Change." New York: ACM Press.
Song, Minsun & Kyujin Jung(2015). "Filling the Gap between Disaster Preparedness and Response Networks of Urban Emergency Management: Following the 2013 Seoul Floods." *Journal of Emergency Management*, 13(4): 327-338.
Tierney, Kathleen(2012). "Disaster Governance: Social, Political, and Economic Dimensions." *Annual Review of Environment and Resources*, 37: 341-63.
UNDP(2013). "Issue Brief: Disaster Risk Governance." *Bureau for Crisis Prevention and Recovery.* United Nations Development Programme.
van Asselt, M. B. & O. Renn(2011). "Risk Governance." *Jouranl of Risk Research*, 14(4): 431-449.
Vogus, T. J., K. M. Sutcliffe(2007). "Organizational resilience: towards a theory and research agenda." *In Systems, Man and Cybernetics*, 2007. ISIC. IEEE International Conference,

pp. 3418–3422, IEEE (2007).

Wellman, Barry(2001). "Physical Place and cyber Place: The Rise of Personalized Networking." *International Journal of Urban and Regional Research*, 25(2): 227–252.

Zucker, L. G.(1986). "Production of trust: Institutional Source Economic Structure, 1840–1920." *research in organizational Behavior*, 8, 53–111.

Zuckerman, A. S. and D. M. West(1985). "The political bases of citizen contacting: A cross–national analysis." *The American Political Science Review*, 117–131.

재난 및 안전관리 기본법(법률 제11994호).

서울특별시 재난 및 안전관리 조례(기본조례 제5292호).

제 3 장 주민참여예산제도 실효성에 관한 연구*

- 서울시 주민참여예산제도를 중심으로 -

김은주 · 김선균 · 공동성**

제 1 절 서 론

한국의 주민참여예산제도는 효과적으로 운영되고 있는가? 우리나라의 주민참여예산제도는 2003년 광주광역시 북구에서 최초로 도입되었으며 2005년과 2011년 지방재정법 개정을 통해 제도 도입의 법적 근거를 마련하였다(이수구 · 박영강, 2015: 111). 주민참여예산제도 의무화 이전인 2007년부터 지방재정분석의 평가지표로 주민참여예산제도가 포함되면서 2007년에 가장 많은 지방자치단체가 운영조례를 제정하였고 현재는 지방재정법(제39조 및 동법 시행령 제46조)에 근거한 지방자치단체 의무제도로서 전국적으로 실시 중이다(권오중, 2015: 45), 이러한 주민참여예산제도는 다양한 시민참여도구 중에서 핵심적인 정책결정과정이라고 할 수 있는 예산과 관련되어 있다는 점에서 가장 영향력 있고 실체가 있는 참여라 할 수 있다(Holzer et al., 2011: 189). 이와 같이, 우리나라에서도 정부의 예산배분과정의 주민참여에 대한 관심이 증대됨에 따라 주민참여예산제도가 과연 그 취지와 목적을 달성하였는지에 관한 효과성이 중요한 이슈가 되고 있다(김관보 · 김옥일, 2007:

---

* 이 논문은 2013년 정부(교육부)의 재원으로 한국연구재단의 지원을 받아 수행된 연구임(NRF-2013S1A3A2055108).

** 교신저자.

88).

본 연구는 주민참여예산제도가 전국적으로 도입되어 있는 현 시점에서 주민참여예산제도가 과연 실효성 있게 운영되고 있는가에 대한 문제의식에서 출발하였다. 이를 위해 선행연구를 바탕으로 주민참여예산제도 실효성을 평가할 수 있는 주요 요인을 도출하여 살펴보고자 한다. 주민참여예산제도의 효과는 특정한 상황과 맥락에 따라 달라질 수 있다는 점에서 다양한 영향요인이 있을 수 있다. 공통적으로 자치단체장의 리더십, 지방의회와의 협력, 주민참여예산규모, 심의성, 주민참여자의 특성, 제도운영과정 등이 중요한 영향을 가져올 수 있다(Weyh and Streck, 2003; Gilman, 2012; 안성민 · 최윤주, 2009; 이순향 · 김상헌, 2011).

본 연구에서 선정한 사례는 '서울시 주민참여예산제도'이다. 서울시는 2012년 주민참여예산제도를 첫 시행하여 제도 5년차에 접어들었다. 타 자치단체에 비하여 늦게 제도가 도입되었으나, 우리나라 최대 자치단체장의 적극적인 관심, 서울시 의회와 협력을 위한 노력 등을 바탕으로 운영과정의 절차적 합리성을 제도화시키기 위하여 주력하였으며 현재까지 주민참여예산제도가 적극적으로 운영되고 있다(임성일, 2014: 12). 분석자료는 주민참여예산제도 운영계획과 백서 등의 정부공식자료와 기존의 연구자료, 주민참여예산제도 참여자의 인터뷰, 연구자의 참여관찰 등을 포함한다.

지금까지 자치단체 수준에서 운영된 주민참여예산제도 사례연구의 경향은 전국적으로 주민참여제도가 확산되면서 예산과정에 대한 주민참여의 통로가 개방되었다는 긍정적 평가와 함께 자치단체의 재정능력에 대한 고려 없이 주민참여예산제도가 도입되어 재정자립도가 낮은 자치단체의 경우 제도가 유용하게 작동하고 있지 않는다는 비판이 상존한다(안성민 · 최윤주, 2009: 27; 이순향 · 김상헌, 2011: 338). 따라서 본 연구에서는 서울시라는 한국 최대 자치단체의 주민참여예산제도를 분석한다는 점, 그리고 그 실효성을 기존연구에 대한 메타분석을 토대로 어느 정도 구조화된 틀을 활용하여 사례연구를 한다는 점에서 연구의 의의가 있다고 사료된다.

제 2 절 이론적 및 제도적 배경

1 주민참여

주민참여란 좁은 의미의 개념으로서 "정부의 공직자를 선출하거나 정부정책에 영향을 주기 위한 목적의 행위"로 정의할 수 있으며(Verba and Nie, 1972: 2), 넓은 의미에서는 "정치 및 정책의 전 과정에 걸쳐 일어나는 지역주민의 모든 정치적 행위"를 포함한다(Martin, 2009: 1). 즉 주민이 정책 전 과정에 참여함으로써 자기보호(self-protection)와 자치(self-rule) 그리고 자기실현(self-realization)을 달성할 수 있다는 측면에서 주민참여는 민주행정의 중요한 요건으로 작용한다(Ostrom, 1989). 이러한 주민참여는 사회적 약자를 위한 정부지출을 만들어내는 방식의 하나로도 활용될 수 있다(Bräutigam, 2004: 653).

참여가 얼마나 적극적으로 이루어지느냐를 기준으로 주민참여의 형태를 구분할 수 있다(김병준, 2010: 613). Zimmerman(1986)은 참여자의 자발성을 기준으로 수동적 참여(passive form)와 능동적 참여(active form)로 구분하였다. 수동적 참여는 정책결정 및 집행과정에서 주민의 지지를 얻고 합의를 도출하기 위한 목적 하에 정부가 의도적으로 주민을 참여시키는 것으로, 관료가 제공하는 정보를 바탕으로 정책을 평가하는 설문조사와 공청회 참여 등의 방식으로 이루어진다. 반면 능동적 참여는 주민총회, 주민투표, 주민소환 등과 같은 활동을 주도하거나 적극적으로 참여하여 주민 스스로 특정 목적을 달성하기 위하여 정부에 영향력을 행사하는 행위를 말한다(Langton, 1978: 22; 정정화 외, 2014: 167). 또한 주민참여는 참여가 이루어지는 영역에 따라 도구적 행위로서의 참여와 상호작용으로서의 참여로 구분할 수 있다. 도구적 행위로서의 참여는 정부 및 정치관료에게 영향력을 행사하여 공공영역에서 자신의 이해를 반영함과 동시에 정책결정 및 집행의 정당성을 높여준다는 측면에서 행정 및 정책영역에서 주민참여 활동으로 이해할 수 있다(Abel and Stephan, 2000: 620; 주성수, 2004: 69). 반면 상호작용으로서의 참여는 주민 간 의사소통을 통해 정부가 제공하지 못하는 자원을 배분하는 행위로서 자치역량을 강화하는 활동이다. 기존의 관료제 행정체제에서는 도구적 행위로서의 참여가 주를 이루었다면 거버넌스 체제에서는 상호작용으로서의 참여도 함께 나타나고 있다.

이러한 주민참여의 형태와 구체적인 내용은 다양한 주민참여의 개념만큼 다양한 의견이 존재한다(김병준, 2010: 610). Arnstein(1969: 217)의 참여 8단계론은 '주민참여의 사다리(a ladder of citizen participation)' 모형을 통해 주민참여의 중요한 지점과 단계가 존재함을 제시하고 있다. 미국 도시사회의 현실적 기반으로 주민참여 형태를 설명한 Arnstein의 모형은 현상에 대한 사실을 단순화한 구분에 지나지 않는다는 한계가 있음에도 불구하고 참여의 형태뿐만 아니라 비참여의 형태까지 포함하는 포괄성으로 인해 오늘날까지 널리 활용되고 있다(김병준, 2010: 610-613). 보다 구체적으로 주민참여단계를 살펴보면, 주민참여사다리는 계도(manipulation), 교정(therapy), 정보제공(informing)부터 주민통제(citizen control)까지 총 8단계로 구성되어 있다. 시민의 참여가 나타나지 않는 비-참여(non-participation)단계에서의 위원회는 관료들이 주민대표들을 '가르치고(educate)', '설득하는(persuade)' 기구에 불과하였으며, 참여라는 이름 아래 주민들의 태도나 행태를 교

그림 3-1 주민참여 사다리 8단계

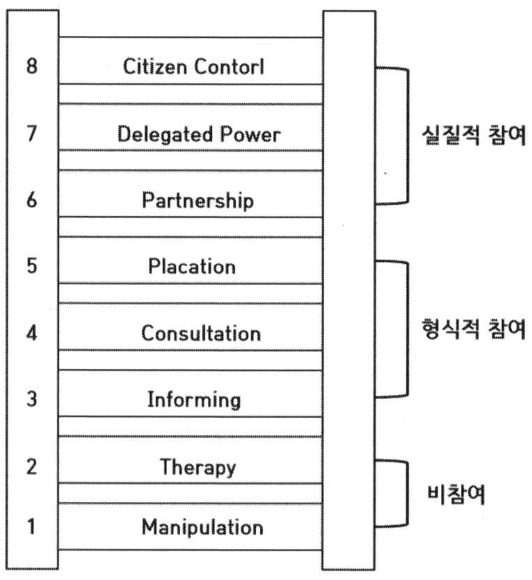

자료: Arnstein(1969: 2).

정하는 경우가 많았다. 주민참여는 세 번째 단계인 정보제공 단계부터 이루어지며, 참여의 형태는 형식적 참여와 실질적 참여로 구분된다. 형식적 참여란 참여를 위한 제도는 마련되어 있으나 실질적인 권한은 위임되지 않은 것으로, 정보제공(informing)단계에서부터 의견수렴단계(consultation)를 거쳐 형식적 참여의 가장 상위 단계인 유화단계(placation)로 구분된다. 형식적 참여단계에서 주민은 정부로부터 정보를 일방적으로 제공받으며 공청회와 설문조사 등을 통해 의견을 제출할 수 있으나 이를 받아들이는 공식적인 권한은 여전히 정부가 가지고 있다. 반면 실질적 참여는 정부가 주민이 결정권의 공유를 제도화하는 동반자(partnership)단계, 주민이 오히려 결정을 주도하는 권한위임(delegated power)단계, 정부의 모든 결정을 주도하는 주민통제(citizen control)단계까지 포함된다. 하지만 현실에서 8단계의 주민통제의 실제 사례를 찾기는 쉽지 않다(Arnstein, 1969: 221).

2 주민참여예산제도

주민참여예산제도는 정부 예산과정의 민주주의적 가치를 확보하기 위하여 평범한 시민, 시민단체 등이 예산편성단계에서 참여하는 방식으로 도입되었다(Weyh and Streck, 2003; Bräutigam, 2004; Koonings, 2009; Lerner, 2011). 최초의 주민참여예산제도로 평가받는 브라질의 포르투 알레그레시의 주민참여예산제도는 1989년에 풀뿌리 사회운동의 맥락으로부터 탄생하였다(Bräutigam, 2004: 658). 이후 주민참여예산제도의 확산은 전 세계적으로 자원의 배분과 관련하여 시민의 목소리가 강화되는 계기를 마련하였다(Weyh and Streck, 2003). 최근 우리나라에서도 주민참여예산제도가 전국적으로 확산되면서 주민참여를 통한 예산의 배분과 예산관리의 투명성이 강조되기 시작하였으며 예산의 전 과정에 주민이 직접적인 영향력을 행사하기 위한 움직임이 태동하고 있다(이세구, 2005; 이관행, 2008; 곽현근, 2010). 그러나 우리나라의 주민참여예산제도는 단순히 예산의 배분과정에 대한 주민참여에 초점이 맞추어져 있다는 점에서 한계가 있다. 반면 국외의 주민참여예산제도는 자원과 권력을 가진 지방자치단체와 주민들의 지속적인 상호작용 속에서 구축된 신뢰를 바탕으로 하는 민주적 거버넌스의 달성을 궁극적인 목표로 지향하고 있다

(Lerner, 2011). 이러한 맥락에서 주민참여예산제도가 어떻게 운영되고 있는가에 따라 제도의 효과가 달라질 수 있음을 알 수 있다. 따라서 국내외 주요 사례를 함께 살펴보는 과정에서 사회적 맥락에 따라 제도의 운영방식의 차이가 나타날 수 있음을 이해함으로써(Wampler, 2007) 논의의 편견을 완화하고자 한다.

주민참여예산제도의 성과에 관한 국외연구 중에서 브라질 포르투 알레그레시를 대상으로 한 Koonings(2009)의 연구에서는 주민참여예산제도의 도입으로 인하여 시정부와 주민들 간의 파트너십이 구축되는 효과가 나타났음을 밝혔다. 구체적으로 포르투 알레그레시 사례에서 나타난 정치적 민주화 바람과 다수의 주민참여 그리고 근린조직을 통한 시민 사이의 상호작용은 주민참여예산제도의 도입배경이자 성과를 낼 수 있었던 주요 원인으로 강조하였다. 포르투 알레그레시에 대한 또 다른 연구인 Bräutigam(2004)는 주민참여예산제도 도입으로 인하여 진보정당과 사회적 약자로 참여 주체가 확대되어 민주적 거버넌스가 구축되었고 사회적 약자를 위한 정책의 우선순위가 높아지는 등 자원 배분과정에서 변화가 나타났음을 주장했다. 주민참여예산 과정에 대하여 연구한 Rossman and Shanahan(2012)는 참여예산과정의 장애요인으로서 주민의 낮은 참여율, 예산편성과정의 시간 제약, 불평등한 대표성과 정보제약 등을 지적하였다. 따라서 이러한 장애요인을 극복하고 민주적 가치를 달성하기 위해서는 참여주민의 대표성과 참여수준 그리고 리더십의 중요성을 강조했다. Gilman(2012)은 주민참여예산제도와 관련하여 뉴욕주의 4개 시에 도입한 시범프로젝트(PBNYC)를 중심으로 분석한 결과 2009년 주민참여예산제도 도입 이후 치러진 선거에서 사회적 약자의 참여율이 높아졌으며 정부와 시민이 새로운 참여 관계를 형성하였다는 점에서 주민참여예산제도가 집단행동으로서 시민참여 활성화의 촉매로 작용하고 있음을 보여주었다.

국내에서도 주민참여예산제도의 효과와 관련하여 다수의 선행연구들이 있다. 김관보·김옥일(2007)은 Ebdon and Franklin(2006)의 예산에서의 시민참여 모형을 바탕으로 부천시 주민참여예산제도 도입 효과에 대한 설문조사를 시행한 결과 자치단체장의 추진의지와 공무원의 긍정적 인식전환, 의회의 주민참여예산제도 수용을 위한 노력, 주민들의 참여의지, 시간적 제약의 극복 등이 제도의 운영효과에 긍정적인 영향을 미치는 것으로 나타났다. 광주광역시 북구의 주민참여예산제도를 연구한 곽채기(2007)는 주민참여예산제도의 성공적 운영을 위하여 자치단체장의 적극적인 관심과 리더십, 지방의회와의 협력, 공무원의 마인드 전환교육, 주민참여 확대 및 참여주민의 전문성 확보, 시간제약 극복 등이 주요 성공요인으로 제시되었다. 안성민·최윤주(2009)는 5개 자치구(광주광역시 북구·서구, 울산광역시 동구·북구, 대전광역시 대덕구)에 대하여 참여의 범위와 방법을 중심으로 주민참여예산제도의 성과를 분석한 결과, 고(高)연령층의 시민들의 참여가 상대적으로 높게 나타나기는 하지만 다양한 직업과 학력으로 구성되어 있다는 점에서 불평등한 참여가 나타나고 있지 않음을 밝혔다. 반면 참여의 영향력 측면에서는 학력에 따른 차이는 나타나지 않으나 여성위원이 남성위원에 비해 적극성이 부족하고 시민단체 상근자나 전문가들의 영향력이 높게 나타났다는 점에서 불평등한 영향력이 나타나고 있음을 시사했다.

이순향·김상헌(2011)은 230개 기초지방자치단체의 예산규모와 예산비율이 주민참여예산제도 도입 이후 변화가 발생하였는지에 대한 분석을 수행한 결과, 제도 도입 이후 세출예산의 규모는 감소하였으나 일반행정비, 사회개발비, 경제개발비의 비중 변화는 없는 것으로 나타났다. 연구의 분석내용에는 포함되어 있지 않았지만 주민참여예산제도의 효과에 미친 영향 요인으로서 구체적인 운영방식을 규정한 주민참여예산조례와 일정 수준 이상의 재정자립도가 제도 효과를 높일 수 있음을 결론에서 제시하였다. 광역자치단체와 7대 도시의 하위자치구를 대상으로 한 이수구·박영강(2015)은 행정자치부에서 제시한 3가지 유형(관주도형, 민관협의형, 민관협치형)을 바탕으로 주민참여예산제도 운영구조가 성과에 미치는 영향을 분석한 결과, 지역회의와 민간협의회 등이 제도화되어 있는 경우 주민참여수준이 높으며 지방의회의 예산수용도 역시 높게 나타나고 있음을 밝혔다. 다만, 일부 제도화 수준이 낮은 자치단체에서도 높은 수준의 주민참여가 나타난다는 점에서 운영구조 외의 요인들이 중요한 영향을 미칠 수 있음을 시사했다. 서울시와 25개 자치구의 주민참여예산제도 효과와 관련하여 주민참여예산위원회의 대표성과 참여수준을 중심으로 분석한 이지문·권자경(2015)의 연구에서는 위원 총수가 많을수록, 주민참여예산위원회에 예산편성권한이 부여될 때, 예산편성범위가 제한적이지 않을 때, 운영절차 및 방식이 투명할 때, 조정위원회 조율권한이 부여될 때에 총 사업 수와 총 예산액이 증가한다는 분석결과를 제시했다.

주민참여예산제도의 효과와 관련하여 국내외 선행연구들을 종합하여 검토한 결과를 토대로 주민참여예산제도의 실효성을 평가하기 위한 요인을 정리하면 다음 <표 3-1>과 같다. 먼저 주민참여예산제도가 효과적으로 운영되기 위해서는 자치단체가 재량으로 집행할 수 있는 예산의 일정 수준 이상의 확보 여부와 주민참여를 통해 선정된 사업내용이 일반 주민의 요구와 기대가 반영되는 사업인지 여부에 달려있다(Bräutigam, 2004; 이순향 · 김상헌, 2011 등). 다음으로 연령, 성별, 학력, 직업 등에 상관없이 다양한 계층의 참여를 통해 확보된 주민대표성과 예산편성과정에 참여하여 활동할 수 있는 전문성에 따라 제도의 효과가 달라질 수 있다(Gilman, 2012; Rossman and Shanahan, 2012; 곽채기, 2007 등). 마지막으로 실질적인 주민참여권한을 보장하는 주민참여예산운영조례, 참여방식 및 사업선정과정 등을 포함하는 예산편성과정이 어떻게 운영되는가에 따라 제도의 효과가 영향을 미친다(Koonings, 2004; 이수구 · 박영강, 2015). 앞에서 언급한 요인 외에도 지방자치단체장의 관심과 리더십, 공무원의 인식전환, 지방의회와의 협력, 시간적 제약의 극복 등이 실효성 있는 주민참여예산제도 운영의 영향요인으로 작용할 수 있다.

표 3-1 주민참여예산제도 실효성 평가 주요 요인

영향요인	연구자
참여예산의 규모 참여예산의 사업내용	Bräutigam(2004), 이순향 외(2011) 등
참여주체 확대 참여자 대표성 참여자 전문성	Gilman(2012), Rossmann et al.(2012), 곽채기(2007), 김관보 외(2007), 안성민 외(2009), 이지문 외(2015) 등
주민참여예산운영조례 참여방식 사업선정과정	Koonings(2004), 이수구 외(2011) 등

제 3 절 연구방법

1 연구방법

주민참여예산제도 운영의 실효성을 분석하기 위하여 본 연구는 서울시 주민참여예산제도를 연구대상으로 선정하였다. 서울시는 한국 최대 지방자치단체이자 주민참여에 대한 자치단체장의 관심이 높다는 점과 주민참여예산 출범부터 현재까지 주민참여예산제도와 관련된 정보를 발간물(운영계획, 백서 등)과 홈페이지 등을 통해 제공하고 있다는 점에서 정확하고 풍부한 자료수집이 가능하다. 분석기간은 2012년도부터 2015년(주민참여예산 1기~4기)까지이다. 분석자료는 서울시에서 발간한 주민참여예산제도 백서, 주민참여예산제도 운영회의록과 서울시의회 예산편성안심의회의록 등 정부공식자료와 주민참여예산제도 관련 토론회 발표문, 신문기사 등을 활용하였다. 추가적으로 서울시 주민참여예산 홈페이지, 지방재정365홈페이지 등의 온라인자료를 수집하였다. 아울러 접근 가능한 주민참여예산위원과 서울시 주민참여예산위원 담당공무원과의 전화인터뷰를 통해 수집된 자료를 확인하고 추가정보를 수집하였으며, 연구자의 참여관찰 또한 기본자료의 확인 및 내용의 객관성 제고를 위해 활용되었다.1)

2 연구모형

주민참여예산제도의 실효성을 평가하기 위한 기준을 도출하기 위하여 선행연구를 살펴본 결과 공통적으로 주민참여예산의 규모 및 사업내용, 주민참여자의 특

1) 구체적으로 전화인터뷰는 총 4차례 진행되었다. 전화인터뷰 대상자는 2015년 참여예산 4기로 활동했던 참여예산위원 3명과 서울시 주민참여예산을 담당한 주무관 1명이다. 참여예산위원과의 전화인터뷰를 통해 시 추천위원 선정과정 및 주민참여예산제도에 대한 전반적인 내용에 대한 답변을 들을 수 있었다. 또한 서울시 담당공무원과의 전화인터뷰를 통해 주민참여예산위원들이 실제 제도운영과정에서 가지는 재량의 범위 등에 대한 답변을 들을 수 있었고, 문헌검토를 통해 발견된 의문점에 대한 답변을 토대로 본 연구의 분석결과 해석에 활용하였다.

성으로서 대표성과 전문성 그리고 주민참여예산 편성과정 등의 요인들이 주민참여예산제도의 효과에 영향을 주는 요인으로 제시되었다. 따라서 본 연구에서는 앞선 선행연구 검토를 통해 공통적으로 살펴보고 있는 주민참여예산 규모 및 주민참여예산 사업내용, 주민참여자의 특성 그리고 주민참여예산 편성과정을 중심으로 연구모형을 설정하였다.

먼저 영향요인으로서 주민참여예산 규모와 주민참여예산 사업의 내용을 살펴보고자 한다(이순향 · 김상헌, 2011). 첫째, 주민참여예산 규모는 지방자치단체의 일반회계예산 중 주민참여예산제도를 통해 편성될 수 있는 예산의 범위를 살펴봄으로써 어느 정도의 규모에서 재량권이 행사될 수 있는지 파악할 수 있다. 둘째, 분석기간 동안 주민참여예산을 통해 선정된 사업내용을 주제별로 정리하여 주요 선정사업의 경향을 분석한다. 이를 통해 현재 주민참여예산제도를 통해 선정된 사업이 일반 주민 전체의 이익을 대변하는 사업인지 여부를 살펴볼 수 있다.

다음으로 주민참여자의 특성이다. 주민참여예산제도 운영의 핵심은 "주민으로 지칭되는 불특정 이해관계자(stakeholder) 중 누가 예산과정에 참여하여 주체로서 역할을 하는가"에 대한 문제이다(임성일, 2014: 17). 따라서 참여하는 주민의 특성을 살펴보는 것은 큰 의미가 있다. 다만, 자료수집의 한계로 인하여 본 연구에서는 주민참여자를 주민참여예산위원으로 한정하여 살펴보고자 한다. 현재 주민참여예산위원에 대하여 합법적 방식으로서의 권한 및 역할 위임의 기제가 없다는 점에서 본질적으로 주민참여예산위원의 대표성은 한계를 가지고 있다(임성일, 2014: 18). 또한 주민참여예산위원의의 전문성과 관련하여 기존의 자치단체장과 공무원이 독점해왔던 예산편성활동을 처음 접하는 경우가 대다수인 바 사업예산에 대한 이해가 부족하고 사업의 우선순위를 선정하는데 필요한 전문성이 상대적으로 부족할 수 있다(곽채기, 2007: 186). 본 연구에서의 주민참여자의 대표성은 "지역주민들을 대표하는 정도"로 정의(권오중, 2015: 78)하고 성별, 연령대별 분포현황, 사회적 약자에 대한 고려 여부 등을 중심으로 살펴본다. 또한, 주민참여자의 전문성은 "교양지식 수준의 전반적인 예산과정의 이해 및 예산관련활동 참여경험"으로 정의(최길수, 2012)하고 서울시 예산학교 이수와 중임위원의 비율 등을 중심으로 파악한다.

마지막으로 주민참여예산 편성과정이다. 일반적으로 쌍방향적인 심의적 의사소통(deliberative communication)이 이루어질 때 참여의 효과가 나타난다는 점에서

(King et al., 1998), 주민참여예산제도의 효과를 살펴보기 위해서는 “어떤 과정을 거쳐 예산편성이 결정되느냐”에 대한 고려가 함께 이루어져야 한다(권오중, 2015: 79). 따라서 주민참여예산 편성과정을 연도별로 사업선정과정과 주민참여방식의 변화를 중심으로 살펴보고자 한다. 이때 사업선정 과정과 주민참여방식의 범위는 사업제안에서부터 최종사업 선정단계까지로 한정한다.

주민참여예산제도의 ‘실효성’은 효과적으로 주민참여를 통한 예산편성이 이루어지고 있는지를 살펴본다는 측면에서 큰 의미가 있으나, 주민참여예산제도의 실질적인 효과를 평가하는 일은 쉽지 않다. 예를 들어 기존의 연구(임승후 · 김병섭, 2011)에서는 주민참여예산제도의 효과를 “예산반영비율”, 즉 자치단체의 예산편성 및 심의과정에서 주민참여를 통해 반영된 비율을 살펴보았다. 하지만 주민참여예산제도의 효과를 예산배분의 관점에서만 보는 것은 한계가 있으며 본질적으로 주민참여를 통해 정부와 주민이 협력하고 있는가를 살펴보아야 한다. 따라서 본 연구에서는 수집된 다양한 자료를 바탕으로 주민참여예산제도의 예산배분기능 관점에서 주민참여예산의 규모와 내용, 예산과정의 주민참여보장이라는 관점에서 주민참여자 특성과 예산편성과정에 대하여 심도있는 분석을 수행함으로써 주민참여예산제도의 효과를 평가한다.

이 외에도 주민참여예산제도의 실효성을 판단할 수 있는 다양한 기준이 존재하지만 자료수집의 한계로 인해 위의 4가지 요인을 중심으로 모형을 구성하여 분석을 수행하였다([그림 3-2] 참조).

그림 3-2 연구모형

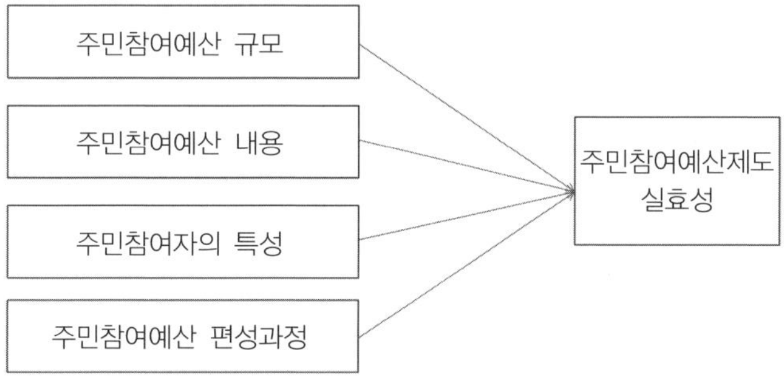

제 4 절 서울시 주민참여예산제도 실효성 분석

1 서울시 주민참여예산 규모

서울시는 2016년 현재, 약 605.21km^{2}의 면적, 1000만 명이 넘는 인구를 보유하고 있는 대도시이다(2016년 3월 기준). 행정구역으로는 25개 자치구를 포함하고 있으며 서울시 예산규모는 2016년 현재 약 27조 5천억 원으로 유사단체 유형인 다른 특·광역시 자치단체와 예산규모를 비교해 보아도 재정규모가 가장 큰 광역자치단체이다. 서울시가 주민참여예산제도를 도입한 2012년부터 2015년까지 시의 총 예산규모는 지속적인 증가추세를 보이고 있다. 전체 예산 중 일반회계는 전체의 약 70% 정도를 차지하고 있다.2)

서울시 주민참여예산(최종선정사업 기준)의 규모를 살펴보면 총 500억 원 한도 내에서 주민참여예산이 편성되고 있다. 이는 서울시 일반회계예산 중 신규사업비의 일부에 해당한다. 참여예산 1기(2012년)를 제외하고 참여예산 2기~4기까지는 500억 원을 상회하는 수준에서 최종사업이 선정되었다. 서울시 주민참여예산 규모를 일반회계예산 대비 주민참여예산의 비중을 통하여 살펴보면 주민참여예산 시행년도부터 2015년까지 전체 예산 대비 약 0.27~0.32% 정도 수준으로 운영되고 있다. 서울시 주민참여예산운영조례 제6조(주민예산참여 범위)에 따르면 "예산편성과정에 주민의견 제출의 범위는 해당 연도의 전체 예산과 기금을 대상으로 한다"라고 명시되어 있지만 실질적으로 주민이 직접 참여하여 예산편성을 할 수 있는 주민참여예산 규모는 서울시 전체 예산 대비 약 0.3% 내외(약 500억 원 한도 내)에 머무르고 있음을 알 수 있다. 이는 타 자치단체와 비교했을 때 서울시의 주민참여예산제도는 제한적으로 운영되고 있음을 보여준다. 대전광역시의 경우, 2009년부터 2011년까지 꾸준히 주민참여예산제를 통해 반영된 예산액을 꾸준히 증가시켰다. 점차 전체 예산에서 차지하는 비중을 확대시켜 2011년에는 전체 예산(2조 7,538억

2) 서울시의 재정자립도는 2012년도 88.71%에서 2015년도 82.73%로 감소하였으나 동종 및 유사 자치단체의 평균보다 높게 나타나며 80% 이상으로 유지하고 있다는 점에서 재정자립도가 높은 자치단체임을 알 수 있다(재정365 홈페이지).

원)의 22.5%(6,198억 원)를 주민참여예산제를 통해 반영하면서 주민참여예산제도가 정착되어 가고 있다는 평가를 받고 있다(최길수, 2012: 121).

표 3-2 서울시 주민참여예산 규모

(단위: 억 원)

구 분	2012년		2013년		2014년		2015년	
	예산액	비율	예산액	비율	예산액	비율	예산액	비율
일반회계	154,547	69.4%	158,839	66.8%	173,427	69.5%	182,578	71.5%
특별회계	68,209	30.6%	79,051	33.2%	76,266	30.5%	72,606	29.5%
합계	222,756	100%	237,890	100%	249,693	100%	255,184	100%
주민참여예산 (일반회계比비중)	499.42 (0.323%)		503.48 (0.316%)		500.37 (0.288%)		500.92 (0.274%)	

자료: 서울시 연도별 예산서 2012-2016.

2 서울시 주민참여예산 내용

1) 자치구 간 주민참여예산 배분

서울시 주민참여예산은 최종적으로 사업 수행이 자치구에서 이루어진다는 점에서 자치구를 중심으로 주민참여예산의 배분이 이루어진다. 따라서 서울시 주민참여예산의 자치구 간 선정된 사업 수와 사업액 현황을 살펴봄으로써 자치구 간 주민참여예산 배분현황을 살펴볼 수 있다. 지난 4년간 자치구별 주민참여예산 선정결과를 보면 서울시 주민참여예산의 배정에서 자치구 간 편차를 확인할 수 있다. 참여예산 1기(2012년)의 경우 가장 많은 주민참여예산액을 편성받은 자치구는 은평구이다. 반면에 양천구, 서초구 및 강남구는 주민참여예산이 편성되지 않았다. 참여예산 2기~4기에서도 시간이 지날수록 주민참여예산 수혜지역 간 격차는 줄어들고 있으나 여전히 차이가 존재하는 것으로 나타났다. 이러한 사실은 주민참여예산이 자치구로 배정될 때 절차상의 공정성과 객관성을 담보한다하더라도 결과적으로 차별적으로 배분되는 상황에서 자신이 부담한 세금이 불공평하게 사용되고 있다는 시민납세자의 인식이 내포되어 있는 한 주민참여예산제도의 지속가능성의 중

표 3-3 자치구별 주민참여예산 사업수 및 사업액 현황

(단위: 건, 백만 원)

	주민참여예산 1기		주민참여예산 2기		주민참여예산 3기		주민참여예산 4기	
	사업액	사업수	사업액	사업수	사업액	사업수	사업액	사업수
서울시	3,215	14	1,074	9	578	6	1,311	6
종로구	2,058	5	800	3	780	7	1,678	15
중구	1,256	4	1,762	7	3,383	15	2,234	20
용산구	2,372	2	1,354	9	2,150	12	1,526	16
성동구	290	4	1,660	12	4,170	20	2,578	18
광진구	1,600	2	3,586	18	4,670	30	914	16
동대문구	2,195	7	2,261	6	1,274	13	3,899	28
중랑구	1,980	5	2,020	10	1,150	8	2,228	24
성북구	3,200	8	3,800	10	3,419	23	2,684	25
강북구	3,055	11	1,034	3	2,103	14	4,017	16
도봉구	2,637	8	2,020	7	2,535	17	2,890	28
노원구	2,760	8	792	6	721	8	2,404	30
은평구	4,072	6	2,070	6	1,263	9	1,350	12
서대문구	2,400	3	2,091	9	406	4	1,380	20
마포구	3,535	6	285	3	1,379	19	899	26
양천구	–	–	795	12	3,343	13	1,027	9
강서구	2,969	2	2,240	11	875	6	1,933	24
구로구	2,600	2	4,030	14	843	12	2,119	20
금천구	2,576	8	3,570	14	1,221	15	2,177	21
영등포구	930	4	4,910	7	3,730	14	3,102	25
동작구	428	2	1,326	10	3,352	18	3,112	34
관악구	1,780	13	2,420	12	2,658	26	1,133	31
서초구	–	–	530	3	155	5	973	18
강남구	–	–	150	2	192	4	577	10
송파구	910	4	1,328	8	2,298	17	1,037	20
강동구	1,124	4	2,440	12	1,146	17	891	12
합 계	49,942	132	50,348	223	50,037	352	50,092	524

자료: 서울시 주민참여예산 백서(2013 · 2014년) 및 서울시 참여예산 홈페이지.

대한 위협요인이 될 수 있다(임성일, 2014: 16).[3] 반면, 이미 서울시 자치구의 재정

3) 모든 자치구에서 주민참여예산제도를 통해 사업액을 배정받은 참여예산 2기에서 사업액을 가장

력이 불균형한 상황에서 재정력이 낮은 자치구에 예산이 더 많이 배정되는 경우 자치구 간 재정력 격차를 줄일 수 있다는 입장도 있다(배준식·김범식·박기정, 2012: 89).

2) 서울시 주민참여예산제도 선정사업의 성격

주민참여예산제도의 운영을 평가하기 위한 가장 1차적이고 가시적인 성과물은 최종적으로 선정된 주민참여예산사업이라 할 수 있다(곽채기, 2007: 200). 즉, 얼마나 많은 수의 사업이 주민참여를 통해 제안되고 있으며 실제 최종 선정된 사업 수는 얼마인지, 주로 어떤 성격의 사업들이 주민참여예산제도를 통해 선정되고 있는지를 살펴보아야 한다. 먼저, 사업선정 과정에 따라 단계별 현황을 살펴보면 다음 <표 3-4>와 같다. 지난 4년 동안 주민참여를 통해 제안된 사업 수는 주민참여예산 1기인 402건에서 주민참여예산 4기에는 3,582건으로 약 9배가 증가하였다. 구체적으로 제안된 사업 수 현황을 살펴보면, 참여예산 1기를 제외하고 서울시에 직접 신청한 사업 수와 지역회의를 통해 신청한 사업 수는 약 8(서울시) : 2(지역회의)로 나타났다. 이는 서울시 주민들은 주로 주민참여예산사업을 서울시에 직접 신청하고 있는 것으로 볼 수 있다. 제안된 사업은 사전심사를 거쳐 총 제안된 사업 수의 약 30% 내외에서(최대 36%) 총회에 상정되었다. 다만, 참여예산 4기의 경우 운영방식의 변화로 인하여 구 지역회의를 통해 제안된 사업 모두(100%) 총회에 상정되었다. 참여예산 1기~3기의 경우 주민제안사업 신청시 서울시와 지역회의를 통해 구분되어 접수가 이루어지고, 이후 심사 및 총회선정 과정에서는 함께 심사가 이루어진다는 점에서 사업제안을 어느 곳에 하는가에 따라 차이가 나타나는지 여부를 명확히 알 수 없었다. 그러나 참여예산 4기에서는 서울시와 지역회의를 통해 각각 제안된 사업의 단계별 현황을 공개함으로써 '시 공통사업'으로서 서울시에 직접 신

많이 배정받은 자치구인 영등포구(49억 1천만 원, 7건)과 가장 적게 배정받은 자치구인 강남구(1억 5천만 원)의 주민참여예산액의 규모 차이는 약 33배에 달하고 있다는 점에서 지역 간 형평성에 문제가 있음을 알 수 있다. 최근인 참여예산 4기의 경우에도 가장 많이 배정받은 강북구(40억 1천 7백만 원, 16건)과 가장 적게 받은 강남구(5억 7천 7백만 원, 10건)에서도 약 7배의 격차가 벌어진다는 점에서 주민참여예산제도의 자치구 간 배분에 대한 논의가 필요하다. 다만, 적은 금액을 편성받은 강남구, 서초구 등이 재정자립도가 높은 비교적 재정이 좋은 자치단체라는 점에서 주민참여예산에 대한 관심이 타 자치단체에 비하여 전반적으로 낮을 수 있다는 측면에서 이러한 결과가 도출될 여지가 있다(황소하 외, 2015: 138).

표 3-4 주민참여예산사업 단계별 사업선정 현황

(단위: 건)

사업제안방식 / 단계별	1기		2기		3기		4기[4]	
	서울시	지역 회의	서울시	지역 회의	서울시	지역 회의	서울시	지역 회의
제안된 사업 수	402		1,460		1,533		3,582	
	206	196	1,215	245	1,161	372	2,740	842
	51%	49%	83%	17%	76%	24%	76%	24%
총회상정 사업 수	–		410		560		1,580	
							738	842
제안사업 比 비중	–	–	–	–	–	–	30%	100%
총회확정 사업 수	132		223		352		524	
총회상정 比 비중							269	255
	–		54%		63%		36%	30%
제안사업 比 비중	33%		14%		23%		10%	30%

주1: 2012년도의 경우 총회에 상정된 사업의 수를 제공하지 않아 제외.
주2: 2016년도의 경우 시 전체 공통사업과 자치구 제안사업으로 이원화되어 운영되었음.
자료: 서울시 주민참여예산 백서(2013년, 2014년) 및 서울시의회 예산심의검토보고서.

청된 사업은 전체 제안된 사업 수 대비 약 30%가 총회에 상정되었으며, 총회에 상정된 사업의 약 36%가 최종 선정되었다. 반면, 지역회의를 통해 신청된 '구 지역사업'은 총회에 100% 상정되었으며, 총회에 상정된 사업의 약 30%가 최종 선정되었다. 그리고 최종 선정된 사업 수는 제안된 사업건수 대비 '시 공통사업'은 약 10%, '구 지역사업'은 약 30%였다. 이러한 결과는 서울시를 통해 직접 사업을 제안하는 것보다 지역회의를 통해 제안된 사업의 선정률이 더 높게 나타나고 있는 것을 알 수 있다. 즉, 참여예산 4기에서 지역회의를 통해 제안된 사업이 바로 총회에 상정

4) 2015년 참여예산 4기에서는 제도의 변화로 인하여 시 전체 공통사업과 구 지역사업으로 이원화되어 제도가 운영되었다. 따라서 사업범위도 변경되었다. 참여예산 1기~3기까지는 제안방식에 상관없이 서울시 및 자치구 사업을 대상으로 하였다. 하지만 참여예산 4기에서는 사업을 이원화하여 운영하게 되면서 시 전체 공통사업은 지역적 특성을 살리면서 시 단위로 통일성을 유지할 수 있는 사업 또는 행정처리 결과가 2개 이상의 자치구에 미치는 광역적 사업으로, 구 지역사업은 시민밀착형 소규모 시민제안 사업으로 사업범위도 다르게 설정하였다. 따라서 서울시 주민은 시 전체 공통사업에 배정된 375억 원의 규모에 대하여 8개분과 72개 분야 내에서 직접 사업을 신청하거나, 구 지역사업에 배정된 125억 원의 규모에 대하여 각 자치구의 구 지역회의를 통해 최대 7.5억 원의 범위 내에서 자치구 사업을 제안할 수 있다.

되는 구조로 인하여 서울시에 직접 신청한 사업에 비하여 구 지역사업의 제안사업 수 대비 최종 선정비율이 높게 나타나는 결과로 이어졌다.

서울시 주민참여제안 사업으로 선정된 사업을 분과별로 살펴보면 <표 3-5>와 같다. 시간이 지날수록 각 분과별로 채택된 사업수는 매년 증가하는 경향을 보이고 있다. 공원·환경의 경우 주민참여예산 2기부터는 사업제안 건수가 많아 공

표 3-5 서울시 주민참여제안사업 선정현황

(단위: 백만 원, 건)

	주민참여예산 1기		주민참여예산 2기		주민참여예산 3기		주민참여예산 4기	
	사업액	사업수	사업액	사업수	사업액	사업수	사업액	사업수
건설	12,120	26	8,810	36	9,394	53	9,126	96
	24%	20%	17%	16%	20%	15%	18%	18%
경제산업	1,360	7	6,442	27	5,671	50	11,516	94
	3%	5%	13%	12%	11%	14%	23%	18%
공원[5)]	–	–	10,846	40	7,673	56	7,950	71
	–	–	22%	18%	15%	16%	16%	14%
교통주택	1,195	4	3,682	17	4,570	31	3,831	52
	2%	3%	7%	8%	9%	9%	8%	10%
문화체육	9,513	23	4,571	24	5,740	45	5,526	64
	19%	17%	9%	11%	11%	13%	11%	12%
보건복지	5,126	18	4,609	28	4,875	44	4,652	63
	10%	14%	9%	13%	10%	13%	9%	12%
여성보육	7,376	19	5,512	28	3,526	41	1,803	28
	15%	14%	11%	13%	7%	12%	4%	5%
환경[6)]	13,249	35	5,876	23	8,588	32	5,387	56
	27%	27%	12%	10%	17%	9%	11%	1%
합 계	49,942 (100%)	132 (100%)	50,348 (100%)	223 (100%)	50,037 (100%)	352 (100%)	49,792 (100%)	524 (100%)

자료: 서울시 백서위원회, 2014-2015 및 서울특별시 주민참여예산.

5) 주민참여예산 1기(2012)에서는 공원분과는 운영되지 않았으며, 교통과 도시주택분과가 각각 운영되었다가 주민참여예산 2기(2013)부터 공원분과가 신설되고, 교통과 도시주택분과가 합쳐지면서 지금의 8개 분과형태로 운영되었다(서울시 주민참여예산 운영계획, 2013).

6) 주민참여예산 1기(2012년)에서는 환경수자원분과로 운영되었다(서울시 주민참여예산 운영계획, 2012: 10).

원과 환경으로 분과가 분리되었다. 최종적으로 선정된 주민참여 제안사업 건수를 기준으로 최근 4년간 1순위를 차지한 분야는 '건설분과이다. 그러나 최근 4년간 주민참여제안사업액의 배정을 살펴보면 건설분과의 비중이 주민참여예산 초기에 비하여 감소하였으며 경제산업분과의 비중이 증가한 것을 알 수 있다. 그 외 분과에서도 매년 우선순위의 변동이 나타나고 있음을 알 수 있다. 이러한 결과가 나타나는 이유는 매년 주민들의 다양한 선호가 반영되고 있으며, 앞선 사업건수의 증가 이유에서도 밝혔듯이 대·중규모사업을 지양하고 소규모사업으로 제안사업 선정 방향이 변화하면서 나타난 결과로 해석할 수 있다.

지난 3년간 서울시 주민참여예산제도를 통해 선정된 주요 사업을 주제별로 살펴 보면(<표 3-6> 참조), 계단정비, 화장실 설치, 방범용 CCTV 설치 등 주로 주민생활에 관련한 주제에 집중하고 있는 것을 볼 수 있다. 주민참여예산 4기에 선정된 사업의 경우 기존 사업선정방식과 달리 시 전체 공통사업과 구 지역사업으로 이원화하여 진행하였다(<표 3-7> 참조).

표 3-6 서울시 주민참여예산 분과별 사업주제 현황(2013~2015년)

(단위: 건)

	사업주제	건 수	사업주제	건 수
건설	계단정비 개선	28	도로환경 개선 (뒷골목 보도 등)	22
	보행통행로 개선	20	방범용 CCTV 설치	14
	도로 포장공사(개설, 확대 등)	7	자전거도로 정비 및 보관대 설치	8
	가로등 개량공사	5	골목길 정비사업	6
	시장 주변환경 개선	3	소방진입도로 개선	2
	횡단보도(지하보도) 정비	6	육교 개선정비	3
	보안등(LED) 설치	6	진입로 정비(하천변 등)	6
경제산업	전통시장 개선	9	방범용 CCTV 설치	7
	학교화장실 개선	7	마을공동체	6
	공구 등 물품 무료대여	3	바리스타 양성	2
	안전마을 만들기	2	와이파이 설치	2
	평생학습관 건설	2	창업 관련(시장, 상권 등)	8
	생태 관련(텃밭, 체험학습 등)	7	안전구축망 관련	2
	보행로 및 골목길 조성	3	교육 관련(북카페, 먹골서당 등)	7
	장애인편의시설 개선	2	예술 관련(꼬마음악단 등)	2

공원	공원 시설환경 개선	37	어린이공원 시설 개선	14
	놀이터 조성	6	둘레길 조성	6
	하천변 화장실 설치	4	보행도로 설치	2
	방범용 CCTV 설치	2	태양광 보안등 설치	2
교통 주택	통학로 개선	39	마을버스 승차대 조성	7
	스쿨존 개선	5	어린이보호구역 정비	4
문화 체육	도서관시설 개선	16	작은도서관 조성	11
	벽화꾸미기	6	체육관 시설 개보수	5
	장애인편의시설 개선	6	문화재 보수 등 스토리텔링	4
보건 복지	경로당시설 개선	7	해충퇴치 프로그램 운영	5
	빨래방 사업	4	공중화장실시설 개선	3
	독거어르신 환경 개선	3	자동제세동기 설치	3
	장애인 관련(편의시설, 프로그램)	8	마을조성사업	3
여성 보육	다문화가정 프로그램	11	청소년 문화직업체험 프로그램	5
	청소년 문화공간 조성	5	지역아동센터시설 개선	4
	한부모가정지원(센터, 프로그램)	4	가족학교 운영	2
환경	노후하수관거 개량사업	29	에너지 관련(햇빛발전소 등)	4
	쓰레기처리 관련	4	자전거도로 설치	1
	실개천 살리기	1	정릉천변 산책로 조성	1

자료: 서울시 참여예산 홈페이지 및 서울시 내부자료.

표 3-7 서울시 주민참여예산 4기 주요 선정사업 현황(시 전체 공통사업)

분 과	사업주제	분 과	사업주제
건설	- 가로등, 보안등 설치 및 정비 - 도로 포장 및 정비 - 도로 안전시설 설치 및 정비	경제 산업	- 청소년 보호 및 활동 프로그램 운영 - 창업 및 취업 지원사업 - CCTV설치 - 공공청사 활용방안
공원	- 등산로(둘레길) 정비 및 개선 - 공원 내 시설물 유지·보수	교통 주택	- 자전거도로 안전시설 확충 - 어린이 통학로 정비사업
문화 체육	- 도서관 확충 및 서비스 개선 - 생활체육시설 확충	보건 복지	- 어르신 개방형 시설 지원 - 어르신 일자리 사업의 확대
여성 보육	- 여성이 안전한 마을 만들기 사업	환경	- 노후·불량 하수관로 개선사업 - 공동주택 음식물 생쓰레기 퇴비화

자료: 서울시 주민참여예산 홈페이지.

먼저 지난 3년간(주민참여예산 1기~3기) 선정된 사업을 주요 분과를 중심으로 살펴보면, 건설분과의 경우 낡은 계단 보수 및 경사도 있는 계단의 핸드레일 설치 등과 같은 계단정비 개선, 도로환경 개선 및 보행통행로 개선이 주를 이루고 있으며 경제산업분과는 전통시장 개선과 관련된 사업이 주로 선정되었다. 공원분과에서는 공원 시설환경 개선에 관한 사업의 비중이 높았으며, 문화체육분과에서는 도서관 및 체육관 시설 개선에 관한 사업 등이 선정되었다. 그 외에도 분과별로 다수의 사업들이 선정되었다. 선정된 사업을 중심으로 다음과 같은 경향을 발견할 수 있다. 첫째, 3년간 선정된 주요사업 현황을 보면 동일한 사업주제가 각 분과별로 나누어져 선정된 것을 볼 수 있다. 예컨대 방범용 CCTV설치의 경우 건설분과 이외에도 경제산업 및 공원분과에서도 선정된 것을 알 수 있다. 보행로 및 골목길 조성 역시 건설분과와 경제산업분과에서 공통적으로 선정된 사업주제이다. 장애인 편의시설 관련 사업 역시 경제산업, 문화체육 그리고 보건복지분과에서 각각 선정되었다는 점에서 각 분과에서 선정되고 있는 사업이 해당 분과의 성격을 잘 반영하고 있는가에 대한 점검이 필요하다. 둘째, 선정된 사업의 대부분이 시설개선 사업으로 나타났다. 이는 주민참여예산이 주로 주민생활과 관련한 사업에 주로 방점이 있다고 해석할 수 있다.

앞서 설명한 바와 같이 서울시 주민참여예산제도는 주민참여예산 4기에서 사업선정방식의 변화를 가져왔다. 시 전체공통사업과 구 지역사업으로 이원화하면서 구 지역사업의 경우 기존의 방식과 동일하게 사업을 제안하지만 시 전체 공통사업은 8개 분과 내 72개 주제에서 주민참여예산사업을 제안할 수 있도록 변경되었다(서울시 주민참여예산제도 운영계획, 2015). 주민참여예산 4기의 시 전체 공통사업으로 선정된 주제별 주요 사업을 살펴보면 지역 전체로 혜택이 돌아가는 사업보다는 사업의 효과가 각 자치구에서 부분적으로 나타날 수 있는 사업들이 선정되었다. 이와 관련하여 매년 반복적으로 제안되고 있는 사업으로 도로개선사업, CCTV설치 등의 사업들은 자치구사업으로 해결할 수 있음에도 불구하고 자치구에서 자체예산을 편성하지 않고 서울시 주민참여예산으로 대체하려는 경향이 나타나고 있다. 주민참여예산제도를 통한 자치구의 예산확보노력은 주민참여예산위원들의 현장 심사시 이를 대하는 자치구 공무원의 태도를 통해서도 어느 정도 확인할 수 있다. 실제 주민참여예산위원으로서 참여해 본 결과 주민참여예산위원들이 제안사업을 심사하기 위해 현장심사를 진행하는 동안 자치구에서는 사업의 시급성 및 필요성 등을 주민참여예산위원에게 적극적으로 알리려고 노력했으며, 참여예산위원들이 사업 관련 자료를 요청하면 이에 성실히 임하는 모습을 보여주어 자치구에서 주민참여예산을 유치하기 위해 많은 노력을 기울이고 있음을 짐작케 하였다. 또한, 자치구에서 주민참여예산을 유치하기 위한 노력은 김영재(2014: 51)의 논문에서 언급되었듯이 자치구 공무원들이 해당 자치구 소속 주민참여예산위원에게 문자, 이메일을 등의 통신수단을 활용하여 소속 자치구의 투표를 독려하는 적극적 행위로도 이어졌다. 이러한 행태는 자치구에서 서울시 주민참여예산제도를 바라보는 인식을 단적으로 보여주는 사례라고 할 수 있다. 따라서 주민참여예산에 해당하는 사업의 성격과 내용은 무엇이어야 하는가에 대한 전반적인 재검토와 함께 재정지원방식에 대한 종합적 고찰이 요구된다 할 수 있다.

3 서울시 주민참여예산제도의 참여자 속성

1) 서울시 주민참여예산위원 대표성

서울시 주민참여예산위원회는 서울시 주민참여예산운영조례 제15조에 근거하여 시장, 시의회 및 자치구가 추천하는 위원과 공개모집을 통해 선발된 위원 등을 포함하여 250명 내외로 성별과 연령대별 비율을 감안하여 구성된다. 단, 4항 "위원회의 위원은 다음 각 호의 어느 하나에 해당하는 자 중에서 시장이 위촉하되 제 1호[7]에 해당하는 자는 총 위원의 4/5 이상으로 한다"고 명시(2013년 5월 16일 개정)함으로써, 추천위원의 수를 줄이고 공개모집위원(이하, 공모위원)의 구성비율을 높이기 위한 것으로 해석된다. 보다 폭넓은 주민참여를 위하여 주민참여예산 4기에서는 응모한 시민들 중 19세~29세 위원을 자치구별 1명씩 선발하였으며, 주민참여예산 5기(2016년도 해당)에서는 자치구별로 주민참여예산위원에 응모한 19세 미만 청소년 중 1명을 무작위로 선발하여 청소년 주민참여예산위원으로 위임하였다. 연도별 주민참여예산위원회 공모위원과 추천위원의 비율을 살펴보면,[8] 시간의 흐름

7) 제1호의 내용은 "위원회의 참여를 희망하는 주민으로서 공개모집절차에 의해 선정된 자"이다(서울특별시 주민참여예산제 운영조례 제15조 제4항 제1호).

표 3-8 서울시 주민참여예산위원회 구성

(단위: 명)

주민참여예산위원회	2기		3기		4기	
	수	비율	수	비율	수	비율
추천위원	43	20%	50	20%	25	11%
서울시장 추천	2	1%	12	5%	16	7%
시의회 추천	6	2%	13	5%	9	4%
자치구 및 구청장 추천	25	12%	25	10%	–	–
시민단체 추천	10	5%	–	–	–	–
공모위원	169	80%	200	79%	203	89%
합 계	212[9)]	100%	234	100%	228	100%

주: 주민참여예산 1기의 위원구성현황 자료를 제공하지 않아 분석에서 제외.
자료: 서울시 주민참여예산제도 백서, 2014-2015 및 서울시 내부자료.

에 따라 추천의원의 수가 감소하고 있는 것을 알 수 있다(<표 3-8> 참조). 주민참여예산 2기에서는 추천의원의 수가 43명으로 전체 주민참여예산위원의 약 20%를 차지하고 있었으며, 시민단체에서도 주민참여예산위원을 추천할 수 있었다. 하지만 2013년 서울시 주민참여예산운영조례가 개정되면서 시민단체 추천조항이 삭제되었고[10)] 참여예산 4기에 들어와서는 추천의원이 16명으로 전체 참여예산위원의 7%로 비중이 감소하였음을 볼 수 있다. 이러한 변화와 함께 공개모집을 통해 선발된 위원의 수가 참여예산 2기의 169명에서 참여예산 4기로 접어들면서 212명으로 증가하여 참여예산위원회 내에서 공모위원의 비중이 증가하였음을 확인할 수 있다.[11)]

8) 서울시 참여예산제도 내 백서위원회는 2013년 11월에 처음 활동을 시작하여 현재 2013년도(주민참여예산 2기)~2015년도(주민참여예산 4기)의 백서를 발간하였으며, 백서위원회 활동 이전인 2012년의 활동자료를 제공하고 있지 않다는 점에서 참여예산 1기의 자료를 확인할 수 없다는 자료의 한계가 있다.

9) 당초 247명으로 출범한 2013 서울시 주민참여예산위원회는 위원회 활동에 참여하지 않은 위원들을 해촉 건의해 212명으로 줄었다(서울시 주민참여예산제도 백서, 2013: 45).

10) 서울시 주민참여예산운영조례 제15조 3항의 시민단체 추천조항은 시민단체 회원은 일반시민으로서도 주민참여예산위원 공모에 참여할 수 있다는 점에서 중복적인 참여통로가 제공될 수 있다는 문제의식이 공유되면서 삭제되었다(2013.05.16. 관련 조항 삭제).

11) 서울시는 주민참여예산위원의 출석률을 살펴본 결과 공모위원의 비율을 늘린 이후 전체적으로 주민참여위원들의 출석률이 높아졌다는 사실을 발견하고 점진적으로 추천위원의 수를 줄이고 공

주민참여예산위원의 구성에 있어서 고학력자, 시민단체회원, 전문가집단만이 참여하게 된다면 불평등한 참여이며, 이러한 불평등한 참여를 통해서는 주민참여예산위원의 대표성을 보장할 수 없다(안성민 · 최윤주, 2009: 13). 서울시 주민참여예산제도 백서와 서울시 주민참여예산 홈페이지 등을 통해 수집된 서울시 주민참여예산위원 성별과 연령별 구성은 다음 <표 3-9>와 같다. 성별은 남성과 여성의 비율이 거의 균등하게 나타나고 있다. 지난 4년간의 평균을 통해 연령별 구성을 살펴보면, 50대(63명)-40대(56명)-60대 이상(46명)-30대(34명)-20대(26명)-10대(4명)의 순으로 주민참여예산위원이 구성되었음을 알 수 있다. 주민참여예산 초기(2012년)에는 4 · 50대의 참여비율이 138명(55.2%)으로 가장 많은 비중을 차지하고 있다. 점차 주민참여예산제도가 안정화되면서 주민참여예산 4기에서는 상대적으로 참여가 부족했던 10대와 20대의 참여가 증가하게 되면서 연령범위의 확대가 나타나기 시작하였다.[12] 다만, 주민참여예산위원 모집시 연령과 성별 이외의 학력, 직업, 소득 등에 대한 정보가 반영되지 않는다는 점은 한계라 할 수 있다. 이러한 한계를 보완하기 위하여 서울시는 주민참여예산 5기가 시행되는 2016년부터 각 자치구별 1명씩 총 25명의 청소년을 주민참여예산 청소년위원으로 선정하여 활동한다는 운영계획을 발표하였다. 그렇지만 현재 또 다른 사회적 약자로서 장애인과 다문화가족 등의 참여에 대해서는 형식적으로 서울시 주민참여예산제도운영조례 제15조 5항에 근거하여 추천위원의 자격조건으로서 "반드시 청소년, 장애인, 다문화가족 등의 참여를 보장하여야 한다"라고 명시되어 있지만 실제 추천위원의 선정과정에서 사회적 약자가 선정되고 있는지 여부를 공식적 자료(서울시 발간물 및 서울특별시 주민참여예산 등)에서는 확인할 수 없었다.

구체적으로 서울시 주민참여예산위원회 내 분과위원회는 분과별로 다소 차이는 있지만 총원 26명~31명으로 구성되었다. 일부 분과에서는 남성과 여성의 비중이 한쪽으로 편중되어 구성되어 있는 것을 확인할 수 있다. 건설분과에서 남성위원

모위원의 수를 확대하였다. 이러한 현상에 대하여 서울시는 주민참여예산제도의 핵심은 주민들의 자발적인 참여의식임을 강조하였다(서울시 주민참여예산제도 백서, 2013: 44).

12) 참여예산제도 출범 초기에는 기존 참여제도의 경험자(자치구 참여예산위원, 주민자치회원, 각종 시민단체 참여자 등)들의 비중이 높았다는 점에서 중 · 장년층의 참여비율이 상대적으로 매우 높았으나 제도 운영기간 동안 점진적으로 청년층을 비롯하여 처음 참여행정을 경험하는 대상이 증가하여 나타나는 변화로 해석할 수 있다.

표 3-9 서울시 주민참여예산위원 성별 및 연령대별 현황

(단위: 명)

주민참여예산위원회		1기		2기		3기		4기	
		수	비율	수	비율	수	비율	수	비율
성별	남성	140	56%	102	48%	121	48%	124	54%
	여성	110	44%	110	52%	113	52%	104	46%
연령별	10대	2	1%	2	1%	6	2%	7	3%
	20대	15	6%	19	9%	22	9%	49	21%
	30대	46	18%	36	17%	25	10%	30	13%
	40대	58	23%	56	26%	69	27%	41	18%
	50대	80	32%	59	28%	57	22%	59	26%
	60대	40	16%	32	15%	45	18%	37	16%
	70대	9	4%	8	4%	10	4%	5	2%
합 계		250	100%	212	100%	234	100%	228	100%

자료: 서울시 주민참여예산제도 백서. 2014-2015 및 서울시 내부자료.

의 수가 여성위원의 수에 비해 많았던 반면에 여성보육분과에서는 여성위원의 수가 남성위원의 수보다 많았다. 이러한 성별 쏠림현상은 주민참여예산위원 선정 이후 위원 개개인의 의사에 따라 분과위원회를 결정하는 과정에서 나타났다. 실제 주민참여예산위원들이 분과위원회를 결정하는 과정에서 자치구에 따라 당시 상황이 다소 차이가 있을 수 있으나, 일부 자치구에서는 중임위원 또는 연장자가 먼저 자신이 선호하는 분과를 선점하는 분위기가 조성되어 신임위원이나 나이가 어린 위원의 경우 또는 본인이 선호하는 분과가 특별히 없는 경우에는 분과를 선택할 때 후순위로 밀리게 되는 경우가 발생하기도 하였다. 또한 분과위원 선정시 담당 공무원으로부터 각 분과위원회에 대한 사전설명 없이 분과위원회를 선택하게 되는 상황은 신규위원들의 분과 선택의 제약을 가져올 수 있다는 점에서 문제가 될 수 있다. 따라서 일부 분과위원회의 경우 성별분포가 편중되어 나타나고 있으며, 이러한 현상은 주민참여예산위원 선발 당시에는 성별 대표성을 갖추었으나, 분과위원회를 선택하는 과정에서 개인의 선호와 함께 중임위원들의 기존 분과 고집 등과 같은 외부요인들이 작용하여 분과에 따라 부분적으로 성별 대표성이 나타나지 않았다.

표 3-10 서울시 주민참여예산위원 분과별 성별 분포현황

(단위: 명)

주민참여예산 위원회	1기 (2012년)		2기 (2013년)		3기 (2014년)		4기 (2015년)	
분 과	남성	여성	남성	여성	남성	여성	남성	여성
건설	26	6	18	9	21	8	19	9
	81%	19%	67%	33%	72%	28%	68%	32%
경제산업	25	14	14	13	15	12	22	9
	64%	36%	52%	48%	56%	44%	71%	29%
공원	22	15	13	13	15	12	18	8
	59%	41%	50%	50%	56%	44%	69%	31%
교통주택	–	–	13	13	23	8	15	14
			50%	50%	74%	26%	52%	48%
문화체육	20	12	12	15	16	13	10	18
	63%	37%	44%	56%	55%	45%	36%	64%
보건복지	27	22	14	13	14	16	15	15
	55%	45%	52%	48%	47%	53%	50%	50%
여성보육	4	27	4	24	6	24	11	18
	13%	87%	14%	86%	20%	80%	38%	62%
환경	16	14	14	10	11	20	14	13
	53%	47%	58%	42%	35%	65%	52%	48%
성별 합계	140	110	102	110	121	113	124	104
	56%	44%	48%	52%	52%	48%	54%	46%
총 합계	250 (100%)		212 (100%)		234 (100%)		228 (100%)	

자료: 서울시 주민참여예산제도 백서, 2014-2015 및 서울시 내부자료.

2) 서울시 주민참여예산위원 전문성

주민참여예산위원에게 기대되는 전문성이란 지방재정에 대한 교양지식을 습득하고 있음으로써 주민참여예산사업의 취지를 이해하고 이에 걸맞은 주민참여제안사업을 심사 및 선정할 수 있는 수준을 의미한다. 따라서 서울시는 주민참여예산위원의 전문성을 높이기 위하여 매년 예산학교를 운영하고 있으며 실질적으로 서울시 예산편성에 참여할 수 있도록 서울시 예산현황 및 주민참여예산제도 등에 대한

기본적인 교육을 실시하고 있다(서울시 주민참여예산위원회 백서, 2014: 21). 주민참여예산위원은 예산학교 과정을 이수한 이후에 위촉될 수 있으며, 이러한 교육과정을 통해 서울시 주민참여예산과 예산편성 과정을 이해하는 시간을 갖게 된다. <표 3-11>과 같이 서울시 주민참여예산학교는 총 9시간의 교육프로그램을 운영하고 있다. 연도별로 구체적인 프로그램 운영에 있어서 차이는 있으나 공통적으로 서울시 주민참여예산 제안사업 심사에 필요한 학습이 진행되고 있다. 사업선정에 있어서 자칫 선심성·전시성 사업이 선정되지 않도록 주민참여예산 4기부터는 예산낭비신고와 관련된 교육프로그램을 신설하여 진행하고 있다. 다만 9시간의 교육이수시간 동안 6~8개의 프로그램을 이수하고 있다는 점과 강의식 교육으로 진행된다는 점에서 자칫 형식적인 교육에 그칠 수 있다는 문제점이 나타날 수 있다.[13] 또한 현재 운영되고 있는 예산학교는 신규위원과 중임위원을 구분하지 않고 교육이 진행되고 있다는 점에서 중임위원들을 위한 심화교육프로그램이 마련되어 있지 않다는 한계가 있다. 또한, 분과별 심화교육이 없다는 점에서 주민참여예산위원이 소속 분과에 대한 이해 부족으로 인하여 사업심사시 해당 분과의 성격을 잘 반영할 수 있는 사업을 선정하지 못하여 각 분과에서 중복적 성격의 사업이 선정될 수

표 3-11 서울시 주민참여예산학교 운영 현황

	주민참여예산 2기	주민참여예산 3기	주민참여예산 4기
교육시간	9시간 (평일 주간·야간반, 주말반)		
교육 프로그램	- 주민참여예산제도 소개 - 서울시예산 읽기 - 서울시정 운영방향 - 참여예산위원 직무윤리 - 서울시 읽기 - 참여예산 운영실습	- 주민참여예산제도 - 서울시예산 읽기 - 평등한 참여예산위원회 - 참여예산위원 윤리 - 서울시 읽기 - 참여예산제 운영실습	- 주민참여예산제도 소개 - 서울시주민참여예산제 운영 - 서울시예산 읽기 - 성평등참여예산위원회 - 참여예산위원 직무윤리 - 서울시 읽기 - 참여예산제 운영실습 - 예산낭비신고제도 안내

주: 주민참여예산1기는 하반기에 일정이 시작한 관계로 별도의 예산학교가 운영되지 않았음.
자료: 서울시 주민참여예산제도 백서, 2014-2015 및 서울시 내부자료.

13) 참여예산 5기인 2016년 예산학교에서는 예산학교 이수시간이 총 6시간으로 줄어들고 예산학교 프로그램이 5개로 축소되었다는 점에서 참여예산위원에게 충분히 교육의 기회를 제공할 수 없다는 문제가 발생할 소지가 있다.

있다. 그리고 예산학교과정은 본격적인 사업심사가 이루어지기 전인 4월에 한 번 개설되는 데 실제로 사업심사를 진행하는 과정 중에서 주민참여예산위원들은 심사과정에서 어려움에 직면하는 경우가 종종 있음에도 불구하고 이러한 고충을 해결할 수 있는 별도의 교육프로그램이 마련되지 않은 점은 한계로 지적될 수 있다.

서울시 주민참여예산위원은 1회에 한하여 중임할 수 있다(서울시 참여예산운영조례 제16조 2항[14]). 주민참여예산위원의 중임을 허용함으로써 참여율이 높은

표 3-12 서울시 주민참여예산위원 분과별 중임 현황

(단위: 명)

주민참여예산 위원회	1기 (2012년)		2기 (2013년)		3기 (2014년)		4기 (2015년)	
분 과	신규	연임	신규	연임	신규	연임	신규	연임
건설	32	–	18	9	18	11	18	10
	13%	–	67%	33%	62%	38%	64%	36%
경제산업	39	–	10	17	20	7	23	8
	16%	–	37%	63%	74%	26%	74%	26%
공원	37	–	17	9	18	9	17	9
	15%	–	65%	35%	67%	33%	65%	35%
교통주택	–	–	15	11	29	2	20	9
			58%	42%	94%	6%	69%	31%
문화체육	32	–	18	9	22	7	21	7
	13%	–	67%	33%	76%	24%	75%	25%
보건복지	49	–	18	9	26	4	19	11
	20%	–	67%	33%	87%	13%	63%	37%
여성보육	31	–	20	8	26	4	20	9
	12%	–	71%	29%	87%	13%	69%	31%
환경	30	–	11	13	24	7	23	4
	12%	–	46%	54%	77%	23%	85%	15%
위원별 합계	250	–	127	85	183	51	161	67
	100%	–	60%	40%	78%	22%	71%	29%
총 합계	250 (100%)		212 (100%)		234 (100%)		228 (100%)	

자료: 서울시 주민참여예산제도 백서, 2014-2015 및 서울시 내부자료.

14) 위원의 임기는 1년으로 한다. 다만, 위원 정수의 1/2 범위에서 한 차례만 중임할 수 있다(2016.

위원들이 1년차 경험을 활용하여 좀더 심화된 활동을 할 수 있도록 보장하고 있다(서울시 주민참여예산위원회 백서, 2013: 41). 분과별 중임현황을 통해 살펴보면 매년 중임위원의 비율은 낮아지고 있으며 신규위원이 중임위원보다 높은 비중을 차지하고 있다. 이러한 현상은 주민참여예산제도의 전문성을 저해하고 제도의 안정적인 운영을 위협하는 요인으로 작용할 수 있다. 물론, 중임위원들 간 라포(rapport)가 형성되어 사업선정의 쏠림현상 등 문제점이 발생할 여지가 있을 수 있다. 그럼에도 불구하고, 서울시에서 발간한 주민참여예산제도 백서에서 밝힌 주민참여예산위원들의 활동소감을 종합하여 살펴보면 1년의 임기는 업무와 프로세스를 파악하기에 짧은 시간이며, 주민참여예산위원들은 현장심사시 적극적인 활동을 권하고 이끌어가는 중임위원의 역할을 강조하고 있다. 따라서 많은 주민들의 참여를 유도하고 새로운 시각을 견지한다는 측면에서 신임위원도 중요하지만 제도를 안정적으로 유지하고 참여를 통해 획득한 노하우 전수 측면에서 중임위원의 적극적인 활용이 필요할 수 있다. 그러나 참여위원들에 대한 인터뷰를 종합하면, 주민참여자에 대한 보상이 소요비용을 충당하는 수준에 그치는 이유로 계속적인 참여를 유도하기에는 많은 한계가 있다. 따라서 중임활동 비율을 높일 수 있도록 적절한 재정적 지원이 뒷받침되지 않을 경우, 주민참여예산편성과 관련하여 보다 심화된 활동을 할 수 있는 인적 자원을 적극 활용하기는 어려워 보인다.

4 서울시 주민참여예산 편성과정

1) 사업선정과정의 변화

서울시 주민참여예산제도의 사업선정과정은 주민참여예산 1기(2012년) 이후부터 매년 변화하고 있다. 출범 첫 해인 2012년 6월은 주민참여예산위원 1기가 구성되어 주민참여예산 총회를 거쳐 2013년 편성예산안에 포함될 신규사업 132개를 최

01.07. 개정). 서울시는 개정사유와 관련하여 기존의 연임규정에서 예산편성 과정에 주민참여를 보장하기 위해 구성·운영 중인 주민참여예산위원회 위원의 임기를 한 차례만 중임할 수 있도록 제한해 많은 시민의 참여를 보장하여 참여민주주의를 활성화하기 위함이라고 밝혔다.

종 선정하였다. 주민참여예산 1기가 6월에 활동을 시작하여 촉박한 시간 속에서 예산편성과정을 수행한 것과 달리 주민참여예산 2기부터는 주민참여예산위원 선정(3월)을 시작으로 안정적으로 1년 동안 참여예산제도 운영계획에 따라 주민참여예산의 전 과정을 수행하였다는 점에서 예산편성과정의 주요 변화를 주민참여예산 2기~4기를 중심으로 살펴보았다.

첫째, 주민참여예산 제안사업에 대한 적법성과 적정성을 살펴보는 사전검토과정의 변화이다. 주민참여예산 2기(2013년)에서는 주민제안과 구 지역회의제안에 대하여 각각 서울시와 자치구에서 사전검토를 수행하였다. 주민참여예산 3기(2014년)에서는 이전과 달리 주민참여예산 제안사업으로 접수된 모든 사업을 구 지역회의를 통해 심사 및 사업을 구체화시켜 검토결과를 시위원회에 제출하는 방식으로 변경되었다. 이러한 사전검토과정은 먼저 법률, 조례, 시 지원 기준 등의 적격 여부, 분과위 심사기준 적격 여부를 판단하여 기재하게 되며, 사업의 타당성·시급성·사업효과·수혜범위 등을 판단하여 사업성 평가의견이 포함되어 있다. 이를 토대로 주민제안사업을 '적정', '일부적정', '부적정'의 단계로 나누어 종합 검토결과를 기재한 '심사대상사업현황 자료집'은 분과위원회 주민참여예산위원의 사업심사 시 참고자료로 활용되었다. 문제는 참여예산위원들이 심도있는 사업심사를 위한 시간이 불충분한 상황에서 이러한 서울시와 자치구의 심사대상사업에 대한 검토의견이 전문성이나 사업에 대한 이해가 부족한 주민참여예산위원들의 사업심사에 많은 영향을 줄 수 있다는 점이다. 이는 참여예산위원들의 사업심사 자체의 형해화(形骸化)를 가져올 수 있다는 점에서 문제로 지적될 수 있다.

주민참여예산 사업선정과정은 주민참여예산 4기(2015년)에서 크게 달라졌다. 달라진 사업선정과정은 주민참여예산 사업제안을 시 전체 공통사업과 구 지역사업으로 이원화하여 진행하게 되었다. 사업이 이원화되면서 사업신청 방식이 변화하였다. 이전까지는 '서울시 주민 직접 제안신청'과 '자치구 지역회의 제안신청'이었던 신청방식에서 광역단위 사업이 선정될 수 있도록 변경되었다. 즉, 주제별 공모방식이 도입된 '시 전체 공통사업'과 자유공모형식을 통해 소규모 주민생활 사업을 위한 '구 지역사업'으로 달라졌다. 따라서 달라진 사업운영방식에 따라, 시 전체 공통사업은 서울시 실·국·본부에서 검토된 사업을 주민참여예산위원회 내 분과위원회에 상정하여 주민참여예산위원들이 사업심사를 진행하고, 구 지역사업의 경우

구 지역회의에서 제안된 사업을 심사한 이후 주민참여예산위원회 내 분과위원회를 거치지 않고 직접 총회로 상정되는 방식으로 변경하여 각각 사업심사가 진행되었다. 둘째, 주민참여예산 제안사업액에 대한 범위가 변경되었다. 주민참여예산 2기(2013년)와 3기(2014년)에서는 각 자치구별 30억 원 범위 내에서 주민참여예산 사업을 제안할 수 있었다. 하지만 지나치게 많은 예산이 구 지역사업으로 편성되어 시의 정책사업에 투자되지 못하고 있다는 지적(서울시 주민참여예산제도백서, 2015)[15]에 대한 개선사항으로서 구 지역사업예산으로는 각 자치구별 5억 원씩 총 125억 원을 배정하고, 시 전체 공통사업으로 약 375억 원을 할당하는 방식으로 서울시 주민참여예산 사업제안액의 범위가 변경되었다(서울특별시 주민참여예산). 셋째, 제안사업 심사방식도 주민참여예산 3기(2014년)와 4기(2015년)에서 보다 심사기능을 강화하는 방향으로 변화하였다. 참여예산 3기에서는 제안사업에 대한 8개 항목의 평가지표[16]를 제공하여 항목별 점수를 활용할 수 있게 하였으며, 참여예산 4기에서는 제안사업의 심사과정에서 제안사업의 내용과 함께 제안자의 사업비 분담 여부, 문제해결을 위한 주민들의 노력 및 참여 정도를 심사항목에 포함시켰다(서울시 주민참여예산제도 백서, 2015: 14; 서울시 내부문서).

2) 서울시 주민참여예산제도 참여방식의 변화

서울시 주민참여예산제도는 매년 주민참여예산제도에 대하여 예산전문가, 참여예산위원회, 자치구, 시민이 함께 하는 공청회, 워크샵, 설명회 등을 개최하여 운영성과를 평가하고 개선점을 차년도 제도운영에 반영하고 있다. 주민참여방식의 주요 변화를 중심으로 살펴보면 다음과 같다. 주민참여예산 2기(2013년)에서 지역 공무원의 참여로 인해 타 자치구 사업심사에 불리하게 작용할 수 있는 사업 흠잡기 등의 폐해가 지적되면서 3기부터는 서울시 주민참여예산조례를 개정하여 시·

15) 참여예산 3기까지는 개별 자치구에 대략 30억 원 규모의 주민참여예산이 배정되었으나 이러한 배정으로 인하여 시 공통사업에 투자되지 못하고 구 지역사업에 대한 예산편성액이 지나치게 많은 비율을 차지하게 되는 문제점이 발생하였다. 또한, 자치구에 많은 예산이 배정되면서 각 자치구의 이익사업에 예산이 집행될 위험성이 존재하는 바 참여예산 4기인 2015년 참여예산위원회에서는 시 전체 공통사업(375억 원)과 지역회의(125억 원)으로 이원화시켰다(황소하 외, 2015: 118).

16) 서울시는 주민참여예산위원들이 사업평가에 참고할 수 있는 8개 항목의 평가지표를 제공하였다. 8개 항목은 필요성, 시급성, 공공성, 사업범위, 수혜대상, 성 평등, 삶의 질, 사업비 규모 등이며 항목별 점수를 활용할 수 있다.

구 공무원 및 직접적 이해당사자의 활동을 제한하였다.[17] 또한 주민참여 제안사업의 심사기능을 강화시키기 위하여 심사기준을 8개 항목지표로 구체화하는 등 심사방법을 개선하였다. 그리고 일반시민의 보다 폭 넓은 참여를 보장하기 위하여 주민참여예산 3기(2014년)에서는 시민참여단을 운영하였으며 주민참여예산 4기(2015년)에서는 전자투표를 도입하여 최종사업을 선정하였다(서울시 주민참여예산제도 백서, 2015; 서울시 참여예산 홈페이지). 주민참여예산 3기에 운영되었던 시민참여단은 일반 시민이 주민참여예산 사업결정과정에 참여할 수 있는 기회를 제공하여 시정참여를 활성화하고 주민대표성을 더욱 보완하기 위하여 각 구별로 100명씩 성별, 연령대를 감안하여 구성한 제도이다. 시민참여단에 선발된 2,500명의 시민 중 1,533명이 2014년 서울시 주민참여예산 총회에서 투표권을 행사하여 사업선정에 참여하였으나, 자치구 동원의 문제 등 부작용이 발생하면서 1회 운영에 그쳤다(서

표 3-13 주민참여예산 4기 총회선정사업 주민참여 통로

구분	시 전체 공통사업			구 지역사업
투표자	서울시 주민참여예산위원 228명	전체 시민 전자투표 (총 102,531명 참여)	전문 설문기관 선호도조사 1,000명[18]	서울시 주민참여예산위원 228명
투표기간	2015.7.24.~25	2015.7.16.~25	2015.7.16.~25	2015.7.24.~25
투표대상	시 전체 공통사업 54개 주제	시 전체 공통사업 54개 주제	시 전체 공통사업 54개 주제	구 지역사업 자치구별 3~33개 사업
투표수	5개 주제	5개 주제	5개 주제	자치구별 1개 사업
투표반영률	45%	45%	10%	100%
투표방법	온라인 (m-Voting 어플리케이션)		온라인 (e-mail 설문)	오프라인 (현장설치 PC)
선정기준	투표반영 비율대로 투표결과 합산하여 고득표 순 375억 원 범위 내 선정			고득표 순 자치구별 5억 원 범위 내 선정

자료: 서울시 주민참여예산제도 백서, 2016.

17) 서울특별시 주민참여예산제 운영조례 제2조 제2항에 따르면 "서울시와 자치구의 공무원 및 산하 출연기관이나 투자기관에 종사하는 자(이하 "공무원"이라 한다)는 주민에서 제외한다." [전문개정 2014.03.20.]라고 명시되어 있다. 이러한 규정에 의거해, 참여예산 3기부터는 시·구 공무원의 참여를 제한하는 근거규정을 마련하게 되었다.

18) 시 전체 공통사업에 대한 전문 설문기관 선호도조사는 1,000명을 대상으로 하였다. 설문대상은 각 자치구별 40명이며 연령, 성별 등 고려하여 선정하였다(서울시 내부문서).

울시 주민참여예산제도 백서, 2014: 30, 204). 서울시는 시민참여단 운영의 한계를 극복하기 위하여 주민참여예산 4기에는 전자투표 및 온라인 선호도조사를 병행하여 다양한 주민의 선호를 반영하는 방식으로 제도를 개선하였다(<표 3-13> 참조).

서울시 주민참여예산제도 운영과정에서 나타난 문제점으로는 먼저 시간적 제약조건이 있다. 현재의 서울시 주민참여예산 편성을 위한 사업선정과정은 주민참여예산위원들이 제안된 모든 사업에 대하여 심도있게 검토할 수 있는 물리적 시간의 한계가 있다. 실제 이러한 물리적 시간제약을 극복하기 위하여 서울시에서는 분과별로 참여예산위원이 팀을 이루어 3개 자치구에 대한 현장실사를 진행하고 있다. 현장실사 이후 결과보고서를 작성하여 분과별 회의에서 전체토론을 통해 직접 현장실사에 나가지 않은 위원들과 현장실사 결과를 공유하고 있다. 다만 이러한 결과보고서 작성시 자치구 담당 공무원의 설명과 제시된 자료를 얼마나 객관적으로 평가하여 내실있는 결과보고서가 작성될 수 있는지 여부에 따라 사업선정 결과가 달라질 수 있다. 실제 각 분과위원에서의 현장실사와 관련된 전체토론은 시간적 제약으로 인하여 형식적으로 운영되고 있으며, 오히려 위원들 간 각 소속자치구 우선사업이나 중요사업 등에 대한 정보교류가 활발히 이루어지고 있음을 알 수 있었다. 따라서 기존연구(임성일, 2014)에서도 지적한 바와 같이 개별사업에 대한 상세한 정보제공의 한계로 인하여 자치구 및 일부 참여위원 등 특정이해관계자의 영향력이 과도하게 행사될 수 있는 여지가 있다.

다음으로 최종적으로 사업이 선정된 이후부터는 주민참여예산위원들의 참여예산에 대한 관심이 낮아지고 활동 동력이 떨어진다는 측면에서 사업선정 위주의 주민참여예산 운영에 대한 개선이 필요하다(서울시 주민참여예산제도 백서, 2014 · 2015). 마지막으로 주민참여예산 편성과정에서 일반주민의 선호가 반영될 수 있는 주민참여 통로가 부족하다는 점이다. 주민참여예산이 추구하는 가치로서 예산투명성, 재정책임성, 재정민주주의 등을 구현하기 위해서는 주민참여예산위원 외에도 일반 주민의 의사와 선호가 반영될 수 있는 참여 통로가 온 · 오프라인을 모두 고려하여 다양하게 마련되어 상시적으로 의견을 제안할 수 있어야 한다(임성일, 2014).

제 5 절 결 론

본 연구는 예산결정과정에 대한 주민참여의 실효성을 살펴보기 위하여 서울시 주민참여예산제도의 운영을 분석하였다. 즉 주민이 결정할 수 있는 예산의 규모와 선정된 사업의 성격은 어떠한지, 참여하는 주민은 대표성과 전문성을 가지고 있는지, 그리고 실제 예산결정과정은 어떠한지 등을 살펴봄으로써 서울시 주민참여예산제도의 실효성을 파악하고자 하였다. 서울시는 2012년부터 2015년까지 참여예산 4년 동안 주민참여예산제도 운영과정에서 발견된 문제를 해결하기 위하여 다양한 방식으로의 제도 개선을 통해 역동적으로 변화했다.

이러한 서울시 주민참여예산제도 운영의 효과를 분석한 결과를 요약하면 다음과 같다. 서울시 주민참여예산의 규모는 일반회계예산 대비 낮은 수준(약 0.3% 내외)이며, 사업의 성격은 시설개선 부문의 비중이 높았고 주로 주민생활 관련 사업 주제가 많았다. 또한 주민참여예산위원의 성별・연령대별 대표성은 전체적으로는 어느 정도 균형을 맞추고 있으나, 분과위원회별로는 대표성이 확보되지 못하는 한계가 있었다. 그리고 중임위원의 비중이 매년 낮은 비율로 유지되고 있다는 점에서 중임위원의 전문성을 활용하기 위한 실효성 있는 조치가 요구된다. 또한 가장 핵심적 요소라 할 수 있는 예산결정과정은 지난 4년 동안 많은 변동이 있었다. 무엇보다도 주민대표성, 시간적 제약 등이 한계로 나타났으며, 이를 다소나마 완화하기 위해 전자투표 및 온라인 선호도조사를 병행하여 다양한 주민의 선호를 반영하는 방식으로 제도를 개선하기도 했지만, 향후 좀더 체계적인 분석이 요구된다.

분석결과를 종합해 보면, 서울시 주민참여예산제도는 진화과정에 있음을 알 수 있다. 즉, 주민의 아이디어와 의사가 정책결정 및 집행과정에 충실히 반영되지 않고, 자치구 사업운영에 단순히 동의하는 수준에 그치고 있다는 점에서 서울시 주민참여예산제도의 실효성이 아직까지는 낮은 것으로 판단된다. 또한 서울시 주민참여예산제도 내에서 주민참여 수준은 Arnstein의 주민참여사다리 모형(1969)에 비추어 볼 때 '형식적 참여'와 '실질적 참여'의 혼합형이라 할 수 있다. 현재의 서울시 주민참여예산제도는 의사결정기구인 주민참여예산위원회를 갖추고 있지만 이를 받아들이는 궁극적인 권한은 서울시가 여전히 가지고 있다는 점에서 주민참여의 한계가 있다. 주민참여예산제도의 핵심인 주민참여가 실질적으로 나타나기 위해서는 정부로부터 주민에게 권한이 일정 부분 위임됨과 동시에 제도적인 주민참여의 보장이 함께 이루어져야 한다(Rossmann and Shanahan, 2012; Wampler, 2007).

본 연구는 자료의 한계로 인해 서울시의 주민참여예산제도 운영 실효성에 대한 분석은 제한적이라 할 수 있다. 다만 향후 좀더 풍부한 양적 및 질적 자료를 활용하여 분석결과의 일반화를 제고하고, 제도개선을 위한 실효성 있는 대안이 마련되길 기대한다.

참고 문헌

곽채기(2007). "광주광역시 북구의 주민참여예산 제도화 과정과 운영 성과." 「한국지방재정논집」, 12(3): 175-211.

곽현근(2010). "대전시 주민참여예산제의 의의와 문제점 및 개선방안." 「공공행정연구」, 11(2): 175-194.

국미애 · 윤진(2013). "서울시 주민참여예산제도의 성 인지적 운영 방안." 서울시 여성가족재단. 정책연구보고서-07: 1-208.

권오성(2015). "주민참여예산제도의 효과성 평가에 관한 연구." 한국지방행정연구원 연구보고서. 2015-26: 1-245.

김관보 · 김옥일(2007). "예산과정의 시민참여 성과의 영향요인에 관한 연구." 「지방정부연구」, 11(2): 87-107.

김병준(2010). 「지방자치론」. 대영문화사.

김판석 · 한상일 · 조창현 · 김영제(2010). "주민참여예산제도 운영 내실화 방안 모색." 「강원논총」, 176-196.

배준식 · 김범식 · 박기정(2012). "서울시 자치구 조정교부금 제도개선 방안." 서울연구원. 1-275.

안성민 · 최윤주(2009). "주민참여예산제도의 경험과 성과: 5개 자치구를 중심으로." 「한국행정논집」, 21(4): 1369-1399.

이관행(2008). "주민참여예산제도에 관한 연구." 「지방자치법연구」, 8(2): 221-243.

이세구(2005). "주민참여예산제도 도입에 관한 연구." 서울시정개발연구원.

이수구 · 박영강(2015). "주민참여예산제의 유형에 따른 효과성 분석." 「한국지방자치연구」, 16(4): 111-136.

이순향 · 김상원(2011). "주민참여예산제도 도입의 효과에 관한 연구: 지출규모와 구성비

변화를 중심으로.” 「한국행정논집」, 23(1): 319−341.
이지문 · 권자경(2015). “주민참여예산제도 효과의 결정요인에 관한 실증연구: 서울시를 중심으로.” 「지방정부연구」, 19(1): 121−145.
임성일(2014). “서울시 주민참여예산제도, 지난 3년과 미래: 새로운 도약을 향하여.” 서울시 주민참여예산위원회 대토론회 발표자료. 1−37.
______(2015). “주민참여예산제도 활성화 방안.” 한국지방행정연구원
임승후 · 김병섭(2011). “주민참여통로의 효과성 연구: 광주광역시 북구청의 주민참여예산제도를 중심으로.” 「한국행정학보」, 44(3): 61−86.
정정화 · 은재호 · 남재걸(2014). “한국행정의 주민참여 정책과정 연구: 참여의 정도와 내용을 중심으로.” 「한국사회와 행정연구」, 24(4): 161−185.
진명구(2014). “지방재정법상 주민참여제도에 대한 고찰”−서울시 주민참여예산 제도 사례를 중심으로.” 「시민사회와 NGO」, 12(2): 3−35.
최길수(2012). “주민참여예산제의 평가 및 활성화 방안: 대전광역시를 중심으로.” 「지역정책연구」, 23(1): 111−131.
황소하 · 정혜수 · 류난희(2015). “수원시 주민참여예산제도의 운영모형에 관한 연구.” 수원시정연구원. 1−346.
Abel and Stephan(2000). “The limits of civic environmentalism.” *American Behavioral Scientist*, 44(4): 614−628.
Arnstein, Sherry R.(1969). “A Ladder of Citizen Participation”. *Journal of the American Institute of Planners*, Vol. 35(4): 216−229.
Bhatnagar, Deepti, R. Animesh, M. T. Magui, and K. Parameeta(2007). “Empowerment Case Studies: Participatory Budgeting in Brazil.” World Bank.
Brautigam, D.(2004). “The people’s Budget? Politics, Participation, and Pro−poor Policy.” *Development Policy Review*, 22(6): 653−668.
Gilman, H. R.(2012). “The Participatory Turn: Participatory Budgeting Comes to America.” *Doctoral dissertation*, Harvard University.
Holzer, M. and associates(2011). *Citizen Participation: Innovative and Alternative Modes for Engaging Citizens*. National Center for Public Performance, Rutgers University Press.
King, Cheryl S., Kathryn M. Feltey, and O. Susel Bridge(1998). “The Qusetion of Participation: Toward Authentic Public Participation in Public Administration.” *Public Administration Review*, 58(4): 317−326.
Kooings, K.(2004). “Strengthening citizenship in Brazil’s democracy: Local participatory governance in Porto Alegre.” *Bulletin of Latin American Research*, 23(1): 79−99.
Langton, S.(1978). *Citizen Participation in America*. Lexington, MA: Health.
Lerner, J.(2011). “Participatory Budgeting: Building Community Agreement Around Though Budget Dicisions.” *National Civic Review*, 100(2): 30−35.

Ostrom, V. (1989). *The Intellectual Crisis in American Public Administration*(2nd ed.). Tuscaloosa: The Univ. Press.

Martin, P. P.(2009). *Virtual Environments for Citizen Participation: Principal Bases for Design*. a paper presented at the 6th European Conference on e-Government, Marburg, Germany, on April 27th, 2006.
<http://www.e-participa.org/en/resultados.htm> (2009. 01. 03.)

Rossman, D. and E. A. Shanahan(2012). "Defining and Achieving Normative Democratic Values in Participatory Budgeting Process." *Public Administration Review*, 72(1): 56-66.

Verba, Sidney., and H. Norman Nie(1972). *Participation in America: Polotical Democracy and Social Equality*. New York Evanston San Francisco London: Harper & Row.

Wampler, B. and L. Avritzer(2004). "Participatory Publics: Civil Society and New Institutions in Democratic Brazil." *Comparative Politics*. 36(3): 291-312.

______(2007). *A guide to Participatory Budgeting*. Washington, DC Participatory Budgeting. Available at http://works.bepress.com/brian_wampler/3/

______(2012). "Entering the State: Civil Society Activism and Participatory Governance in Brazil." *Polotical Studies*. 60: 341-362.

Weyh, C. B. and E. Streck Danilo(2003). "Participatory Budget in Southern Brazil: Acollective and Democratic Experience." *Concepts and Transformation*. 8(1): 25-42.

Zimmerman, Joseph(1986). *Participatory Democracy: Populism Revisited*. NY: Praeger.

서울시 주민참여예산운영계획, 2013-2016.

서울시 주민참여예산제도 백서, 2013-2015, 2016(초안).

서울시의회 예산편성안심의회의록, 2012-2015.

서울특별시 주민참여예산(yesan.seoul.go.kr).

지방재정365(lofin.moi.go.kr).

제 4 장 마을공동체사업의 지속요인 연구 -완주군 커뮤니티 비즈니스를 중심으로 *-

정문기 · 최문형 · 김진열

제 1 절 서 론

최근 지역 또는 마을에 기반한 대안적 지역발전 논의가 활발하다. 종래 중앙 정부 주도의 대규모 지역개발접근에서 사회적 기업, 마을기업, 농어촌 공동체회사 등 지역 사회나 마을 단위의 지역 발전을 위한 노력이 다양하게 펼쳐지고 있다.[1] 지역이나 마을 단위의 발전전략은 주민과 지자체, 그리고 지역의 이해당사자가 주체가 되어 지역 실정에 맞는 발전전략으로 지역의 특색을 반영한 사업을 모색하는데 초점이 있다. 이러한 사업 중 커뮤니티 비즈니스는 마을 주민들이 주체가 되어 적극적으로 참여함으로써 수익 증대와 더불어 일자리 창출 및 소득증대에도 기여하는 것을 목적으로 한다. 기존의 지역개발이 중앙 부처를 중심으로 추진되었다면, 커뮤니티 비즈니스는 주민의 참여를 통해 일자리 창출과 수익 증대도 달성함으로써, 주민들의 삶의 질 향상에 실질적 효과를 가진다. 이와 관련 호소우치 노부타카

* 이 논문은 2013년 정부(교육부)의 재원으로 한국연구재단의 지원을 받아 수행된 연구임(NRF-2013S1A3A2055108).

1) 2007년 외환위기 이후 중앙 정부 주도의 다양한 일자리 창출 노력이 진행되었다. 예를 들어 '공공근로정책', '사회적 일자리정책', '희망근로프로젝트', '자활사업' 등을 들 수 있다. 일자리 창출이라는 국가적 차원의 목표와 추진에도 불구하고 현장에서 체감하는 일자리 창출의 효과는 기대에 미치지 못하고 있다(조규원 · 최조순 · 김종수, 2011: 269).

(2007: 26)는 커뮤니티 비즈니스의 효과로서 인간성 회복, 지역사회 문제해결, 생활문화의 계승과 창조, 경제적 기반의 확립을 제시하고 있다.

마을 공동체사업으로서 커뮤니티 비즈니스에 대한 연구는 개념화 및 정책-제도화 방안(김윤호, 2010; 이수연, 2013; 임정현, 2013), 사례연구를 중심으로 한 성공요인 분석(전대욱 외, 2012; 주상현, 2012; 2014; 윤재경, 2014; 진영환 · 김진범, 2010; 이홍택 · 정성훈, 2012), 해외사례 소개(이자성, 2011; 김재현, 2008) 등으로 대별된다. 완주군의 커뮤니티 비즈니스에 대해서는 형성 · 성공요인(주상현, 2012; 2014; 윤재경, 2014; 충남연구원, 2011)이 대표적이다. 하지만 사례분석을 통해 심도있는 논의를 진행하고 있음에도 불구하고, 이론의 연계를 통한 지속요인에 대한 체계적인 논의는 다소 미흡했다.

이와 같은 문제 인식 하에 이 연구는 지역발전을 위한 다양한 대안적 접근 중 커뮤니티 비즈니스의 지속요인에 대한 실증적인 분석을 실시하였다.[2] 특히, 지자체의 다양한 실험 중 대표적인 성공사례라고 할 수 있는 완주군의 커뮤니티 비즈니스를 대상으로 심층사례 분석을 실시하였다.

이 연구는 기존의 커뮤니티 비즈니스 연구와 이론적 · 방법론적 측면에서 차별성을 가진다. 첫째, 이론적 배경으로 행위자 측면에 초점을 둔 지역자산접근(Assets-Based Community Development)을 채택하였다.[3] 지역자산접근은 지역의 발전을 추구함에 있어 외부의 자본이나 지원은 지역문제의 해결과 발전에 근본적이고 지속성을 지닌 처방이 될 수 없음을 지적한다(Kretzmann & McKnight, 1993; 1996). 보다 장기적인 관점에서 지역에 고유한 자산을 발굴하고, 이를 통해 지방의 역량을 증대하는 것이 지역발전의 중요한 전략이 될 수 있다(참조 Markusen & Schrock, 2006). 지역에 내재하지만 활성화되어야 할 중요한 자산으로 지역자산접근은 개인(individuals), 기관(institution), 조직(association)을 대별하여 논의하고 있다. 지역자산접근은 지역 내 각기 흩어져 있으며 연계되지 않은 자산의 발굴과 활용은 장기적으로 지역의 발전을 위해 하향식 또는 외부지향적 발전보다 효과가 높

2) 커뮤니티 비즈니스는 '지역공동체사업' 또는 '마을공동체사업'으로 번역되며, 본 연구에서는 '마을공동체사업'과 동일하게 사용한다. 용어의 단조로움을 줄이기 위해 혼용해서 사용하고자 한다.

3) Assets-Based Community Development(ABCD)은 지역자산접근, 자산기반공동체개발(윤지영 · 한승욱, 2014), 공동체자산기반접근(김종수 외, 2012), 자산기반지역공동체발전(한상일 · 김경희, 2013) 등 다양하게 번역되어 사용되었다. 본 연구에서는 ABCD를 지역자산접근으로 사용하였다.

음을 지적한다. 미국의 맥락에서 McNight(1995)는 1980년대 이후 지역공동체 발전 전략의 대안으로 지역자산접근이 주목을 받았다고 지적하고 있다. 둘째, 사례분석을 위해 공무원, 지역 내 상주하는 주민이자 관련 전문가, 중간지원조직 종사자들과 심층면접을 실시하였다. 앞서 언급했듯이 완주군을 대상으로 커뮤니티 비즈니스에 관한 연구는 다양하게 진행되었다(주상현, 2012; 2014; 윤재경, 2014 참조). 하지만 선행연구들은 지자체의 보고서, 내부문건, 언론보도, 온라인 자료 등 다양한 2차 자료에 기반했음에도 불구하고 사업의 실제 담당자, 사업 전문가, 그리고 주민들의 관점과 목소리를 심층적으로 담아내는데 한계가 존재하였다. 이에 반해 본 연구는 이론적 체계성과 현장의 내부적 역동성을 실증적으로 접근하였다는 점에서 선행연구와 차별성을 가진다.

사례분석의 핵심 발견은 지자체가 지역자산의 연계 역할을 통해 사업을 활성화하되 수익 창출에만 치중하면 주민 공동체는 분열되고, 커뮤니티 비즈니스는 지속하기 힘들다는 점이다. 대신 수익을 전혀 간과하지는 않으나 보다 더 많은 주민이 참여 및 연계될수록 마을 공동체의 형성 및 이를 통한 수익이 증대되는 선순환 고리로 이어질 수 있음을 보여준다. 이러한 과정을 통해 궁극적으로는 '지역자산 간 연계를 통한 시스템화'가 마을공동체 사업의 지속을 위해 중요함이 지적되었다. 더불어 기존 선행연구가 지적하였듯이 기관과 조직 측면에서는 지방자치단체의 일관되고 장기적인 비젼 및 사업의 수행, 그리고 중간지원조직의 교육과 컨설팅에 더하여 브랜드화, 마케팅 등 지속적인 혁신의 노력이 필요함을 사례는 보여주고 있다(주상현, 2012; 2014; 충남연구원, 2011).

이상의 문제인식 및 배경 하에 제2절은 커뮤니티비즈니스에 대한 정의 및 특성, 지역자산접근, 선행연구 등에 대한 이론적 논의를 진행한다. 더불어 제3절은 연구의 설계방향을 논의한다. 제4절에서는 완주군의 커뮤니티 비즈니스의 사례분석을 위해 심층면접결과를 바탕으로 논의를 진행한다. 마지막으로 5절은 연구의 이론적·정책적 함의를 도출하고 추후 연구 과제를 제시한다.

제 2 절 이론적 배경

1 커뮤니티 비즈니스의 개념

1970년대 이후 영국을 중심으로 주민주체의 커뮤니티 재생사업의 일환으로서 지역밀착형 비즈니스가 적극적으로 논의되었다. 이는 1980년대 대처 정부의 작은 정부의 추진과 더불어 지역으로의 권한 이양 및 문제해결 요구의 증대와 맞물려 진행되었다.

한국의 경우 지역 차원에서 비즈니스 관점을 도입한 사업으로는 '커뮤니티 비즈니스', '마을기업', '사회적 기업', '농어촌 공동체회사' 등 다양하다. 커뮤니티 비즈니스는 지식경제부가 2010년~2013년 사이에 진행한 사업이다. 반면 마을기업은 당시 행정안전부에 의해 진행된 지역 차원의 특산물 및 자원의 특화를 통한 지역활력사업이었다. 농림부도 또한 2010년부터 '농어촌 공동체 회사'를 통해 농어촌 지역의 활력을 불어 넣기 위한 노력을 진행하고 있다. 노동부도 또한 사회적 기업을 통해 사회적 목표의 달성과 경제적 목표의 달성도 병행해서 추진하고 있다. 각 사업들은 공공성의 목표를 달성하는 과정에 수익창출이라는 가치를 병행해서 추진한다는 측면에서 다양한 명칭에도 불구하고 공통성을 내포한다.

커뮤니티 비즈니스는 살기 좋은 마을 또는 지역을 만들기 위한 기존의 접근과는 다른 관점을 취한다. 살기 좋은 마을 또는 지역개발의 전통적 접근은 중앙이나 지방정부가 중심이 되는 하향식 접근을 강조하였다. 반면, 커뮤니티 비즈니스는 지역문제 해결을 지역의 관점에서 지역과 주민이 주체가 되어 해결하는 전략이다(Peredo & Chrisman, 2006: 316; 호소우치 노부타카, 2007: 11). 지역이 직면한 다양한 문제들 — 고령화 및 저출산, 빈부 격차, 인구 감소 등 — 은 중앙 및 지방정부의 정책 및 노력만으로 해결하기에는 한계가 크다. 최근 경제적 문제 중 심각하게 대두되고 있는 일자리 창출은 중앙정부의 정책적 노력과 재정적 지원만으로는 실질적인 효과를 달성하기 힘들었다. 지역이 직면한 문제는 지역의 특수성과 지역의 자원을 반영한 지역적 관점의 접근이 해결의 가능성을 제시할 수 있다. 커뮤니티 비즈니스는 지역 관점에서 지역의 현안과 문제를 해결하는 데 대안으로 제시되고 있다(호소우치 노부타카, 2007; 전대욱 외, 2012; 주상현, 2012; 2014).

커뮤니티 비즈니스에 대한 정의는 대체로 공간적 측면의 커뮤니티와 주체적 측면에서 주민, 그리고 수익성과 공공성을 결합하여 정의되고 있다. 일본 커뮤니티 비즈니스의 주창자라고 할 수 있는 호소우치 노부타카(2007: 11)는 커뮤니티 비즈니스를 "커뮤니티에 비즈니스의 관점을 도입하여 지역 사회를 살리는 것, 자신의 활동이나 삶의 방식에 주체성을 갖는 것, 그런 현실적인 생활방식에 주목하여 만들어진 것"이라고 정의하였다. 한편, 박용규 외(2009)는 커뮤니티 비즈니스를 "지역사회의 현안을 행정, NPO, 자원봉사 등이 아닌 비즈니스 방식을 활용하여 설립, 운영되는 기업형 사업체"로 정의하였다. 이자성(2010: 1472)은 커뮤니티 비즈니스를 적정규모의 이익창출을 의도하지만 제1의 목적이 아니고 주민 주도의 참여와 협력을 강조하는 지역공동체 사업으로 보았다.

요약하면, 커뮤니티 비즈니스는 '커뮤니티'와 '비즈니스'를 합성한 용어이다. 즉, 커뮤니티 비즈니스는 지역사회의 문제나 공공목적을 달성하기 위하여, 지역(주민)이 참여와 협력을 통하여, 지역의 자산과 특성을 반영하여, 수익성(비즈니스)과 공공성을 결합한 방식으로, 산출된 이익은 지역사회에 선순환하게 하는 사업의 성격을 가진다. 이를 바탕으로 본 연구에서 커뮤니티 비즈니스는 "지역의 현안 및 문제를 비즈니스적 관점에서 지역 주민 및 사회가 주체가 되어 지역의 특성을 살려 해결하기 위한 지역밀착형 사업"으로 정의한다.[4)5)]

4) 커뮤니티 비즈니스는 협동조합과 구분된다. 협동조합은 일차적으로 협동조합 회원(조합원)들의 공유된 목적 또는 이해를 달성하기 위한 조직이다. 반면 커뮤니티 비즈니스는 지역사회 또는 지역공동체가 공유한 목표나 이해를 달성하기 위해 조직하는 기업체이다. 비영리조직(NPO)이 조직의 존립을 위한 최소한의 영리의 추구 외에 근본적으로는 비영리 추구 및 자원봉사에 중점을 두는 반면, 커뮤니티 비즈니스는 공공성을 달성하기 위하여 어느 정도 수익성을 창출하고자 한다. 다만 수익성 자체가 목적이 아닌 수단으로 삼는다. 따라서 커뮤니티 비즈니스는 영리추구의 일반기업과 비영리조직의 중간적 위치에 놓인다(Peredo & Chrisman, 2006).

5) 커뮤니티 비즈니스의 유형과 관련하여 박용규 외(2009)의 분류는 유의미한 시사점을 제공한다. 유형의 분류는 사업성과 지역성의 두 차원을 바탕으로 진행되었다. 사업성 차원에서는 수익성과 공익성의 기준을, 지역성 차원에서는 농촌과 도시로 구분하였다. 이를 통해 커뮤니티 비즈니스의 유형을 지역복원, 지역자원활용, 개인자립, 생활지원, 환경개선, 중간지원의 측면을 포함하였다(박용규 외, 2009).

2 커뮤니티 비즈니스의 지속요인: 지역자산접근을 중심으로

이 연구는 커뮤니티 비즈니스의 지속요인을 도출하기 위한 이론적 논의로 행위자 측면에 초점을 둔 지역자산접근의 관점을 채택하였다.6) 지역자산접근은 지역경제 및 지역현안의 개선을 위한 노력이 주민과 지자체를 포함한 지역사회의 집합행동과 밀접함을 반영한다. 또한, 지역자산접근은 지역의 특화 또는 고유한 자산에 기반한 비교우위가 지역경제의 경쟁력을 제고할 수 있음을 보여 준다(참조 Porter, 2000). 이러한 논의는 지방의 총체적 역량을 위해 주민, 지방자치단체, 각종 조직과 그들 간 유기적 협력이라는 지역자산의 측면을 강조한 논의로 요약할 수 있다. 즉, 지역자산접근은 지역 내부의 역량, 기술, 자산을 강조하며 지역 내 제 주체들 간의 상호성에 기반을 한 관계에 중점을 둔다(Kretzmann and McKnight, 1996; McNight, 1995). 주의할 점은 지역자산접근이 중앙 정부나 외부 기관의 지원이나 협조를 전적으로 부인하는 것은 아니라는 점이다(Kretzmann and McKnight, 1996: 26). 지역발전을 위한 가치지향 측면에서 지역과 지역 주민이 능동적·주체적 위치에 설 것을 강조한다고 할 수 있다. 이 과정에서 지역자산접근은 낙후되고 문제지역이라고 하더라도 지역 고유의 강점이나 역량을 보유하고 있다고 전제한다. 다만, 공식적·비공식적으로 강점이나 역량을 발굴하고자 하는 노력이 미흡했으며, 또한 이들이 집합적으로 연계되지 않았음을 지역자산접근은 지적한다(Kretzmann & McKnight, 1996; McNight, 1995).

6) 지역자산의 개념화에 대한 다양한 논의가 존재한다. 지역자산접근론을 발전시킨 Kretzmann & McKnight(1996)는 지역자산을 지역공동체에 존재하는 개인, 조직, 기관의 역량으로 보았다. 이왕건 외(2011: 40)는 지역자산을 "사업의 공간적 범위가 되는 특정지역이 가지고 있는 다양하고 포괄적인 유·무형의 자산"으로 정의하였다. 그들에 따르면 연구지역의 공간적 범위, 특성, 분류기준이 다양하기 때문에 지역자산의 일관된 정의가 어려울 수 있다고 지적한다. 도시재생 차원에서 이왕건 외(2011: 40)는 지역자산을 물리적 자산과 비물리적 자산으로 대별하였다. 물리적 자산으로는 지역자원, 장소자산, 지역유산, 산업유산 등을 고려할 수 있고 비물리적 자산으로는 사회자본, 문화·관광자원, 브랜드, 어메니티, 커뮤니티로 구분할 수 있다(이왕건 외, 2011: 40). 이 연구는 지역자산 중에서도 지역자산이론을 형성·발전시킨 Kretzmann & McKnight(1996)의 논의를 바탕으로 인적·조직적 자산에 초점을 둔다. 물리적 자산의 중요성에도 불구하고 이를 정의하고 활용하는 지방의 역량을 강조하는 측면에서 인적·조직적 자산이라는 행위자 측면에 초점을 두었다.

요약하면, 지역자산접근은 지역에 내재한 자산 또는 역량의 적극적 발굴·활용을 강조한다. 행위자 측면에서 지역자산으로 강조되는 것은 개인(individual), 기관(institution), 조직(association)이다(Kretzmann & McKnight, 1996). 구체적으로 지역자산접근을 고찰하면 다음과 같다.

1) 개인(individual)

주체 측면에서 지역자산접근은 지역 문제해결의 주체가 지역 또는 지역 주민임을 강조한다.[7] 또한 지역발전을 위해 주민들이 가진 기술, 역량 등이 아직 발굴되지 않았고, 이러한 강점이나 자산의 활용이 필요하다고 주장한다. 반면 지금까지 강조되어온 '니즈에 기반한 접근(Needs-driven approach)'은 대다수의 빈곤, 범죄율이 높은 도시 내 구역의 문제에 초점을 두고, 문제해결에 있어 외부의 자선단체, 상위정부의 지원을 강조하였다(Kretzmann & McKnight, 1993; 1996). 하지만 지역자산접근에 따르면 '니즈에 기반한 접근'이 지역 내 주민의 주체성과 강점을 제대로 활용하지 못했다고 비판한다. Kretzmann & McKnight(1996)에 따르면 이러한 하향식 문제해결 접근은 지역 주민들을 문제해결의 고객(clients), 서비스의 수혜자의 위치에 두게 된다. 다시 말해 하향식 접근은 지역 문제의 근본적인 해결의 주체로서 주민을 강조하지 않고 단지 문제해결의 수동적인 대상의 위치에 둔다(Kretzmann & McKnight, 1996).

마을공동체가 지속가능하기 위해서는 실질적 주체인 주민들의 참여와 교육을 통한 역량강화가 필수전제이다. 정문기·박성호(2013)는 제천지속가능발전협의회의 사례분석을 통해 각종 교육 및 훈련 프로그램의 참여가 지방의 지속가능발전에 미치는 효과를 분석하였다. 실증적 분석 결과 교육 및 훈련프로그램은 지방 주민의 역량 증진에 긍정적인 영향을 미치고 지방의 지속가능한 발전에 유의미한 함의를 제공하는 것으로 나타났다.

이와 같이 지방이 지속가능발전을 추진하는데 있어 협력, 주민들의 역량강화와 혁신이 유기적으로 연계되어야 한다. 첫째, 협력을 통해 공동의 목표나 공동의 현안을 해결 또는 달성하고자 한다. 공동의 목표나 문제해결이라는 집합목적 또는 집합의 이익을 달성하기 위해서는 참여 구성원의 적극적인 참여가 요구된다. 이 과정

7) 윤지영·한승욱(2014)이 논의한 핵심자산과 보조자산 중 주민은 핵심자산으로 볼 수 있다.

에서 고려사항은 참여 구성원이 추구하는 선별이익(selective interests)의 충족이 없이는 참여와 협력이 의도한 목적을 달성하기 힘들다는 것이다. 공동의 목적을 달성하면서도 구성원이 추구하는 개별적 이익의 병행이 없이는 참여와 협력을 유도하기 힘들다(참조 윤지영・한승욱, 2014). 집합이익과 선별이익(collective interests and selective interests)이 집합행동이론(collective action theory)에서 중요하게 다뤄진다. 지역발전의 영역에서도 유사한 논리가 적용가능하다. 지역발전이라는 공동체의 목적, 즉 집합이익의 달성을 위해서는 지역 주민의 참여와 협력이 필수적이다. 분산된 이익과 관심을 가진 지역 주민들을 집합행동의 장에서 협력을 촉진하기 위해서는 그들의 개별이익이 무엇인지 분석하여야 한다. 개별이익으로서 어느 정도의 수익성은 자본주의 사회 하에서 생존을 이끌어 가기 위한 하나의 수단을 제공한다. 매슬로우의 욕구 5단계가 제시하는 바와 같이 기초적인 생존의 문제를 해결하기 위한 수단의 제공은 지역 주민의 참여와 협력을 이끌어내는 데 있어 간과할 수 없는 요인이다.

이와 같은 맥락에서 커뮤니티 비즈니스는 기존의 지역개발전략과는 달리 공공성과 수익성을 병행해서 추구한다. 지역 주민과 지역 공동체가 주체가 되어 소유주가 되고 생산자가 되어 공공의 목적을 달성함과 동시에 수익성을 창출하는 사업이 커뮤니티 비즈니스이다. 영국과 일본에서 지역의 재생과 발전을 위한 전략으로 지역과 지역 주민이 중심이 되어 지역 특성에 맞는 사업을 발굴하고 지속적으로 성장시키는 것은 지역의 문제를 단순히 공공의 측면에서만 접근하는 것이 아니라 수익성과 결부하여 추진하는 것을 반영한다. 또한, 지역자산으로 시너지를 증대시키는데 상호연계 또는 상호성의 관계가 중요하다. 이러한 상호성의 관계 증진에 있어 사명감을 가진 지역 리더의 역할을 강조한다.

2) 기관(institution): 지자체

지역경제생태계 조성에 있어 정부는 중추역할을 해왔다. 중앙 및 지자체는 법적 권한 및 재정적 지원을 통해 지역 내 제 주체와 지역자원을 동원하고 조정할 수 있다. 이를 통해 관련 지역공동체가 연대・자생할 수 있는 환경을 제공하게 된다.

하지만 지역경제 활성화를 위해 정부는 지원은 하되 간섭은 되도록 줄이는 자세로 지역이나 마을단위 사업의 지속성에 있어 중요한 역할을 해야 한다. 정부의 입장에서는 딜레마의 상황이 아닐 수 없다. 정부의 지원, 특히 재정적 지원은 높은 수준의 책무성(responsibility)을 요한다. 국민들의 세금을 통한 정부 지출이라는 측면에서 타당한 주장이다. 책무성을 담보하기 위해서는 정부는 정부 지출에 대한 효율성과 효과성에 대해 관리·감독의 의무가 동반된다. 관리·감독이 결국은 사업의 수행자 입장에서는 간섭으로 여길 가능성이 크다. 정부 규제나 관리·감독이 책무성의 확보를 위한 일면 타당한 측면도 있지만, 사업의 자율성과 지속성을 저해할 수도 있다. 예를 들어 커뮤니티 비즈니스의 정부 지원은 일면 타당성이 높으면서도, 지나친 간섭은 지역 주민의 주체성과 자율성을 저해하여 사업의 궁극적 목표를 달성하기 힘들 수도 있다. 지역과 지역 주민이 주체가 되어 지역경제 활성화를 위한 정책 및 노력의 중요성이 증대되는 시점에서 정부는 활성화를 위한 제도적 지원 및 경제적 토대를 제공하지만 간섭을 가급적 최소화하는 관점의 전환이 요구된다. 커뮤니티 비즈니스가 태동단계에 있는 한국 지방의 맥락에서 정부의 관여와 지원은 신중한 접근이 필요하다.

이와 관련해 로컬거버넌스는 지방정책 및 현안, 또는 사회문제에 따라 다양한 방식으로 진행되어 왔다. 로컬거버넌스의 중요성에도 불구하고, 한국적 맥락에서는 오랜 관 우위의 문화와 실질적인 권한과 재원의 측면에서 일반적 특성은 지자체장과 지자체의 역할이 중요하고, 지방의 공동목적이나 사회문제 해결에 있어 어떤 형식으로든 직·간접적으로 관여한다는 점이다. 한국 지방의 맥락적 특수성이 반영되어 있다. 오랜 관 우위의 정치문화, 지방자치제의 짧은 경험, 시민사회의 낮은 성숙도 등이 종합적으로 함축되어 있다고 할 것이다. 하지만, 세계화·지방화라는 시대적 변화는 중앙 및 지방정부의 기능 및 역할의 재조정, 정책과정의 개방성 및 사회 제 주체의 참여의 중요성으로 이어지고 있다. 이와 같은 사회적 변화에 기존에 형성된 정부와 시민, 중앙과 지방의 관계(역할, 권한, 기능)는 지속적인 진화와 변화를 요구받고 있다.

요약하면, 지역자산접근은 지역발전사업에 있어 공공프로그램의 중요성을 간과하지 않지만 지향이나 설계에 있어 기존의 하향식 접근과는 상이한 접근을 강조한다. 특히 지역 내 결핍 또는 문제점의 해결에 초점을 둔 지자체의 정책이나 프로그램의 강조가 아닌 지역의 역량 또는 자산의 강화를 위한 여건 또는 기반의 형성을 위한 지자체의 역할을 강조한다.

3) 조직(association)

지역 또는 마을에 형성된 조직은 공동의 목적이나 문제해결을 위한 집합행동의 주요한 자산으로 역할을 한다(Kretzmann & McKnight, 1993; 1996).

지역 내 조직의 역할이 증대하는 이유는 여러 가지로 제시될 수 있다. 첫째, 지역이나 마을이 직면한 현안이나 문제의 해결은 주민 또는 지자체 등이 단독으로 해결하는데 한계가 크다. 행정이나 사회문제의 사악함(wicked problems)으로 인해 주민들의 모임이나 조직 등을 통해 지역이나 마을이 공동으로 직면한 현안을 해결하거나 공동의 관심사를 공유해야 할 중요성이 증대하고 있는 것이다(전대욱 외, 2012; 정문기, 2009). 둘째, 지방 재정의 악화로 인해 지자체의 서비스 제공은 한계에 직면하고 있다. 셋째, 주민 개개인이나 지자체가 직접 수행하기보다는 이러한 조직을 통해 서비스를 제공하거나 문제를 해결하는 것이 더욱 효율적이고 효과도 높을 수 있다. 유사한 맥락에서 이탈리아의 사회적 경제가 사회복지 서비스의 제공에 유익한 시사점을 제공하였다(전지훈・정문기, 2014).

지역 내 주요한 자산으로 집합적 행동(collective action)을 이끌어 내는 조직의 형태로는 종교단체, 스포츠클럽, 문화조직 등을 들 수 있다. 이러한 조직은 앞서 논의한 기관보다는 공식성의 정도가 낮고 참여 구성원의 자발성에 의존하는 바가 크다(Kretzmann & McKnight, 1996: 26).

3 선행연구 검토

한국의 맥락에서 커뮤니티 비즈니스에 관한 연구는 다양하게 진행되었다(<표 4-1> 참조). 선행연구는 크게 커뮤니티비즈니스에 대한 일반논의와 사례연구로 구분된다. 전자는 커뮤니티 비즈니스의 개념정립, 제도화 및 활성화 방안에 대한 논의가 주를 이룬다. 반면 커뮤니티 비즈니스의 사례연구는 국내에 초점을 두고 진행된 연구가 다수를 이룬다. 국내 측면에서도 전국에 걸쳐 진행되고 있는 사례를 논의하는 경향을 볼 수 있다. 하지만 대표적인 성공사례라고 할 수 있는 완주군의 사례연구가 가장 활발하게 진행되었다. 본 연구와 밀접하게 연관된 완주군에 관한

표 4-1	커뮤니티 비즈니스의 선행연구			
주제	특징		연구자	연구목적
사례 연구	국내 사례	전북 완주군	윤재경(2014)	완주군 커뮤니티 비즈니스의 성공요인 파악
			이수연(2013)	커뮤니티 비즈니스를 활용한 지역발전에 있어 협력적 거버넌스 활용 사례 분석
			주상현(2012)	완주 커뮤니티 비즈니스 사업의 개요 및 성공요인 분석
			주상현(2014)	완두콩 소식지, 푸드 인 마더쿠키, 떡메마을 등을 중심으로 커뮤니티 비즈니스 형성요인 확인
			충남연구원(2011)	완주군 지역경제순환센터 관련 현장 워크숍 자료
			이영미(2010)	완주군에서 진행된 2010 커뮤니티 비즈니스 한일포럼
		경기도 이천(부래미마을), 충남 아산(외암마을)	김영수 · 박종안(2009)	SLEN모델 적용을 통한 커뮤니티 비즈니스 성공요소 파악
		제주도	임정현(2013)	커뮤니티 비즈니스를 활용한 지역개발사업 정책 사례분석
		서울특별시 마포구 성미산	이홍택 · 정성훈(2012)	성미산 사례 중심으로 커뮤니티 비즈니스 투입/과정/결과 분석
		성미산, 물만공동체, 원주시, 안성시	진영환 · 김진범(2010)	도시재생과 커뮤니티 비즈니스의 관계를 논의하고 서울시 마포구 성미산마을, 부산시 연제구 물만골공동체, 강원도 원주시, 경기도 안성시의 사례분석
		경북 예천군, 경남 밀양, 경북 영주시, 경남 의령군, 경남 합천군, 경북 고령군	이한성 외(2012)	농촌형 커뮤니티 비즈니스 사례분석
		부산 서구, 경남 거제, 전남 순천, 전남 장흥	안영진(2012)	커뮤니티 비즈니스 관련 지역별 사례분석 및 시사점 제공
	국외 사례	일본	이민규 외(2013)	지역활성화를 위한 커뮤니티 비즈니스의 성공요인 분석
			이자성(2011)	일본 지방정부 커뮤니티 비즈니스 지원체계 · 현황과 특징 분석
			김재현(2008)	일본 커뮤니티 비즈니스 사례 분석 및 도입 시사점 도출

	국・내외 종합	일본・우리나라	김재현 외 (2013)	농촌지역의 커뮤니티 비즈니스와 관련된 정책사업을 살펴보고 일본과 우리나라를 비교
일반 논의	커뮤니티 비즈니스의 정당성 탐구		조규원 외 (2011)	커뮤니티 비즈니스의 정책적 정당성과 차별성에 대한 논의
	커뮤니티 비즈니스 개념정립		김윤호(2010)	커뮤니티 비즈니스와 사회적 기업 간의 차별점과 구분 시도
			김태연(2013)	커뮤니티 비즈니스 개념정립과 영국 사례분석
	커뮤니티 비즈니스 제도화 방안 모색		양세훈(2011)	커뮤니티 비즈니스 제도화 방안 모색
	커뮤니티 비즈니스 활성화를 위한 현황 분석		임관혁(2014)	어촌지역 커뮤니티 비즈니스 활성화 전략을 모색
	지역활성화와 커뮤니티 비즈니스		박용규(2009)	지역활성화 방안으로 커뮤니티 비즈니스를 제안하고 의미와 성공요인, 제언 등을 제시함
	커뮤니티 기반 사업 논의		Peredo & Chrisman(2006)	지역 발전의 대안으로 커뮤니티 기반 사업을 제시함

선행연구에 초점을 두고 개별연구를 고찰하면 아래와 같다.

주상현(2012)은 '지방자치단체 커뮤니티 비즈니스의 성공요인 분석'에서 완주의 성공요인을 크게 지역기반적 측면, 지원제도측면, 운영적 측면으로 구분하였다. 첫째, 지역기반적 측면은 지역동기와 인식, 지역 인프라를 설정하였다. 둘째, 지원제도의 측면은 법・제도적 요인, 재정지원을 추출하였다. 셋째, 운영적 측면은 중간지원조직, 주민참여와 네트워크, 지방자치단체의 강력한 추진의지 등을 고찰하였다. 완주군의 사례분석을 통해 지역발전을 위한 커뮤니티 비즈니스를 어떻게 제도화하고 운영할 필요가 있는지에 대한 정책적 시사점을 제공하였다(주상현, 2012). 완주군의 사례는 지역발전을 위해 세부적인 방안을 논의하는 점에 있어서 타 지방자치단체가 고려해야 할 다양한 요인을 제시하였다. 또한 주상현(2014)은 완주군의 사례를 통해 커뮤니티 비즈니스의 형성요인과 정책과제를 제시하고 있다. 이를 위해 '완두콩 소식지, 푸드인 마더쿠키, 떡메마을' 등의 커뮤니티 비즈니스 사례를 고찰하고 있으며, 초점집단조사와 기타 자료의 분석을 통해 커뮤니티 비즈니스의 지속성을 강조하고 있다.

윤재경(2014) 또한 커뮤니티 비즈니스의 성공요인으로 지역주민의 참여와 공유, 지역의 특성을 살린 사업 추진, 완주군의 집중 지원체제를 들고 있다. 또한 발전 방안으로 경영 역량 강화와 인적 자원 개발 및 확충, 중간지원조직의 활성화, 법규 및 정부의 지원체계 구축, 주민참여의 강화 및 순환경제를 위한 네트워크의 확대 등을 언급하였다.

이수연(2013)은 협력적 거버넌스의 프레임을 이용하여 커뮤니티 비즈니스에 기반한 지역발전정책 과정을 분석하였다. 그는 완주군의 사례를 통해 커뮤니티 비즈니스의 정착과정에서 민관, 그리고 시민단체가 협력적인 거버넌스 체제를 구축하는데 있어 역할분석을 실시하였다.

이상의 연구에서는 커뮤니티 비즈니스(마을공동체)의 성공요인 · 형성요인과 정책과제가 일반적으로 제시되었다. 그럼에도 기존 연구는 커뮤니티 비즈니스에 대한 폭넓은 이해의 기반을 제공하지만, 첫째, 사업의 지속요인에 대하여 이론과 연계한 체계적인 논의는 미흡하였다. 둘째, 사업의 참여와 관련한 선별이익(selective interests)과 집합행동의 과정에서 일어나는 복잡성과 역동성을 고려한 주민들의 개별성에 대한 관심 및 논의가 미흡하고, 셋째, 방법론적으로 담당 공무원, 관련 주민 및 전문가들의 목소리와 관점을 통한 심층적인 이해를 제공하는 데 한계가 존재하였다.

제 3 절 연구설계

본 연구는 커뮤니티 비즈니스가 지역발전을 위한 하나의 대안으로서 지속가능하기 위한 요인을 분석하기 위하여 사례분석을 실시하였다. 커뮤니티 비즈니스의 대표적 사례로서 전라북도 완주군을 사례분석의 대상으로 선정하였다. 완주군은 2008년 조례의 제정과 더불어 지속적으로 커뮤니티 비즈니스를 군의 정책으로 진행해오고 있다. 완주군의 경험은 행안부 등 각종 중앙 정부 차원에서 모범 사례로 선정되었고, 실질적으로 소득증대 및 지자체의 활력에도 공헌을 하고 있는 것으로 인식되고 있다.

사례분석은 주민이자 커뮤니티 비즈니스 관련 전문가, 중간지원조직 종사자,

공무원 등 3명을 대상으로 심층인터뷰, 정부 보고서, 인터넷자료 및 아카이브를 바탕으로 진행되었다.[8] 커뮤니티 비즈니스의 관련자들의 인터뷰는 사업 초창기부터 사업의 전 과정에 대한 상세 정보 및 그들이 인식하는 지속요인에 대한 인식과 실증 자료를 삼각 검토하는 측면에서 유용한 시사점을 제공하였다.[9]

인터뷰는 2014년 12월과 2015년 2월 사이에 걸쳐 진행되었다. 본 연구자가 완주군을 방문하여 면담자가 근무하고 있거나, 업무를 수행하는 현장과 커피숍에서 각각 약 1시간에 걸쳐 진행하였다. 인터뷰 당일 내용을 전사하여 분석의 기초자료로 활용하였다.

앞서 이론적 배경에서 논의한 지역자산접근론에 초점을 두고 마을공동체의 지속가능을 위한 요인에 대한 반구조화된 질문을 작성하였다. 연구질문과 관련된 핵심 질문을 간단히 요약·정리하면 <표 4-2>와 같다.

표 4-2 심층면접 질문 요약

커뮤니티 비즈니스의 지속가능성을 위해서는?
- 주민의 역할은?
- 지자체의 역할은? 중앙 정부가 어떠한 역할을 할 수 있는지?
- 중간지원조직의 역할은? 중간지원조직의 자생 가능성은?
- 기타: 지역역량, 즉 지자체의 역량, 주민의 역량 향상을 위한 방안은? 구체적인 교육과 훈련 방안 및 주민들의 관심과 참여 정도는?
- 기타: 지속가능성을 위한 과제는? 기타 누락되었지만 중요한 이슈가 있다면? 예를 들어 변화하는 환경에 능동적인 대응이 중요하다. 혁신 또는 변화의 노력이 어떻게 이뤄지는지?

8) 심층면접 대상자들은 다음 절에 나오는 사례분석에서 면담자 A씨, B씨, C씨로 명칭 사용.

9) 이 연구의 초점은 개별 커뮤니티 비즈니스의 사업이나 프로그램이 아니다. 완주군의 커뮤니티 비즈니스의 성공적인 사업으로는 마더쿠키사업, 로컬푸드 등 다양하다. 이와 같은 구체적인 사업과정이나 내용은 선행연구(주상현, 2012; 2014; 윤재경, 2014)에서 풍부하게 제시되었으니 참조 바람.

제 4 절 사례분석

1 사례개요

완주군은 지리적으로 전라북도 중앙에 위치하고 있으며 전주시를 둘러싼 지형을 갖추고 있다. 동쪽으로는 진안군이 위치하고 남쪽으로는 임실군과 정읍시가 인접해 있다. 북쪽으로는 논산시와 금산군이 위치해 있고 서쪽으로는 익산시와 김제시가 경계를 맞대고 있다. 특히 완주군의 삼례읍, 봉동읍, 용진면, 소양면, 상관면, 구이면, 이서면은 65만 명 이상이 거주하고 있는 전주시와 인접한 배후지역으로 지리적으로 접근성이 높다. 완주군의 지리적 위치는 다음의 [그림 4-1]과 같다.

완주군의 전체 토지면적은 821.19㎢로 그 중 임야가 592.27㎢(72.1%)로 가장 넓은 면적을 차지하고 있으며 답 84.44㎢(10.3%), 전 46.01㎢(5.6%), 대지 13.94㎢(1.7%), 기타 84.53(10.3%)㎢ 순이다(완주군, 2014). 상대적으로 임야와 전답 등 농업 관련 토지 활용이 높다. 완주군의 경우 2004년까지 인구가 감소했으나 이후 귀농귀촌 및 커뮤니티 비즈니스와 관련된 다양한 지원정책과 완주 테크노밸리 산업공단 조성 및 외부 기업 유치 등으로 인구의 증가추세를 보이고 있다([그림 4-2] 참고). 2015년 6월 30일을 기준으로 완주군에는 92,155명이 거주하고 있다.[10)]

현재 완주군은 5만 명 이상이 거주하고 있는 지역으로 농촌지역과 도시지역이 혼합된 중도시의 형태를 취한다고 볼 수 있다.[11)] 때문에 농촌지역의 경제활동이 대도시에 비해 여전히 중요하다. 구체적으로 완주군은 지역내 총생산 중 농림어업이 차지하는 비중이 5.77로 나타났다. 이는 수도권 시·군·구에 해당하는 지역인 서울특별시의 평균 0.17, 인천광역시의 평균 0.42, 경기도의 평균 1.08에 비해 높은 수치이며 인접한 전주시의 1.03보다도 높은 수준이다. 그러나 유사한 인구규모를 지닌 남원시(2015년 6월 30일 기준 85,214명 거주)의 19.04와 김제시(2014년 11월

10) 완주군 홈페이지 인구자료(http://www.wanju.go.kr) 참고.

11) 노춘희·김일태(2006)는 인구규모에 따라 도시를 5만 명 이하의 농촌 중심 소도시, 농업활동과 산업활동이 혼합된 5만 명 이상 50만 명 미만 인구 규모의 중도시, 산업화된 지방의 중심도시로 인구 50만 명 이상에서 200만 명 미만의 대도시, 대도시권의 중심으로 인구 200만 명 이상의 거대도시로 구분한다.

그림 4-1 완주군 지리적 위치[12)]

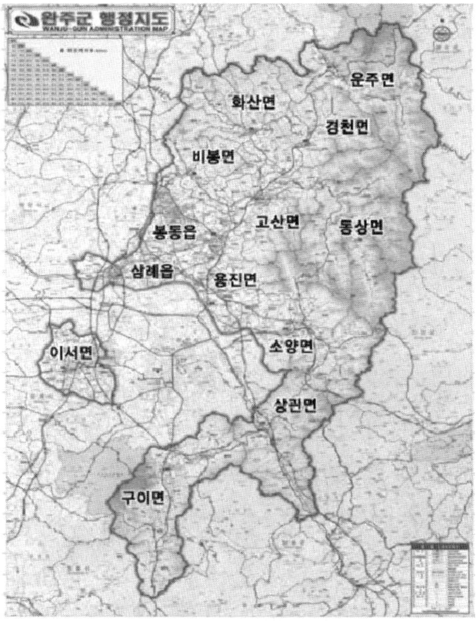

그림 4-2 완주군의 인구추세

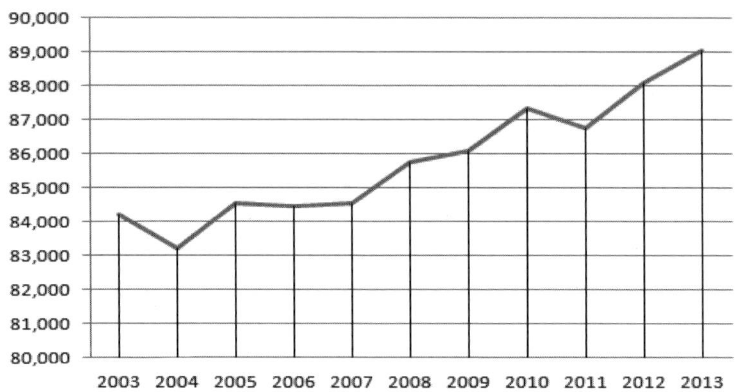

자료: 완주군(2014). 2014 통계연보.

12) 완주군, 2014 통계연보 참고.

1일 기준 90,165명 거주) 21.97에 비해서는 상대적으로 농림어업의 비중이 낮아 도시화가 진행된 것을 확인할 수 있다(<표 4-3> 참고). 실제로 2008년 9,957채였던 아파트가 2013년 11,758채로 증가하고(완주군, 2014), 도시화율이 2010년 47.39%에서 2013년 49.67%로 증가하면서(통계청, 2010; 2013) 지역의 도시화가 가속화되고 있는 것을 확인할 수 있다.

표 4-3 지역내 총생산에서의 농림어업 비중

지 역	비 중	지 역	비 중
서울특별시 평균	0.17	김제시	21.97
인천광역시 평균	0.42	완주군	5.77
경기도 평균	1.08	진안군	20.40
전라북도 평균	8.96	무주군	20.64
전주시	1.03	장수군	34.57
군산시	1.88	임실군	21.82
익산시	5.60	순창군	28.04
정읍시	15.97	고창군	36.43
남원시	19.04	부안군	33.19

* 통계청(2011). 시군구 GRDP; 행정구역(시도)별/경제활동별 지역내 총생산. 재구성.

이상에서 살펴보았듯 완주군은 유사한 인구 규모의 타 지역에 비해 지역내 총생산에서 농림어업의 비중이 낮다. 그러나 도시화율이 100에 가까운 수도권과 인접지역인 전주시에 비하면 농촌지역 경제가 지역 전반의 경제에서 여전히 중요한 역할을 하고 있음을 알 수 있다.

이에 완주군은 도시화 진행과 함께 나타나는 도·농격차를 해소하고 농촌지역의 경제 활성화를 위한 다양한 방안을 모색하고 있으며 그 일환으로 커뮤니티 비즈니스가 제시되었다. 완주군은 2010년 5월 지방자치단체 중 최초로 커뮤니티 비즈니스와 관련된 업무를 전담하는 중간지원조직인 완주커뮤니티비즈니스 센터를 설립하고 현재까지 전라북도 지역의 커뮤니티 비즈니스를 비롯한 지역공동체와 사회적 경제의 활성화를 선도하고 있다.

특히 완주군은 민선 6기에 들어서면서부터 완주농업 융성 프로젝트를 진행하고 완주농업의 활성화를 위한 다양한 방안을 제시하고 있다. 이와 관련해 완주군은 도시 거주민들의 이주를 적극 지원하고 있으며 2013년 530세대, 2014년에는 898세대가 귀농귀촌을 목적으로 이주하였고 올해도 1천 세대 이상의 귀농귀촌을 목표로 하고 있다.13) 귀농귀촌 지원정책은 커뮤니티 비즈니스센터와도 연계되어 있으며 센터는 농업과 관련된 다양한 교육프로그램을 제공하고 주민 간 네트워크를 구축 수 있도록 돕는다. 이러한 완주군의 커뮤니티 비즈니스 지원은 지역 내・외에서 벤치마킹을 위한 우수한 성공사례로 평가받고 있다.14)

또한 완주군은 도시화에 따른 주민생활 환경의 변화와 이로 인한 지역공동체의 와해를 방지하고 주민들의 문화예술 활동을 지원하는 등 지역의 생활권 활성화에 관심을 가지게 되었다. 이에 완주군은 「살맛나는 완주 르네상스」라는 비전 하에 아파트 공동체 50개소를 육성하는 아파트 르네상스를 추진하게 되었으며 읍・면 지역에 '삼삼오오하하센터'와 같은 평생교육시설을 설치함으로써 다양한 교육프로그램을 제공하고 있다.

2 사례분석

본 연구는 커뮤니티 비즈니스의 지속요인의 도출을 위해 지역자산접근에 기반하였다. 이론적 배경에서 논의한 행위자 중심의 지역자산접근은 지역의 자산으로 주민자산, 기관자산, 조직자산에 초점을 두었다. 실질적인 사례분석을 위해서 본 연구는 주민자산으로 주민, 기관자산으로 지방자치단체, 조직자산으로 중간지원조직에 더하여 면담자가 자유롭게 제시한 지역의 특성 및 시스템화를 지속가능의 요소로 추가하였다.

1) 주 민

마을공동체와 공동체사업(커뮤니티 비즈니스)의 주체는 일정한 지리적 공간 내에 거주하는 주민이다. 주민은 마을공동체사업을 실질적으로 수행하는 주체이기도

13) 전북도민일보(2015. 7. 1). '완주군, 올 귀농귀촌인 1천세대 유치 추진' 기사 참고.
14) 뉴스1(2014. 10. 12). '경기도, 따복공동체지원센터 내년 3월까지 설립키로' 기사 참고.

하지만 정책의 대상자이기도 하다. 주체의 입장에서의 참여와 정책의 대상자로서의 수용성은 정책이나 사업의 성공적 수행뿐만 아니라 지속성에 있어서 필수적이다. 특히, 커뮤니티 비즈니스가 지속되기 위해서는 사업의 주체로서 주민의 지위와 인식에 대한 자발적인 인식의 전환이 요구됨을 보여 준다. 선행연구에서 제시하였던 이와 같은 규범론적인 당위성에도 불구하고 여전히 주민의 관심과 참여는 사업의 진행과정에서 크나 큰 난제임을 면담자들은 제시하고 있다.

(1) 주민의 주도와 의지가 있어야

마을공동체사업의 지속을 위해서는 무엇보다도 주민의 자발성에 기반한 주민의 주도와 의지가 사업의 시행뿐만 아니라 지속을 위해서도 중요한 것으로 지적되었다(송용훈 외, 2015). 사업이 성공하여 지속되는 마을의 공통점으로 주민이 마을의 문제점에 대한 공유 정도가 높고 적극적으로 해결하고자 하는 의지가 높게 나타났다.

> “마을 내 공동체 요구로부터 시작한 사업은 자생력이 높다. 마을이 주도하여 마을사업을 실시한 지역은 지자체의 사업 추진이 ‘달리는 말을 더욱 더 잘 달리게 한다’라고 된다. 결국 마을과 마을주민 주도의 상향식 사업이 선행하여 추진되고 행정은 이를 지원하는 사업은 긍정적인 효과를 높이고 사업의 지속가능성이 높다(면담자 A씨).”

> “주민 필요에 의해 시작된 사업이 대체로 성공을 한다. 주민이 문제의식을 가지고 이니셔티브를 가지고 진행된 사업에 지자체나 중앙이 지원을 하게 되면 그 사업은 더욱 활력을 띠고 성장하게 된다. 반면, 외부의 주도나 지원에 의해 시작된 사업은 처음 의도했던 목표나 성공을 이루기 힘든 것을 자주 목격하게 된다(면담자 B씨).”

(2) 마을 리더의 역할과 역량

주민의 참여와 관심이 중요함에도 주민이 주도적으로 참여하는 데는 여전히 많은 도전이 존재한다(전대욱 외, 2012; 송용훈 외, 2015). 완주군도 여타 농촌 소재 지자체처럼 노령층의 인구비율이 높다. 마을의 발전이나 문제의 상존에도 주민의 참여와 협조는 사업과 지속에 있어 커다란 과제였던 것으로 지적되었다. 이러한 과정에서 마을 리더의 비젼과 노력은 마을 주민들의 참여를 증진시키고 협력을 추동하는데 중요한 역할을 한 것으로 지적되었다. 마을 리더의 역량이 사업의 성패뿐만 아니라 지속성에도 지대한 역할을 한다.

> "전반적으로 주민들은 공동체에 대한 절실함이 없다. '같이 해보자'에 대한 가치가 부족했다. 개인적인 생각이지만 마을 주민들은 먹고 사는데 크게 문제가 없다고 본다. 도시의 시각이 아닌 농촌의 관점에서 본다면 말이다. 그러니 노령인구가 다수인 농촌 마을에서는 '귀찮다'는 생각이 만연하여 동참하고 협력하자는 하향식 사업들이 잘 수용되지 않은 측면이 빈번히 발생하였다(면담자 A씨)."

> "우선 마을 리더의 역할이 중요하다. 똑같은 사업이라도 성패가 갈리는 것을 살펴보면 마을 리더가 어떠한 비전을 가지고 있고 인적 역량이 있으며 마을 주민 간 갈등이 발생했을 때 조정 능력을 발휘하느냐가 중요한 관건이 되고 있다. 특히, 공적 자금의 투입시 용도 및 배분과 관련하여 갈등이 자주 발생하는 데 마을 리더의 역할이 중요하다. 가시적 이익이 있어야 마을 주민을 참여시키는 동력이 된다. 이 때 마을리더의 역할이 리더십과 비전이 중요하게 작용한다(면담자 B씨)."

마을 리더의 역할에 대해서는 주민들은 상반된 시각을 가질 수 있으며 사업의 수행과 지속성에도 때로는 장애로 작용할 수 있음을 또한 보여 주었다. 다시 말해 마을공동체사업의 추진에 대한 관심과 지지가 낮은 지역에서 마을 리더는 참여의 유도가 어렵기도 하며 주민들로부터 때로는 부정적 시각을 받기도 한다고 하였다.

> "(주민들이 가진) 사업의 낮은 수용은 마을 리더격인 이장이 참여의 유도와 협력이 어려운 것을 경험하며 마을 리더와 소수의 주민들에 의해 사업이 주도되는 경우가 많았다. 물론 소수의 마을에서는 마을의 문제를 인식하고 마을에서 출발하여 자발적으로 공동체를 통한 문제해결 노력이 있었다. 하지만 대다수의 마을은 행정 주도의 마을만들기 사업에 마을 리더(이장)를 중심으로 마을 공동체를 형성하려는 경향이 크게 일어났다. 마을 리더는 주민들의 사업참여와 협력을 유도하지만 대부분이 부정적 시선을 많이 보였다고 생각한다(면담자 A씨)."

이러한 상황에도 마을 리더의 역량과 배분, 특히 수익 배분의 공평성에 주의를 기울인 마을에 거주하는 주민들의 참여도가 높고, 마을사업의 지속성은 높았던 것으로 나타났다. 마을공동체사업이 마을 전체의 집합이익(collective benefits)을 추구하지만, 사업 초창기에는 주민들의 관심과 기대가 적극적이지 않음을 보여준다. 사업의 경과를 통해 가시적인 수익이 창출되고, 수익의 향유, 즉 선별적 이익(selective benefits)이 제시됨에 따라 적극적 참여로 선회하는 경향을 보여주고 있다. 주민의 참여와 리더의 역할과 관련하여 가시적이면서도 선별적인 편익이 사업의 지속성에 중요한 동인이 됨을 시사한다.

> "사업의 초창기에 낮은 주민의 관심과 참여를 경험한 마을과 마을 리더는 리더와 소수의 주민으로 사업을 시작하게 되는 경우가 많다. 사업이 수익을 내게 되면 행정 일과 교육참여 등 고생에 대한 보상심리와 참여에 부정적이었던 주민들에 대한 반감으로 수익을 마을 주민 전체와 공유하기가 쉽지 않다. 그러다 보니 마을공동체회사라고 하지만 1~2명 또는 소수의 개인기업화 하는 경향을 보이기도 한다. 그럼에도 불구하고 수익성/수익성 배분이 참여를 독려하려면 마을 리더가 선해야 한다. 마을 리더가 주민들에게 어느 정도 공평하게 수익을 배분하는 마을은 주민의 지속적인 참여도가 높게 나타났다(면담자 A씨)."

> "사업초기에는 주민들이 로컬푸드 등 외국 용어에 대해 낯설어 하거나 반감이 있었고 회의적이었다. 8년이 지난 오늘날에는 커뮤니티 비즈니스 등 사업들이 도움이 되는구나라는 인식이 확산되고 있다. 예를 들어 도계마을의 경우는 초기 총 53개 가구 중 20개 가구가 참여를 했는데 현재는 약 40개의 가구가 참여하고 있다. 주민배당도 40% 정도 되었다. 초기의 회의적·방관자적 관망태도에서 한번 해보자라는 마음이 확산되었다고 볼 수 있다(면담자 C씨)."

(3) 주민의 교육

주민의 교육과 훈련은 마을공동체사업의 취지와 목적에 대한 마을 주민들의 공감대 형성 및 실질적인 사업의 수행을 위한 전제가 된다. 사업 초기에 이와 같은 사업의 공유뿐만 아니라 사업의 지속성을 위해서는 실질적 역량 배양이 연계되어야 한다. 사업의 초창기 뿐만 아니라 사업이 지속되기 위해서는 변화하는 수요에 능동적으로 대처하는 혁신의 분위기와 환경으로의 진화가 요구되기 때문이다. 기존 연구에서 제시하는 바와 같이 완주군 주도 하에 일본 커뮤니티 비즈니스 방문은 사업에 관한 인식 변화와 필요성에 대한 공유에 중요한 토대가 되었다(주상현, 2012).

더불어 교육 및 훈련 기회의 제공은 마을 주민들의 눈높이에 맞춘 '맞춤식 교육'의 고려가 주민의 참여 증대 및 이를 통한 교육의 효과 극대화 측면에서 중요함이 지적되었다. 기존의 연구가 교육의 중요성을 지적한 것에 덧붙여 면담은 교육내용과 관련하여 구체적인 내용과 방법을 제시하였다. 즉 면접대상자는 외부 전문가의 일방향식 교육보다는 이웃 주민 리더나 지역 내 전문가들의 초빙을 통한 실질적인 체험 위주의 교육이 주민의 참여를 높이고 교육의 효과도 증대되었음을 보여 준다. 피교육자의 니즈나 현재 상황을 고려한 체험교육이 사업의 이해와 성과창출을 통한 사업의 지속에 부합되었다.

> "무엇보다 주민들의 지속적인 교육이 중요하다. 기존에도 교육을 강조하지 않은 바는 아니지만 강의 위주의 획일적 교육에 치중한 바가 크다. 농촌의 주민들이 고령화 어르신이 높다고 보았을 때 교육의 효과 측면에서 교육 방식의 재고가 필요하다. 전문가나 이웃 주민 리더들을 초빙하여 직접 수행하는 체험교육을 추진하고 싶다(면담자 B씨)."

2) 지자체의 역할

(1) 지자체장의 의지와 정책

지방자치단체장의 관심과 지원은 지방의 주요 정책이나 사업의 지속성에 있어서 가장 큰 역할을 하는 요소이다(정문기, 2009; 김병준, 2012; 유재원, 2003; 박종민, 2000). 한국 지방의 정치구조 및 특성인 강시장·약의회 형태 하에서 지자체장의 권한과 의사결정은 사업의 존속 또는 확대에 주요한 변인이다. 지자체장의 일관된 정책추진 방향과 의지가 마을공동체사업의 지속성에 영향을 미치는 것으로 지적되었다. 완주군의 경우에도 민선 4~5기를 거치면서 군수가 재임을 하면서 마을공동체사업을 지속적으로 관심을 가지고 재정적 지원을 해왔다. 사업 초창기의 강력한 지도력 뿐만 아니라 완주군의 마을공동체사업이 궤도에 오르게 만든 인물로 지자체장의 역할이 지적된다. 이는 오늘날 전국 각지에서 다양하게 펼쳐지고 있는 마을만들기 사업에서도 공통적으로 지적되고 있다. 하지만 보다 세부적인 내용에 있어 완주군은 지자체장이 주민들의 인식 전환을 강조하였고, 주민들의 일본 견학을 통한 가시적인 추진 노력이 진행되었다는 점에서 차별을 보인다. 더불어 업무를 담당한 공무원들의 인식전환을 강조한 점도 실제 추진을 담당하는 공무원 집단의 변화를 유도했다는 점에서 주목할 만하다.

> "정책의 일관성(단체장의 의지)과 추진 초기에 리더의 마인드가 중요하다. 민선 4, 5기 군수는 농촌 낙후에 대한 문제 인식을 가지고 있었다. 희망제작소에서 제공하는 지방 리더들의 해외파견(일본)을 통한 현지견학을 실시하였다. 이를 통한 인식의 전환을 가져왔지요. 지자체장의 강한 의지가 있었고, 공무원의 인식 변화를 강조하며 공무원이 주민 설득에 적극적으로 나설 것을 주문하였다. 또한 민선 6기의 현 군수도 정책의 연속성을 유지하려 하고 있다. 작년에 있은 정책평가를 통해 문제점을 정리하는 시간을 가졌다. 근본적인 방향은 유지하되 질적 내실화를 기하고 양적 성장을 지양하자는 논의로 정리되었다. 정책평가는 사업장별 미흡한 점을 보완하고 주민참여를 확대하며, 교육 강화를 통해 인증을 강화하고자 하는 내용을 담고 있다. 즉, 공동체를 신규·확장하기보다는 기존 공동체를 내실화·상품 업그레이드, 소비자 만족강화 등을 추진하고 주민의 역량강화가 한층 요구됨을 인식하게 되었다(면담자 C씨)."
> "완주군이 긍정적인 성과를 이루게 된 데에는 지자체장의 강력한 의지가 큰 역할을 하였다(면담자 A씨)."

> "사업이 시작된 지 약 5~6년이 흘렀다. 2014년에 군수가 바뀌었지만 이전 사업과 크게 변화없이 사업이 추진되고 있다(면담자 B씨)."

(2) 제도화를 통한 법적·재정적 토대 마련: 지속성의 공식화

지자체장의 역할과 더불어 마을공동체사업의 조례를 통한 제도화는 법적·재정적 지원의 토대를 마련하고 사업의 지속에 긍정적 역할을 한 것으로 지적되었다. 조례제정과 부서의 정비와 관련 면담자는 아래와 같이 논의하였다.

"지자체의 역할을 구체적으로 세 가지로 고민하였다. 첫째, 목표, 둘째, 예산·법률, 셋째, 사람으로 나눌 수 있다. 첫째, 목표와 관련하여 2008년 '희망약속프로젝트'에서 5대 정책과제를 발굴하고, 연간 100억 원씩, 5년간 총 500억 원 지원에 대한 법·제도적 근거를 마련하였다. 또한, 지역공동체활성 육성조례를 통한 법적 근거를 마련하였다. 조례에는 각종 지원, 교육근거, 중간지원조직 등에 관한 구체적인 내용 및 재정지원을 담았다. 둘째, 지원을 위한 예산을 법률로 규정하였다. 셋째, 사람을 어떻게 조직할 것인가? 농촌활력과를 2010년에 신설하였다(면담자 C씨)."

"2008년에 조례를 제정하고 2010년에 커뮤니티 비즈니스 조례를 추진하여 중간지원조직을 활성화한 측면은 긍정적이다. 이후에도 열심히 지역공동체 또는 마을의 발전을 위해 사업을 추진해 왔다(면담자 A씨)."

(3) 장기적 관점으로 사업 추진: 단기적 평가 지양

마을공동체사업의 수행과 관련 단기적 평가는 사업의 지속성에 부정적인 영향을 끼칠 수 있다. 지자체의 재정적 지원에 대한 성과평가는 일면 긍정적인 기능에도 불구하고 단기적 성과에 치중하게 하고 2~3년에 걸쳐 서서히 효과가 나타날 수 있는 사업의 추진 및 성장에는 다소 장애로 작용하였음을 지적하고 있다.

"앞서 말한 목표, 조례 및 예산, 사람에 대한 고민이 장기적으로 가야한다(면담자 C씨)."

"1년 단위로 사업을 실행하고 평가하다 보니 양적인 성장에 치중한 면이 크고 기다리며 사업의 성장과 효과를 지켜보는 데 한계가 있었다(면담자 A씨)."

"지속가능한 마을공동체를 위해서는 마을 사업의 성과를 시간을 두고 기다리는 자세도 중요하다. 1~2년이라는 단기적 성과에 치중하다 보면 장기적으로 성공할 수 있는 사업도 실패로 규정짓는 경우가 발생한다(면담자 B씨)."

(4) 사업 목표의 공동체 지향성: 사람 중심의 가치 지향 vs. 양적목표(소득 창출, 일자리 창출)

지자체가 추진하는 사업의 측면에서도 우선순위의 재고가 필요함을 보여준다. 마을공동체사업이 지속되기 위해서는 주민이 적극적으로 참여하는 '사람 중심 지향의 가치'가 존중될 것이 지적되었다. 대부분의 마을공동체사업은 주민들의 소득 향상과 일자리 창출이라는 양적 목표에 치중되는 바가 크다. 앞서 지적하였듯이 커뮤니티 비즈니스가 추구하는 양대 목표 중 하나가 수익의 창출 및 지역 내 일자리 창출이다. 지방의 정책 및 재정지원의 초점이 양적 목표에 치중할 경우 재정의 배분 및 소득의 분배 과정에서 주민 구성원 간 갈등이 빈번히 발생된다고 면담자는 지적하고 있다. 비록 초기에 양적 측면에서 마을공동체사업의 성공이 일어나지만 공동체의 활성화 및 지속성에는 많은 의문이 제기될 수 있다는 것이다.

> "(사업의) 몫의 배분으로 인한 갈등이 빈번히 발생한다. 즉, 사업의 성과 배분에 있어 합의를 끌어내기가 쉽지 않다. 사업이 성공한 지역이 마을 공동체 형성과 마을 사업의 지속에 있어 더 큰 어려움에 직면하는 경우가 많다(면담자 A씨)."

반면 사업의 우선순위를 마을의 구성원, 즉 주민에 주요 가치를 두고 공동체의 활성화를 도모한 지역은 지속성이 높은 것으로 나타났다. 다시 말해 주민들이 즐겁고 주민 간 상호 화합하는 공동체 지향의 마을은 지속적으로 주민의 참여가 높았다. 이러한 참여는 마을공동체로 하여금 이후에 각종 마을 단위 사업과 관련한 아이디어의 도출과 협력에 도움이 되었고, 이를 통해 소득 증대 및 일자리 창출로 이어지는 선순환이 일어나기도 한다고 지적하였다.

> "중앙-도도 사업에 대한 고민만 할 것이 아닌 사람을 키우는 교육에 대한 고민이 부족한 것 같다. 마을만들기는 주민이 주체가 되어야 한다. 주민이 남아야 하는데 대체로 건물만 남는 현상이 많이 일어나고 있다. 저희가 추진했듯이 단계적 추진(5단계를 말함)을 통해 교육 중심으로 갔으면 좋겠다(면담자 C씨)."

> "사람에 중심을 둬야 한다. 소득이나 일자리 창출에 우선순위를 둔 것이 아니라

주민성장과 주민의 화합을 통한 마을공동체형성에 초점을 둘 것을 제안한다. 소수이지만 주민단합 및 공동체에 우선순위를 둔 마을이 장기적인 관점에서 사업의 지속성 및 소득 증대·일자리 창출이라는 선순환이 일어날 가능성이 높게 나타났다(면담자 A씨)."

"소득 증대와 일자리 창출이라는 가시적인 수치에 집중하다 보면 몇 년 뒤에는 금전적인 갈등으로 참여 구성원 간 갈등이 초래될 가능성이 크다. 그런 경우가 많이 나타났다. 그보다는 함께 즐기고 화합하는 중에 수익이 창출되고 공동체의 기금으로 조성하여 공동체를 활성화하는 것이 훨씬 지속가능성을 높이는 것으로 나타났다. 예를 들어 마을 주민들이 즐기기 위하여 풍물단을 조성하였다. 풍물단의 활동이 확대되고 이를 통하여 창출된 수익으로 마을기금을 조성하고 마을 공동체를 위해서 쓰는 경우가 더욱 더 지속가능한 공동체발전에 기여하는 것으로 나타났다. 반대로 ○○○○ 공연단의 경우 1기의 성공이 2기로 이어졌다. 하지만 2기는 개인인 전문공연자로서의 대우를 요구하고 ○○○○ 공연단 공동의 활동이 퇴화하는 것으로 이어졌다. 약 15명의 일자리 창출이 있었지만 결국 지속가능한 일자리 및 공동체 활동으로 이어지지 못했다(면담자 B씨)."

지속가능한 마을공동체를 위해서는 사업의 목적을 수치상으로 드러나는 소득 증대보다는 주민의 화합과 삶의 질 제고, 주민의 만족도라는 가치지향적 목적에 우선을 두어야 할 것이 강조되었다. 일자리 창출이나 소득 증대가 중요도가 낮지는 않지만 마을공동체사업의 지속가능한 발전을 위해서는 문화자원과 주민화합형의 모형이 일자리 창출과 소득 증대로 선순환되는 과정이 더욱 높은 성공의 사례를 보여준다. 더불어 기존의 접근이 수익성에 집중하였고 이에 대한 지양이 필요하다는 의견이 제시되었다.

"지금까지는 수익성에 치중한 경향이 있다. 너무 의존하면 지속가능성이 낮다. 요즘은 문화·복지모델로 가려고도 한다. 용진의 신복마을은 외부인과 토착민이 어울려 함께 하는 장이 활발하다. 음악교수가 이사를 왔고 민요 등 활발한 활동을 하고 있다. 이러한 어우러지는 장을 통해 마을만들기가 확장되고 지역활력에 도움이 되리라 생각한다. 또한, 커뮤니티 비즈니스를 통해서도 지역활력이라는 공공성을 앞으로 확대해야 하리라 본다. 아무래도 농촌의 도전은 고령화의 문제이다. 완주는 도농복합도시로 전체 인구는 약 5,000명 증가한 9,0000명 이상이지만 혁신도시 등의 지역에서 일어난 일이고, 농촌은 인구가 감소하고 고령화가 가속화되고 있다(면담자 A씨)."

"개인소득 증대와 일자리 창출에 우선순위를 둔 바가 크다. 이를 통해 양적 성장은 이룬 것에 대해 동감한다. 하지만 공동체 또는 마을만들기는 의도한 만큼 달성하지 못했다고 생각한다(면담자 B씨)."

3) 중간지원조직

중간지원조직은 마을공동체사업의 수행에 있어 지자체의 행정의 역할이 힘든 영역 및 교육·컨설팅의 역할을 담당한다. 사업의 수행에 있어 중간지원조직은 실질적으로 주민과 접촉의 기회가 높다. 전문적인 지식이나 문제해결의 자문 및 협조의 역할을 통해 마을공동체사업이 끊임없이 변화하고 진화하는 데 중간지원조직의 역할이 기대된다.

(1) 역 할

완주군에 소재한 중간지원조직으로 지역경제순환센터 내에 커뮤니티 비즈니스센터가 설립되었다.[15] 설립목적은 완주군의 행정이 미치기 힘든 영역을 보완하는 역할을 담당하는 데 있다. 이와 같은 영역으로 면담자는 교육과 컨설팅 부분을 공통적으로 언급하였다. 교육과 컨설팅의 업무를 수행하기 위하여 중간지원조직인 커뮤니티 비즈니스센터는 완주군으로부터 재정적 지원을 받아 설립되었고, 이후에도 높은 비율의 재정적 지원을 완주군에 의존하고 있다.

"지자체와 중간지원조직은 투 트랙으로 볼 수 있다. 완주군은 큰 방향, 앞서 말한 질적 내실화와 양적 팽창의 지양이라는 방향을 설정하고, 중간지원조직은 교육 및 컨설팅, 그리고 행정이 힘든 부분을 보완하는 식으로 역할을 나누고 있다. 지자체는 중간지원조직을 재정적으로 지원하기도 한다. 2010~2011년 사이에는 인건비를 포함해 전체 예산 5억 원을 100% 지원했고 2012년 이후에는 약 70~80%를

15) 완주군의 커뮤니티 비즈니스센터는 2015년 '완주공동체지원센터'로 명칭이 변경되었다.

지원하고 있다. 나머지는 공모사업을 통해 조달을 하도록 하고 있다(면담자 C씨).”

“중간지원조직으로 커뮤니티 비즈니스 재단을 설립하여 교육을 강조하였다(면담자 B씨).”

(2) 역할의 확대 · 브랜드화, 판로 확대

하지만 교육과 컨설팅의 중요성에도 불구하고 면담자는 마을공동체사업의 성장과 지속을 위해서는 중간지원조직의 역할이 확대될 필요가 있다고 지적하였다. 한 면담자가 논의하듯이 초창기 공동체 사업의 수행시 중간지원조직의 역할이 중요하였지만(면담자 A씨), 사업이 확대되고 성장을 지속하면서 기타 브랜드화, 판로 확대, 상품의 고도화와 같은 전문적인 지식과 역량의 제고에도 중간지원조직의 역할이 확대되어야 함을 지적하고 있다.

“초창기 공동체 사업 수행시 역할이 중요하다. 하지만 교육 · 상담에 치중한 측면이 있다. 브랜드 개발, 컨설팅, 마케팅 촉진 등의 역할은 미흡했다고 생각한다(면담자 A씨).”

“삼례에 있는 마을은 약 30여명의 어르신들이 있고 대부분이 70세 이상 고령자이다. 어르신들은 한과를 제조하여 판매 및 수익을 올리고 있다. 또한 생강이 많이 나는데 마을마다 비슷한 사업으로 차별이 없다. 중간지원조직이 브랜드화하고 공동마케팅을 추진 · 확대하는 노력이 증대될 필요가 있다고 본다(면담자 B씨).”

(3) 역할 및 관계의 지향

마을공동체사업의 지속과 관련하여 중간지원조직의 발전방향도 고려될 수 있다. 중간지원조직과 주민의 관계, 중간지원조직과 지자체의 관계 측면에서 면담자들은 의견을 제시하였다. 주민과 관련해서는 중간지원조직에서 주민들에 눈높이를 맞춰 좀더 공감대를 증대하고 소통을 확장하는 노력이 필요하다. 앞서 지적한 주민들의 주도 또는 관점의 수용을 위한 노력이라고 볼 수 있다.

“센터의 문턱이 다소 높았다고 생각한다. 주민이 공감하는 방식과 사업의 추진을 적극적으로 유도하지 못한 바가 있다(면담자 A씨).”

더불어 완주군과의 관계에 있어서도 마을공동체사업의 추진과정에서 더욱 적극적인 역할의 증대가 사업의 효과성과 지속성을 위해서 필요하다는 의견이 제시되었다.

“지자체는 재정적 지원을 담당하고 중간지원조직은 사업의 모니터링 및 평가를 맡는다. 현장에서 사업의 추진과 관련 어느 정도의 영향력을 행사하기 힘들다(면담자 B씨).”

이는 중간지원조직이 사업의 수행과정에서 즉각적으로 문제해결의 지식 및 조언의 기회가 힘들 수 있고, 단지 사후 모니터링과 사업의 평가의 역할에 머무는 한계를 지적하고 있다고 볼 수 있다.

4) 기타: 지역의 특성, 시스템화

지역의 특성 및 장점을 고려한 사업에 집중이 마을공동체사업의 지속에 중요한 것으로 지적되었다. 지역의 특성은 지역 내부의 사회·경제적 특성도 중요하지만 지역이 위치한 지리적 인접성도 고려의 대상으로 강조되었다. 완주의 경우는 인근에 인구 약 70만 명이 거주하는 전주시가 소재하고 있다. 완주군에서 생산된 싱싱한 농산물 및 가공품들이 지근거리에서 판매되고 있다. 사업의 수익성이 확보되고 지속성에도 영향을 미치는 것으로 면담자는 지적하고 있다.

“지속가능성을 위해 자기 지역에만 맞는 사업을 고려해야 하겠지요. …… 로컬푸드의 성공적인 요인으로 또한 인근 전주의 위치도 중요합니다. 유통체계를 고려했을 때 로컬푸드의 주된 소비자 시장이 전주인 셈입니다. 김제도 로컬푸드 직매장을 개설했지만 품종이 농산품 60여개로 한정되었고, 가공품이 부재했습니다. 또한, 인접 시장의 한계로 저희와는 달리 성공적이지 못한 것으로 알고 있습니다. 인접 시장 및 품목의 다양화가 로컬푸드의 성패에 중요함을 보여준다고 생각합니다. …… 용진에 로컬푸드 직매장을 설립하였습니다. 이에 앞서 인근 지역에 생산자료를 파악하여 활용하였습니다. 조직화과정을 통해 양심적 생산을 하고자 하였고 이를 위해 교육 및 설득도 활발하게 실행되었습니다. 현재는 400~500개로 공산품도 약 150여개에 이릅니다. 공산품의 중복 생산을 피하기 위하여 고산지역에 거점농민가공센터를 설립하여 약 120여개의 공산품을 제조하고 있습니다. 규모의 경제를 통해 행정 인·허가와 인증을 확실하게 관리하고 있습니다(면담자 C씨)."

"마을특색을 살려서 진행된 사업이 지속될 확률이 높고 성공가능성도 높다. 전주시와 인접한 것도 로컬푸드매장 설립 등에 긍정적으로 작용하였다(면담자 B씨)."

더불어 마을공동체사업의 시스템화는 지자체장의 교체에도 불구하고 지속성을 유지하는데 큰 역할을 할 수 있음을 지적하였다. 이러한 시스템화는 주민·지자체·각종 기관(중간지원조직)의 인식변화와 연계를 통해 이뤄질 수 있다. 이러한 과정에서 앞서 언급한 주민들의 주도와 역량강화는 시스템화에 필수적이다.

"어렵지만 이와 같은 과정(커뮤니티 비즈니스)들이 시스템화되면 오래가리라 생각합니다. 주민들이 사업을 펼치고 있는데 단체장이 폐지하기 힘들죠. 결국 단체장의 마인드, 주민·공무원의 고민 및 인식의 변화가 필요합니다. 공무원의 입장에서는 어려운 점도 있습니다. 업무가 폭발적으로 증가하였습니다. 주민교육 뿐만 아니라 국내외 견학 요청이 많다보니 본 업무 외에도 소개 및 현장 견학의 준비로 업무가 약 50%가 증가하였습니다(면담자 C씨)."

3 토 론

사례분석 결과는 커뮤니티 비즈니스의 선행연구가 지적한 주민의 의지, 마을리더의 역할, 주민의 교육과 역량 강화(참조 김영수·박종안, 2009: 196), 지자체장과 지방자치단체의 일관된 정책과 지원(주상현, 2012: 2014), 중간지원조직의 전문적인 컨설팅이나 교육 등과 같은 유사한 쟁점들이 제기되었다(전대욱 외, 2012). 하지만 면담자들의 심층면접은 커뮤니티 비즈니스의 지속가능성을 위해 선행연구에서 간과되었거나 체계적으로 제시되지 못한 세부적인 논의와 시사점을 제공하였다.

첫째, 선행연구는 커뮤니티 비즈니스에서 주민참여를 지적하며 마을 리더의 역할을 강조하는 수준에서 그치고 있다. 본 연구는 농촌지역에서 마을공동체사업이 초기에 주민들의 수용성이 낮을 수 있으며 사업의 진행과정에서 창출된 수익의 가시성과 선별적 편익이 추후 대다수 주민의 참여유인과 사업의 지속성에 지대한 역할을 할 수 있음을 보여 준다(참조 Olson, 1965). 하지만 수익과 관련하여 주민들 간 갈등의 문제는 상존하며 주민이 다함께 공유하며 즐길 수 있는 프로그램 또는 문화요소가 사업의 지속성을 위해 또한 중요한 의미를 가질 수 있음을 보여주었다. 주민의 자발적 참여가 낮은 한국 지역과 마을의 특성을 고려했을 때 지자체 또는 마을 리더는 충돌할 수 있는 양자 간의 가치를 조화롭게 조정 또는 병행하는 노력이 필요함을 지적하고 있다.

둘째, 지방자치단체장과 지방자치단체 공무원의 인식변화와 주민들의 인식변화를 유도하는 실질적인 노력의 제고이다. 지자체장과 지방자치단체의 강력한 의지 및 정책, 제도적 설계 및 재정적 지원은 선행연구에서 지속적으로 제기된 이슈이다(정문기, 2009; 주상현, 2012: 2014). 이들 요소들의 중요성에 덧붙여 주민 및 공무원들의 인식변화를 위한 실질적인 노력(주민들의 일본 현지 시찰 등)이 사업 추진 전략이나 설계에 있어 매우 중요할 수 있음이 지적되었다. 더불어 '사람', 즉 '주민 중심 가치 지향'이 마을공동체사업의 지속성에 가장 근본이라는 응답은 공무원, 주민 및 관련자들이 공통적으로 제시된 본질적인 이슈라고 볼 수 있다. 기존 마을 단위의 사업은 일자리 창출이나 소득 증대라는 양적 목표에 치중한 측면이 크다. 정부 주도의 사업이 가시적 · 물질적 성과에 치중하다 보니 '지원이 중단되면 건물만 남는다'는 자조적인 표현처럼 보다 근원적인 이슈인 '주민, 즉 사람'에 중점을 둔 인식의 변화가 요구되는 것이다(참조 윤지영 · 한승욱, 2014).

셋째, 사례분석은 지역자산접근이 다소 간과하고 있는 자산들 간 연계를 통한 시스템화를 주장한다(참조 Kretzmann and McKnight, 1996; McNight, 1995). 자산의 연계를 통한 시스템화는 중앙 정부의 지원이 단절되거나, 지자체장의 교체로 인한 정책이나 사업의 재조정에도 불구하고 지속될 여지가 크다. 인터뷰에서 발견되었듯이 주민이 주체가 되고 지자체와 조직(중간지원조직)이 연계되어 시스템화가 되면 사업의 축소나 폐지가 지자체 입장에서도 매우 부담스러운 결정이 될 수 있다. 조직(여기서는 중간지원조직)이 교육이나 컨설팅을 통한 혁신의 원동력을 제공할 수 있게 되면 시스템화는 끊임없이 진화하면서 더욱 공고해질 수 있다.

제5절 결 론

지역발전의 대안적 논의로 마을단위의 공동체사업의 논의가 활발하게 진행되고 있다. 서울을 포함한 전국의 지방에서 마을만들기와 병행하여 마을공동체사업은 정부실패나 시장실패의 대안으로 주민의 삶의 질 향상이라는 궁극적 목적의 수행을 위해 다각도로 실행되었다. 다양한 형태의 마을공동체사업이 지역의 특성을 반영하여 진행되고 있지만 사업의 지속요인에 대한 체계적인 논의는 다소 미흡하였다. 이 연구는 마을공동체사업의 대표적인 성공사례로 알려진 완주군의 커뮤니티 비즈니스의 사례를 통해 마을공동체사업이 지속하기 위해서는 어떠한 측면들을 고려해야 하는지 심층적인 면담을 통해 분석하였다. 이를 통해 기존 선행연구에서 포착되지 않은 완주군의 경험과 그에 대한 시사점을 도출할 수 있었다. 구체적으로, 주민들 개개인을 고려한 선별적 편익과 함께 즐기고 어울리며 참여할 수 있는 문화활동이나 프로그램의 정치한 설계, 사람 중심의 가치 인식과 지자체의 인식 제고의 구체적인 노력, 그리고 지역자산의 유기적 연계를 통한 시스템화는 마을 단위의 사업의 지속성을 위해서 재고되어야 할 요소들이다. 지역자산접근이 제시하는 개인, 기관, 조직 측면의 자산들 간의 긴밀한 연계를 통한 시스템화가 궁극적으로는 중앙 정부의 지원 중단이나 지자체장의 교체를 통한 정책의 변동과 재정지원의 변화에도 불구하고 공동체사업을 지속하게 하는 근본적 방안으로 논의될 수 있었다.

이상의 논의를 통한 이론적·정책적 함의를 제시하면 다음과 같다. 이론적 측면에서, 첫째, 지역에 내재한 지역자산 또는 역량에 기반을 둔 지역자산접근은 한국적 맥락에서도 지역발전을 위한 유용한 대안적 관점을 제공할 수 있다. 지방자치의 실시로 지방은 비록 제한된 자치권의 범위내지만 지방의 특색을 반영한 다양한 정책을 실험할 수 있다. 지방 내 소재한 특유한 자산의 발굴 및 활용은 지역발전의 시발점이 될 수 있다. 보다 중요한 것은 이와 같은 사업의 지속성이다. 기존 연구들이 넓게는 지역발전 요인, 좁게는 이 연구의 맥락과 같이 마을 단위 공동체사업의 형성 또는 성공요인에 대해 다양한 연구를 진행하였다(한국정책분석평가원, 2011; 김윤호, 2010; 주상현, 2012: 2014; 이자성, 2011; 임정현, 2013; 윤재경, 2014; 전대욱 외, 2012). 하지만 초창기 사업단계를 넘어 공동체사업이 지속하기 위한 요인에 대한 상대적으로 미흡한 실정이었다. 이 연구는 이론적으로 지역자산접근의 유용성과 더불어 인접 지역의 외부적 특성(즉, 지리적 특성)의 고려와 '지역자산 간 연계를 통한 시스템화'가 지역자산접근의 이론적 발전을 위해 추가되어야 함을 지적한다. 우선, 지역 내부의 자산에만 초점을 둔 역량의 발굴과 확대가 아닌 지역 외부의 자산과도 연계하는 이론적 확장이 필요하다. 더불어 지역자산의 단순한 연계가 아닌 시스템화를 통해 마을 단위 공동체사업의 지속성은 더욱 확대될 수 있다.

둘째, 주민참여이론 측면에서 참여동기가 복합적으로 고려되어야 함을 보여준다. 마을공동체의 형성 또는 공동체 목적 및 문제 해결이라는 집합적 가치의 추구만으로는 한국 맥락에서 지적되는 주민참여의 문제에 대한 적실한 대안이 될 수 없음을 보여준다(송용훈 외, 2015). 주민참여는 주민들에게 소득이라는 물질적인 선별적 이익을 간과할 수 없으며, 하지만 이에 대한 지나친 강조는 한편으로 마을 단위 사업이 실패할 수도 있음을 보여주는 딜레마를 담고 있다. 면담자가 지적하였듯이 마을 구성원들이 즐겁게 참여할 수 있는 문화활동이나 프로그램의 가치도 병행되어야 주민참여의 실질적 성과도 높음을 사례분석은 지적하고 있다.

정책적 측면 제언은 개인, 기관, 조직 측면으로 대별할 수 있다. 첫째, 개인자산 측면에서는 개인, 즉 주민들의 참여와 교육을 통한 empowerment가 되도록 해야 한다. 면담결과에서도 나타났듯이 '사람 중심의 가치 지향'을 통해 주민의 의식변화와 주체적 존재로서의 성장이 마을공동체사업이 지속하는 원동력이 됨을 알 수 있다. 둘째, 기관자산 측면에서는 재정적 · 법적 지원의 제도화를 통해 기관 또는 지자체로 하여금 지자체장의 교체와 상관없이 사업이 지속될 수 있는 기반을 마련한다. 셋째, 조직 측면에서는 개인(주민)과 기관(지자체)을 연계하고, 주민의 교육과 사업의 고도화(브랜드화, 판로 개척 등)를 통해 사업의 지속성을 담보한다. 지역자산접근이 제시하는 지역발전의 지속성을 위한 방안이다.

이상의 함의에도 불구하고, 특정 지역의 단일사례를 통해 전국에 걸쳐 진행되고 있는 마을공동체사업에 일반화하기에는 다소 한계가 존재한다. 더불어 민선 6기 새로운 군수가 취임되고서 진행되고 있는 사업의 연속성 및 새로운 사업의 논의와 비교는 진행되지 못한 측면이 있다. 이상의 한계에도 본 연구는 마을 단위 사업이 활발하게 논의되고 있는 현 시점에서 일시적 · 단기적 사업으로 끝나는 것이 아닌 지속성을 위해 요구되는 제도 및 정책설계에 대한 시사점을 제공하는 의의를 지닌다고 할 수 있다.

참고 문헌

김병준(2012). 「한국지방자치론」. 박영사: 서울.

김영수 · 박종안(2009). "한국 커뮤니티 비즈니스의 성공요소에 관한 사례연구: 농촌체험관광마을을 중심으로." 「농촌사회」, 19(2): 167-206.

김윤호(2010). "커뮤니티 비즈니스의 개념정립에 관한 연구." 「한국사회와 행정연구」, 21(1): 275-299.

김재현(2008). "살고싶은 도시만들기와 커뮤니티 비즈니스." 「국토」, 321: 29-35.

김재현 · 태유리 · 이효정 · 임윤정(2013). "커뮤니티 비즈니스 활성화를 위한 중간지원조직의 역할 연구." 한국농촌경제연구원 연구자료, 1-99.

김종수 · 전은호 · 홍성효(2012). "공동체자산기반 접근을 활용한 사회적기업 육성 정책 방향 모색." 「도시행정학보」, 25(2): 71-91.

김태연(2013). "영국 사례를 통한 커뮤니티 비즈니스 개념 정립과 정책적 시사점." 「공간과 사회」, 43: 73-103.

노춘희 · 김일태(2006). 「도시학 개론」. 서울: 형설출판사.

박용규 외(2009). "지역활성화의 새로운 대안: 커뮤니티 비즈니스." CEO Information, 728.

박종민 편(2000). 「한국의 지방정치와 도시권력구조」. 나남출판: 서울.

송용훈 · 김용희 · 정문기(2015). "마을만들기에서 참여동기에 따른 주민참여가 유대감 및 신뢰에 미치는 영향." 「한국행정연구」, 24(4): 1-30.

안영진(2012). "커뮤니티 비즈니스를 통한 지역차원의 일자리 창출." 「현대사회과학연구」, 16: 27-53.

양세훈(2011). "커뮤니티비즈니스 실태분석과 제도화 방안." 안전행정부 발간자료.

완주군(2014). 2014 통계연보.

유재원(2003). 「한국지방정치론」. 박영사: 서울.

윤재경(2014). "지방자치단체의 커뮤니티 비즈니스 사례와 발전방향 고찰 완주군의 마을회

사와 로컬푸드를 중심으로.” 「지방자치연구」, 17, 93-122.
윤지영 · 한승욱 (2014). “지역자산을 기반으로 하는 지역커뮤니티 활성화 방안.” 부산발전연구원.
이민규 외(2013). “지역활성화를 위한 커뮤니티 비즈니스 도입방안.” 「한국콘텐츠학회논문지」, 13(9): 130-142.
이수연(2013). “협력적 거버넌스의 관점에서 본 커뮤니티 비즈니스 정책과정에 관한 연구.” 「한국거버넌스학회보」, 20(2): 149-168.
이영미(2010). “완주서 열린 커뮤니티비즈니스 네트워크의 장, ‘커뮤니티비즈니스 한일포럼’.” 「열린전북」, 12: 68-70.
이왕건 · 박태선 · 박정은 · 류태희 · 이유리(2011). “지역자산 활용형 도시재생 전략에 관한 연구”. 국토연구원.
이자성(2010). “일본 지역공동체 경영을 위한 주민참여와 커뮤니티 비즈니스.” 한국행정학회 학술대회 발표논문집, 6: 1468-1486.
______(2011). “일본 지방정부의 커뮤니티 비즈니스 지원체계 및 현황.” 「경남발전」, 112: 84-95.
이한성 외(2012). “농촌형 커뮤니티 비즈니스 관련사업의 평가.” 한국농촌경제연구원 연구자료 2012-12: 1-113.
이홍택 · 정성훈(2012). “커뮤니티 비즈니스와 지역발전 서울특별시 마포구 성미산마을을 사례로.” 「한국경제지리학회지」, 15(4): 708-720.
임관혁(2014). “어촌지역 커뮤니티 비즈니스 활성화를 위한 탐색적 연구.” 「한국도서연구」, 26(2): 145-160.
임정현(2013). “커뮤니티 비즈니스를 활용한 지역개발사업의 정책설계에 관한 연구.” 「한국사회와 행정연구」, 24(1): 271-292.
전대욱 · 박승규 · 최인수(2012). “지역공동체 주도의 지역발전전략 연구.” 지방행정연구원 연구보고서.
전지훈 · 정문기(2014). “창조도시 형성 조건에 미치는 협동조합 활동의 영향분석: 볼로냐와 퀘벡사례를 중심으로.: 한국정책학회 추계학술발표논문집.
정문기(2009). “지역경제개발의 협력거버넌스.” 「한국행정학보」, 43(3): 229-250.
정문기 · 박성호(2013). “지방역량 제고기제와 효과의 탐색적 연구: 제천 지속가능발전 협의회를 중심으로.” 「한국행정연구」, 22(1): 91-128.
조규원 · 최조순 · 김종수(2011). “커뮤니티 비즈니스의 정책적 정당성.” 「도시행정학보」, 24(1): 263-281.
주상현(2012). “지방자치단체 커뮤니티 비즈니스의 성공요인 분석-완주군 커뮤니티 비즈니스를 중심으로.” 「한국비교정부학보」, 16(3): 291-310.
주상현(2014). “지속가능한 커뮤니티비즈니스 형성요인과 정책과제-완주군 CB 사례를 중심으로.” 「한국자치행정학보」, 28(3): 219-249.

진영환 · 김진범(2010). "도시재생과 커뮤니티 비즈니스-우리나라 커뮤니티 비즈니스 사례와 도시재생사업 활용가능성을 중심으로." 「국토연구」, 65: 181-196.
한상일 · 김경희(2013). "한국 사회적 기업의 지역자산 활용: 자산기반 지역공동체 발전 관점에서의 사회적 기업 활성화 방안 모색." 「지방행정연구」, 27(3): 153-180.
호소우치 노부타카(2007). 지역사회를 건강하게 만드는 커뮤니티비즈니스. 서울: 희망제작소 뿌리총서.

Kretzmann, J. & J. P. McKnight(1993). *Building communities from the inside out* (pp. 2-10). Center for Urban Affairs and Policy Research, Neighborhood Innovations Network.
______(1996). "Assets based community development." *National Civic Review*. 85(4): 23-29.
Markusen, J. & G. Schrock(2006). "The artistic dividend: urban artistic specialization and economic development implications." *Urban Studies*. 43(10). 1661-1686.
McKnight, J.(1995). *The Careless Society: Community and its Counterfeits*. New York: Basic Books.
Olson, Macur(1965). *The Logic of Collective Action*. MS: Harvard University Press.
Peredo & Chrisman(2006). "Toward a theory of community based enterprise." *The Academy of Management Review*, 31(2): 309-328.
Porter, M. E.(2000). "Location, Competition, and Economic Development : Local Clusters in a Global Economy." *Economic Development Quarterly*. 14(1): 15-34.

충남연구원(2011). 커뮤니티비즈니스 방식의 지역재생 플랜-완주군 지역경제순환센터.
통계청(2010). 2010년 도시일반현황.
______(2013). 2013년 도시일반현황.
한국정책분석평가원(2011). "커뮤니티 비즈니스 실태분석과 제도화 방안 연구." 행정안전부 연구보고서.

제 5 장 국민통합정책으로서 마을만들기의 가능성과 한계: 부산시 금정구 희망오차마을을 중심으로[1)2)]

오수길

제 1 절 서 론

국민대통합위원회가 출범한 이후 우리 사회에 산재한 갈등과 분열을 치유하기 위해 다양한 통합정책을 추진해 왔으나 현재의 복잡하고 다양하고 역동적인 문제들을 해결하기 위해서는 관(정부)주도형 통합정책을 넘어 새로운 차원의 대응이 요구되고 있다.

특히 실효성 있는 국민통합정책을 위해서는 시민의식의 전환과 역량 구축을 근저로 하기에 기존의 관(정부)주도형 통합정책 외에 민간주도형 통합정책을 개발하고 전환할 필요가 있다. 국민통합의 성공사례로 회자되는 금모으기 운동, 태안반도 오염제거, 월드컵 응원열기 등은 관(정부) 주도의 하향식 동원기제가 아니라 주민주도의 상향식 동원기제임에 주목할 필요가 있다.

최근 빈발하고 있는 다양한 사회갈등을 해결하고 국민통합을 이뤄내기 위해서는 상호존중과 신뢰, 시민성(civility)의 함양이 근본적인 해결방안이라는 공감대가 형성되고 있다.

1) 이 글의 사례는 2015년 12월 국민대통합위원회의 과제로 제출된 「주민참여형 국민통합정책 모델 개발 연구」의 일부 내용을 수정, 보완한 것이다.

2) 이 논문은 2013년 정부(교육부)의 재원으로 한국연구재단의 지원을 받아 수행된 연구임(NRF-2013S1A3A2055108).

가치의 다원화 시대에 복잡다기한 정책행위자들의 자발적인 참여와 민주적이고 이성적인 토론을 통해 합의를 도출해 냄으로써 갈등을 사전에 예방하고 궁극적으로 국민통합을 이뤄낼 수 있는 새로운 접근법이 필요하다.

국민통합정책의 성공을 위해서는 정책형성(policy formulation)단계에서부터 자발적인 참여를 유도하고, 이에 기초하는 정책집행(policy implementation)수단을 전개하는 방식으로 시민참여를 설계할 필요가 있다.

국민통합을 위한 시민참여의 형태도 '정부3.0 시대'의 비전과 미션에 부응하기 위해서는 정부와 시민 간 지속적인 양 방향 소통 채널의 구축이 필요하며, 이를 위해 정책과정 전반에서 시민참여를 촉진하고 수용할 수 있는 다양한 노력이 새롭게 시도되어야 한다.

박근혜정부가 집권 후반기에 접어들면서 성공적인 국민통합정책을 추진하기 위해서도 장기적으로 활용할 수 있는 새로운 전략과 비전 수립이 필요하다. 따라서 본 연구의 목적은 민간주도형 국민통합정책의 형성절차와 집행방법을 모델화하여 유사정책 추진시 준거자료(reference)로 활용할 수 있도록 제공하는 것이다.

이 연구는 전국에 산재한 국민통합정책사례의 주요 현장에 대한 모니터링을 통해 각 분야별 정책사례를 유형화하는 과정에서 마을만들기 사례의 성공요인과 개선방안을 분석하여 제시하며, 이를 통해 민간이 중심이 되는 주민참여형 국민통합정책의 구조(이슈 및 아젠다 선정절차, 정책대상집단 선정 및 협의절차, 사업 디자인 절차 등)와 전략(동원 및 지원전략)을 도출하는 것을 목적으로 한다.

이는 아래로부터의 자발적 통합운동이 정착·확산될 수 있는 가능성과 계기를 제공할 수 있을 것으로 기대된다. 국민통합정책의 주요 내용으로는 지역축제, 도시재생, 자원봉사, 폐기물관리, 마을만들기, 장소마케팅 등의 분야에서 통합가치와 비전을 조성하기 위한 협력기반 구축방법 등을 강구하는 것이다. 이들 분야별 사례를 선정하고 사례 현장의 모니터링을 통해 주민참여를 유인하고 촉발할 수 있는 통합정책수단 및 통합정책과정을 개발한다면, '주민주도형 국민통합정책'으로 모델화할 수도 있을 것이다.

주민참여의 유형화와 관련해서는 분야별 연구 외에 일반적으로 이론화 작업이 정립된 편이다. 가장 멀게는 Arnstein(1969)이 주민참여의 영향력을 기준으로 비참여(계도단계 / 교정단계), 형식적 참여(정보제공 / 의견수렴 / 유화단계), 실질적 참여(동반자 / 권한위임 / 시민통제) 등 크게 3분류하고 이를 다시 8단계로 세분화 한 '주민참여의 사다리'로 모형화 한 바 있다.

이 밖에 정부와 시민 간 협력 여부를 기준으로 개인이 소극적 또는 적극적으로 참여하는 경우와 집단이 소극적 또는 적극적으로 참여하는 4가지 경우로 나누어 분류한 Percy(1983)의 연구, 그리고 참여의 적극성을 기준으로 수동적 참여와 능동적 참여로 구분한 Zimmerman(1986)의 연구가 고전적인 연구들이다. 여기에서 수동적 참여는 정부가 제공하는 정보를 통하여 공직자와 정책을 판단하는 소극적 태도를 취하는 것을 말하고, 이에 비해 능동적 참여는 주민 스스로 주민총회, 주민투표 등에 적극적으로 참여하는 것을 말한다.

이 글에서는 거버넌스 이론과 국민통합정책 개념에 대한 검토를 통해 '주민참여형 국민통합정책'의 이론적 토대를 제시하고, 부산시 금정구 오차마을의 마을만들기 사례를 중심으로 성공적인 주민참여형 국민통합정책을 위한 단계별 요인을 분석함으로써 새로운 접근방법을 단계적으로 제시하고자 한다.

2015년 국민대통합위원회의 정책사례별 현장탐방과 실태분석은 현장밀착형 국민통합정책의 수립 및 개선방안을 마련하는 데 기여할 수 있는 활동으로 기대를 모았다. 이를 통해 향후 국민통합정책의 수립과정에서 주민들의 자발적인 참여와 시민의식의 고양을 통해 실효적 국민통합을 이뤄낼 수 있는 방안을 제시하고자 했던 것이다. 이는 정부의 실효적 국민통합정책수립과 집행을 위한 주민참여 방식을 유형화하고, 국민통합에 부응하는 정책단계별 체크리스트를 개발하는 데도 기여할 수 있을 것이다. 그렇다면, 국민통합을 위해 중앙행정기관(정부)이나 지자체, 정책대상 집단이나 주민 등이 정책단계별로 어떻게 접근해야 하는지를 구체화하여 제시하게 될 것이다.

한편 국민대통합위원회 활동의 현장성 강화 및 위상 제고를 위한 전형을 창출할 것으로 기대된다. 국민대통합위원회 위원들의 현장밀착형 활동을 위한 토대를 마련하고, '정부3.0 시대'에 부응하는 '주민참여형 국민통합정책 모델'을 개발함으로써 국민대통합위원회의 위상 제고에 기여할 것으로 볼 수 있다.

이러한 과정에서 국민통합정책을 이미 추진한 지역 가운데 몇 개의 사례 지역을 선정하고, 이들 지역에서 추진기관(중앙부처·청 또는 지자체 및 공공기관(정부) 등), 정책대상집단, 전문가 등이 참여하는 정책평가회를 구성해 현장실태 진단 및 정책평가를 실시하였다. 정책평가회는 해당 기관(정부)들의 협조로 현장에서 토론회 방식으로 진행하되 국민대통합위원의 주재로 개최되었으며, 이 글의 사례는 기존 문헌과 현장토론회 및 심층인터뷰를 통해 분석하기로 한다.

제 2 절 이론적 논의

1 협력적 거버넌스

Kjær(2007: 12－13)에 따르면, 거버넌스(governance)란 '게임의 규칙을 설정, 적용, 집행하는 것'이다. 이렇게 볼 때, 결국 어떤 방식으로 '게임'의 안정적인 규칙을 마련할 수 있을까 하는 고민이 거버넌스 이론에 담겨 있다. 행정 차원에서 본다면, 행정의 정통성을 확보한다는 차원에서도 의미가 있을 것이다.

Kjær(2007)는 Scharpf(1997)와 March and Olsen(1995)의 논의에 기대어 이러한 정통성에는 효율성과 민주성이라는 두 가지 측면이 모두 들어 있다고 한다. 즉 정부가 어떤 규칙을 만들어야 어떠한 구체적인 결과를 낼 수 있을까 하는 측면에서 효율성을 고려할 수 있고, 그 규칙에 대한 합의를 어떻게 형성할 것인가 하는 측면에서 민주성을 강조할 수 있다는 것이다.

전자의 경우 정부의 효율성, 생산성 향상, 내부경쟁이나 민간위탁 등 민간 경영기법의 도입과 같은 논의나 방식으로 정부와 행정운영에 반영되어 왔지만, 1970년대 말 이후 신고전주의 내지는 신자유주의의 논리로 주창되다가 행정학에서는 신공공관리론(NPM: New Public Management)의 흐름으로 정립되었다고 할 수 있다.

후자의 경우 개인의 욕구나 자원을 협상과 보상의 논리로 집합적 의사결정에 이를 수 있다는 합리적 모델, 그리고 공무원이나 시민 모두 단지 사익 추구가 아니라 자신의 역할을 담당한다는 통합적 모델이 지속적인 논의의 흐름을 이어오고 있다.

그런데 생산성 향상 등 산출 지향적인 효율성 가치와 집합적 모델 또는 통합적 모델의 민주성 가치는 어느 한쪽이 더 우월하다는 식으로 확정지을 수 없는 성격을 갖고 있다. John et al.(1994)이 강조한 것처럼, 거버넌스는 '누가(who)' 공공서비스 제공과정에 참여할 것인가, 그 활동의 '목적(why)'은 무엇인가, '어떻게(how)' 목적을 달성할 것인가, 그리고 정부활동을 위한 목적, 구조, 재원 등을 '어떻게 확정지을 것인가(whether)' 등의 요소를 모두 고려해야 하기 때문이다.

Kjær(2007)와 같은 맥락에서 '정부활동을 발생시키고 규정하고 가능하게 하는 법률, 행정규칙, 사법적 판정, 실천의 레짐'을 거버넌스라고 정의한 Lynn et al.(2000)의 논의도 이해할 수 있다. Lynn et al.(2000)은 정부성과와 연계하여 정부 활동의 목적과 수단을 거버넌스 개념으로 제시하고 있다.

$$O = f(E, C, T, S, M)$$ [3)]

이 식은 정부활동의 산출(O)이란, '환경요인(E), 고객 특성(C), 처리(T), 구조(S), 관리역할과 행동(M)의 함수'라고 정의한다. 이 식 자체로 보면, '거버넌스'라는 개념이 '협력적 거버넌스'와 바로 동일시 될 수는 없음을 알 수 있다. 즉 행정문제와 사회문제의 환경요인, 여기에 포함되어 있는 이해관계자, 처리방법과 절차의 변화, 구조나 관리의 변화 등에 따라 거버넌스가 달라진다는 것을 의미하는 것이다.

그러므로 사회행위자들의 상호작용이 점점 더 '복잡하고 다양하고 역동적이게 된'(Kooiman, 2003) 현대사회의 특성을 반영하고 이에 대응하여 거버넌스의 전환이 이뤄지고 있는 것으로 보아야 할 것이다. 같은 맥락에서 Newman(2001: 24)도 최근 정부관련 연구들을 바탕으로 '거버넌스의 전환(governance shift)'이 이뤄지고 있음을 아래와 같이 제시하였다.

---

3) O=(산출/결과), 거버넌스 레짐의 최종산물, E=(환경요인), 정치적 구조, 권한의 수준, 경제적 성과, 공급자들 사이의 경쟁 존재 혹은 부재, 자원수준과 의존, 법적 틀, 대상집단의 특성, C=(고객 특성), 고객의 속성, 특성, 행태, T=(처리), 거버넌스 레짐 내 조직의 주요 업무 혹은 핵심과정. 조직의 미션과 목적, 채용과 적격성 기준, 적격성을 결정할 방법, 프로그램 처리나 기법, S=(구조), 조직유형, 거버넌스 레짐 내 조직들의 조정과 통합 수준, 집권화된 통제의 상대적 정도, 기능분화, 행정규칙이나 인센티브, 예산할당, 계약장치나 관계, 제도적 문화와 가치, M=(관리역할과 행동), 리더십 특성, 스탭관리 관계, 의사소통, 의사결정의 방법, 전문성/경력 관심, 모니터링・통제・책무 메커니즘

• 계층제, 경쟁, 연대에서 공공−민간−자원봉사 부문을 아우르는 네트워크, 팀, 파트너십의 등장 등 대안적인 공공서비스 전달 모델로의 이동
• 공공 대 민간, 국가 대 시민사회, 국가 대 국제간 경계가 무뎌짐에 따라 정치, 사회, 경제적 이슈에 대한 책임의 경계도 무뎌지고 있음
• 이슈네트워크와 정책네트워크의 인식과 통치과정으로의 통합
• 전통적인 계층제 방식의 통제와 명령이 '원거리 통치' 방식으로 대체
• 정책도구들이 좀더 성찰적이고 대응적인 것으로 개발
• 정부 역할이 리더십 제공, 파트너십 형성, 방향잡기와 조정, 시스템 전반에 대한 통합과 규제에 초점을 두는 것으로 전환
• 네트워크나 파트너십과 같은 새로운 조정활동에 바탕을 두고 도시와 지역의 자치 강조
• 의사결정이 더 많은 대중의 참여에 의한 것으로 개방되고 있음
• 권한이 복잡하게 얽혀 있거나 파편화 되어 있는 것을 극복하고자 민주적 혁신이 전통적인 민주적 모델에 도전하고 있음
• 공식적인 제도에 한정하지 않고 시민사회와의 관계를 바탕으로 하는 거버넌스에 정부의 초점을 두고 있음

이러한 논의에 비춰보면, 거버넌스는 '협력적 거버넌스'와 동일시 할 때와 같이 현대의 다양하고 복잡하고 역동적인 문제들을 해결하기 위해 사회의 다양한 구성원들이 머리를 맞대야 한다는 규범적인 성격이 한편에 존재한다. 반면에 어떤 방식으로 '전환'된 거버넌스가 효율성 또는 민주성을 제고하는 데 기여하는지를 살펴보는 것은 경험적인 성격을 한편에 갖고 있다.

그렇다면 거버넌스에 대한 이해는 <표 5−1>과 같이 분석적 접근방법과 규범적 접근방법으로 구분해 볼 수 있으며, 사전적인 의미에서 '다스리는(안내하는, 조종하는)(governing) 행동 혹은 방식(the act or manner of governing); 다스리는(안내하는, 조종하는) 임무 혹은 기능(the office or function of governing)'(「옥스포드 사전」(Concise Oxford Dictionary)), '다스린다(안내한다, 조종한다)는 것(to govern)'으로 구분하여 이뤄질 수 있다. 물론 실제에서는 분석적 접근방법과 규범적 접근방법을 종합적으로 고려해야 함은 물론이다.

표 5-1 거버넌스에 대한 접근방법과 의미			
의미 / 접근방법	다스리는 행동이나 방식 (the act or manner)	다스리는 임무나 기능 (the office or function of governing)	다스린다는 것 (to govern)
분석적 접근방법	계층제식, 시장식, 네트워크식 …	환경정책, 운전면허시험관리, 새만금 사업, …	권한부여의 정도 기관의 성격 책임소재 …
규범적 접근방법	좋은/나쁜, 효율적/효과적/협력적 민주적/수직적 …	질서유지적, 성과지향적, 조정허브적, …	대의민주주의, 숙의민주주의, 시민/고객 …

자료: 오수길(2007: 33).

표에서 보는 바와 같이, 분석적 접근방법에서 보면, 어떤 정책이나 사업이 어떤 방식으로 운영될 경우 성공 또는 실패한 것인지, 효율적으로 운영된 것인지 등을 분석할 것이고, 권한부여의 정도, 기관의 성격, 책임 소재 등에 초점을 두게 될 것이다. 반면 규범적 접근방법에서 보면, 가령 '좋은 거버넌스'가 되기 위해서는 어떤 규범을 확립해야 할 것인지, 성과를 향상시키기 위해서는 어떤 원리를 강조해야 할 것인지 등에 초점을 두게 될 것이다.

주민주도형 국민통합정책 모델을 개발하고자 하는 이 연구 역시 두 가지 접근방법을 종합적으로 고려하는 것이라고 할 수 있을 것이다. 즉 한편에서는 국민대통합위원회와 함께 분야별로 선정한 몇 가지 사례들 속에서 어떤 방식과 절차로 진행된 사업이 국민통합에 기여하는 사업으로 성공리에 수행될 수 있었을까를 분석하는 것이다. 그리고 다른 한편에서는 주민주도형 국민통합정책을 이루기 위해서는 어떤 요소들을 강조해야 할지를 모형화 한다는 의미에서 규범적 접근방법도 고려하고 있다고 할 수 있는 것이다.

협력의 과정을 '블랙박스(black box)'라고 한 Thomson and Perry(2006)의 논의에 따르면, [그림 5-1]에서 보는 바와 같이 '거버넌스, 행정, 조직의 자율성, 상호작용, 신뢰와 호혜성의 규범' 등 협력의 과정 차원을 이해하는 것이 필요하다. 협력이 필요했던 협력 이전의 다양한 상황들을 협력의 과정을 통해 협력의 결과물을 얻게 된다는 것이다. 그런데 위에서 살펴본 바와 같이 협력의 과정 역시 진공상태에서 주어지는 것은 아니다.

그림 5-1 협력의 과정과 결과

협력 이전		과 정		결 과
○ 높은 수준의 상호의존성 ○ 자원과 위험의 분담 필요성 ○ 자원 부족 ○ 협력 노력의 역사 ○ 서로가 필요로 하는 자원을 각 파트너가 갖고 있는 상황 ○ 복잡한 이슈	→	▶ 거버넌스 ▶ 행정 ▶ 조직의 자율성 ▶ 상호작용 ▶ 신뢰와 호혜성의 규범	→	○ 목표의 달성 ○ 조직 간 수단적 거래가 밀접한 사회적 관계로 전환 ○ "새로운 가치를 위한 파트너십"의 창출이 자원을 극대화 할 역량을 마련 ○ 제도적 공급, 관여, 모니터링의 문제를 해결할 자치적 집합행동

자료: Thomson and Perry(2006: 21).

미국의 재난대응에 대해 연구한 배재현・양세진(2009)에 따르면, 협력적 거버넌스를 설계하는 데는 공공가치의 강조, 다양한 자원과 수단의 활용, 적절한 파트너의 선택, 적절한 네트워크 형태의 결정, 적절한 네트워크 통합자의 선택이 필요하다. 또한 협력적 거버넌스를 관리하는 데는 의사소통채널의 구축, 업무의 조정, 관계 구축, 책무성 확보 등이 요구된다.

사실 다양한 거버넌스 지표들이 존재하지만,[4] 많은 선행연구들이 제시하는 협력적 거버넌스의 작동원리나 성공요인은 전반적으로 큰 차이가 없어 보인다. 앞에서 논의한 바와 같이 협력적 거버넌스 역시 한편으로는 분석적 접근방법으로, 다른 한편으로는 규범적 접근방법으로 파악할 것이기 때문이라고 할 수 있다. 즉 기존의 이론과 분석에 따라 실제 협력적 거버넌스의 '협력'을 분석하는 의미, 그리고 협력적 거버넌스가 잘 작동되기 위해서는 어떤 요인들이 강조되어야 하는가 하는 규범적인 제시들이 가능하다는 것이다.

정부가 어떤 거버넌스 모델을 선택할 것인지는 <표 5-2>와 같은 요인들에

4) 가령 세계은행은 세계거버넌스지표(WGIs: World Governance Indicators)를 통해 전 세계 각국의 거버넌스를 평가해 왔는 데, 여기에는 참여와 책임성, 정치안정과 폭력부재, 정부의 효과성, 규제의 질, 법의 지배, 부패의 통제 등이 포함된다.

표 5-2 정부의 거버넌스 모형 선택을 결정하는 요인들

네트워크 모형에 유리한 요인	계층제 모형에 유리한 요인
– 유연성 필요 – 고객에 대한 차별적인 대응 필요 – 다양한 기술 필요 – 잠재적으로 가용한 다수 민간부문의 존재 – 바람직한 결과나 산출이 분명함 – 민간부문이 기술 격차를 채워줄 수 있음 – 민간부문의 자산을 차입하는 것이 중요함 – 파트너들이 높은 확산력과 신용을 갖고 있음 – 다수의 서비스가 동일한 고객에 관계됨 – 제3자가 정부보다 낮은 비용으로 서비스를 전달하거나 목표를 달성할 수 있음 – 급속히 변화하는 기술 – 다양한 수준의 정부가 서비스를 제공 – 다양한 기관이 동일한 기능을 활용하거나 필요로 함	– 안정성 선호 – 균일하고 규칙에 따른 대응 필요 – 한 가지의 전문적인 기술만이 필요 – 정부가 유력한 공급자임 – 결과가 애매함 – 정부가 필요한 경험을 갖고 있음 – 외부역량은 중요하지 않음 – 정부가 관련 분야의 시민들을 경험함 – 서비스가 상대적으로 독립적임 – 내부의 전달이 더 경제적임 – 서비스가 기술 변화의 영향을 받지 않음 – 단일수준의 정부가 서비스를 제공 – 단일기관이 동일한 기능을 활용하거나 필요로 함

자료: Goldsmith and Eggers(2014: 92).

표 5-3 경쟁과 협력의 관계 네트워크 작동을 결정하는 요인들

좋은 파트너십을 구축하는 요인	파트너십을 붕괴시키는 요인
– 파트너들이 별개의 기능을 갖고 있음	– 파트너–경쟁자들이 상당 부분 동일한 기능을 수행
– 파트너들이 경쟁하는 사업 외부에 협력의 영역이 존재	– 각 파트너의 사업 핵심에 협력 영역이 존재
– 자료 공유나 가시성에 대한 최소한의 제약	– 엄격하게 합의한 계약 하에서 신중하고 협소하게 자료를 공유
– 각 회사의 책임을 맡은 사람들은 고용주들이 직접적으로는 경쟁하지 않는 영역에서 선발	– 각 회사의 책임을 맡은 사람들이 직접적으로 경쟁해옴
– 파트너들이 공개된 컴퓨터 시스템 구성을 활용	– 개별 파트너가 독점적인 시스템이나 방법을 활용
– 비용과 가격에 대한 자료가 무료로, 그리고 지속적으로 공유	– 한쪽 파트너만이 가격책정을 정확히 이해하여 원활한 변화를 위한 기회가 강조
– 파트너들이 현재의 과업에 참여하여 얻은 지식을 활용하여 다시 서로 경쟁하지는 않음	– 독점적인 정보가 공유된다면 향후 유사한 조달 경쟁에서 서로에게 불이익을 줄 것임

자료: Goldsmith and Eggers(2014: 171).

의해 결정된다. Goldsmith and Eggers(2014)의 논리에 따르면, 개별정책의 사례별로 협력적 거버넌스의 필요성이 다르고 따라서 구체적인 형태도 달리 나타날 수 있음을 알 수 있다.

그들은 또한 경쟁과 협력의 관계 네트워크가 작동될 수 있도록 하는 결정요인들을 <표 5-3>과 같이 정리하고 있다. 즉 좋은 파트너십을 구축하는 요인과 파트너십을 붕괴시키는 요인이 존재할 수 있고, 좋은 파트너십을 유지하기 위해서는 중요한 공공의 가치에 따르고, 기존의 협소한 시각을 버리며 바람직한 결과를 위해 협력적 거버넌스를 설계해야 한다는 것이다.

2 국민통합정책

위에서 살펴본 바와 같이 협력적 거버넌스의 작동원리나 구성요소 내지는 성공요인들은 지속적으로 연구되고 있다. 이에 따라 이러한 작동원리나 구성요소 또는 성공요인들이 주민주도형 국민통합정책에서는 어떻게 이해되고 여기에 어떻게 적용될 수 있을지를 분석해보는 것이 큰 의미가 있다 할 것이다.

국민통합이란 "소통과 공감 등 국민통합문화의 기반 위에 지속가능하고 상생적인 국가발전을 향해 국민 모두의 역량을 모아 국민 개개인의 행복으로 이어지는 선순환을 위한 노력"(국민대통합위원회, 2014: 3)으로 정의된다.

이러한 국민통합의 필요성에 대해서는 여러 가지 근거를 들 수 있겠지만, 크게 다음 세 가지로 정리할 수 있다(국민대통합위원회, 2014: 9).

첫째, 경제성장으로, 이는 국민대통합을 통하여 사회적 신뢰(trust)를 형성하고 이를 통하여 거래비용을 낮추고, 경제적 효율성을 제고하여 경제성장의 기틀을 마련한다는 것이다.

둘째, 정책효과를 제고하는 것으로, 국민 간 통합을 추진하여 갈등을 해소하고 생산적인 결과를 도출하여 각종 정부정책에 대한 수용성을 높일 수 있다는 것이다.

셋째, 통일을 위한 선결과제라는 것이다. 남북통일에 앞서 남남통합을 이루어야 하며, 이는 추후 남북통일 이후에 통일비용을 줄이고 통일 이후의 갈등을 최소화하는 방안이기도 하다.

20세기 정부실패의 가장 큰 원인으로 지속되는 것은 정부신뢰의 하락에 관한 것이다. 정부의 불합리한 권력 행사, 정부정책과 서비스의 비효과성 및 비효율성,

정부와 시민 사이의 갭 등(Berman, 1997; King & Stivers, 1998)으로 인하여 정부신뢰의 위기를 가져온 것으로 진단(Putnam, 2000)된다.

이에 따라 정부신뢰를 회복하고 정부실패를 예방하기 위해 정부와 시민사회 간 파트너십의 강화가 필요하다고 할 수 있다. 정부와 시민사회 간 파트너십은 정부와 시민의 관계를 수직적 관계가 아니라 수평적 관계로 전환하여 상호 신뢰관계 형성에 도움이 될 수 있을 것이다.

국민통합정책은 지속적이고 내생적인 통합동인을 확보해야 한다. 국민통합이 일회성이 아닌 지속적이고 장기적인 통합이 되기 위해서는 통합작용의 힘이 주민의 참여와 주민 간 관계의 속성에서 도출될 필요가 있다. 사회적인 변화와 거버넌스의 여건 변화는 국가 또는 정부주도의 통합에 많은 한계점으로 작용하고 있는 실정이다. 지속적이고 내생적인 통합의 동인이 부족하다는 것이다.

OECD 사회통합지표(2001~2014), EU 사회통합지표(2005), UN ECLAC(라틴아메리카 경제위원회) 사회통합지수(2007; 2010), 사회통합위원회 사회통합지표(2010), 경제인문사회연구회의 통합사회지표(2010), 지역사회통합지수(2011) 등을 검토, 종합하여 국민통합지표를 개발한 조병구 외(2015)의 연구에 따르면, 국민통합지표는 사회영역을 중심으로 경제와 제도영역의 교점을 포함하여 체계를 구축할 수 있다.

이 연구에서 사회포용지표는 기회균등, 형평, 안전 등을 포함하고 있고, 사회자본지표는 관용, 신뢰, 참여를 포함하고 있으며, 제도기반지표는 자유, 법질서, 정부역량, 사회복지, 글로벌 기여 등을 포함하고 있다. 특히 이 가운데 사회자본지표는 대인관용, 다문화관용, 대인신뢰, 대기관신뢰, 사회참여, 정치참여, 기부 등의 위지표들을 포함하고 있다.

이 연구를 통해 국민통합정책에서는 지속적이고 통합적인 동인으로서 사회자본이 중요하고, 이 가운데 핵심이 되는 요소는 관용과 신뢰 외에 참여임을 알 수 있다. 그러므로 국민통합을 위해서는 주민의 능동적 참여가 필요하다. 미래 국민통합의 성공은 능동적인 주민참여가 관건이 된다. '능동적 참여'는 OECD 차원에서 정부-시민의 관계를 모색하는 가장 최신의 영역이라 할 수 있다.

'능동적 참여'는 시민들이 토의하고 정책방안을 생산하는 자율적 역량을 인정하며, 정부가 의제설정단계에서부터 시민과 정책형성과정을 공유하고, 공동의 대안 모색을 통해 정책결정을 하는 것을 의미한다. 뿐만 아니라 주민 스스로 지역사회의 발전과 문제해결을 주도하고 정부는 촉진자 역할에 한정하게 된다.

이처럼 능동적 참여는 국민통합의 전제조건이 될 수 있다. 주민들의 적극적이고 능동적인 참여 없는 국민통합은 사상누각이 될 수 있기 때문이다. 가장 큰 이유는 주민의 참여가 없는 국민통합의 주체는 국가나 정부에 한정될 가능성이 높으며, 현대사회에서 일컬어지고 있는 정부 신뢰의 저하는 통합 자체가 일시적이고 인위적인 성과에 그칠 수 있기 때문이다.

능동적 주민참여의 대두 배경

첫째, 모든 국가들이 당면하는 거버넌스 도전은 사회의 모든 자원(인적 자본, 정책 아이디어)의 동원을 요구

둘째, 시민들은 자신들의 삶에 영향을 미치는 정책에 대한 자신들의 목소리가 반영될 것을 요청

셋째, 정부의 역할은 점차 개인 시민들과 단체들이 시장과 시민사회에서 자신들의 활동과 관계를 조직하는 준거틀을 마련해주는 역할로 전환 중

한편 능동적인 주민참여를 이끌어내기 위해서는 중간지원조직의 역할이 중요하다. 중간지원조직의 주요 기능은 다양하지만 다음과 같이 요약, 정리될 수 있다.

① 지역사회에 대한 정보의 제공: 주민주도로 시작되는 협력사업의 경우에는 주민들의 공감대는 형성될 수 있지만, 그 이후 단계에 대한 이해가 부족할 수 있다. 이에 대한 지원이 필요한 것이다.

② 지역사회 리더 발굴과 육성: 지역사회에는 지역사회를 이끌고 방향을 제시할 수 있는 지도자가 필요하며, 중간지원조직은 이러한 지도자뿐 아니라 지역사회 구성원에 대한 교육기능을 수행할 수 있다.

③ 전문적인 지원: 중간지원조직은 공동체 운영, 회계, 세무 등 전문 컨설팅을 지원할 수 있다.

④ 지역 내 지역 간 연계협력 지원: 중간지원조직은 한 지역에만 국한하여 활동하는 것이 아니므로 지역 내 또는 지역 간 다양한 연계를 통해 서로의 정보를 공유할 수 있게 하고 협력할 수 있도록 지원한다.

⑤ 시설제공: 중간지원조직은 지역사회에 지원시설의 운영 및 장소, 비품 등을 제공할 수 있다.

⑥ 독자적인 사업: 중간지원조직도 독자적인 수익사업을 통하여 정부의존성을 낮추려고 노력할 수 있다.

[그림 5-2]는 이러한 중간지원기관의 역할과 기능을 잘 보여주고 있다.

그림 5-2 중간지원기관의 역할

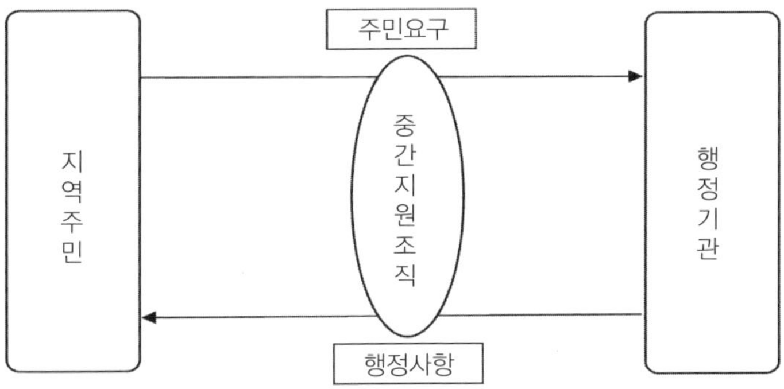

자료: 한국지방행정연구원(2013: 130).

3 마을만들기

마을만들기는 일본의 '마치즈꾸리'가 우리나라에 소개되는 과정에서 정착된 용어로서 "주민 스스로 지자체와 협력하여 삶의 터전을 만들고 가꾸어 나가는 구체적이고 실질적인 운동으로서 지역주민들의 참여와 지자체와의 협력, 그리고 지역성과 지속가능성의 고려가 중요한 요소"(김세용 외, 2013: 3-4)가 된다.

우리나라의 마을만들기는 1990년대 이후 '걷고 싶은 서울 만들기', '차 없는 거리 조성', '꽃길 골목 가꾸기', '담장허물기' 등으로 시작되었고, 2000년대 들어서는 기초지방자치단체들이 주도하는 정책으로 확대되었다. 2000년대 들어서는 기초지방자치단체들이 주도하기 시작했고, 각종 계획에 포함되기도 했다(김세용 외, 2013: 4).

현재는 좀더 다양한 형태로 진행되고 있는 데, 사업주체에 따라 구분해 보면, 공공지원형, 민간주도형, 공공교육형, 공공계획형 등으로 구분할 수 있다(김세용 외, 2013: 5).

공공지원형은 행정안전부 그린마을이나 국토해양부 살고싶은 마을만들기 등 중앙행정기관의 공모사업에 의한 경우이다. 민간주도형은 통영시 동피랑 벽화마을이나 서울시 인사동 가꾸기와 같은 경우이다. 공공교육형은 국토해양부 도시대학이나 서울시 성북구 도시아카데미와 같은 경우이다. 공공계획형은 전주시 한옥마을이나 서울시 북촌한옥마을과 같은 경우이다.

마을만들기는 관주도형이 많아진 만큼 관에 의존하는 방식으로 왜곡되는 형태도 존재한다. 이러한 방식은 마을만들기의 주체 세력을 만들지 못하고 몇 가지 사업의 결과물만을 남길 수도 있는 데, 부산시 희망오차마을 사례는 중간지원조직의 역할과 함께 주민주도성이 돋보이는 사례라 할 수 있다.

마을만들기는 도시재생의 논의와도 맞물릴 수 있는 데, 부산시 희망오차마을 사례는 특히 그렇다. 일반적으로 도시재개발은 토지이용도를 제고하고 노후된 물리적 환경을 정비하는 데 목표를 두고 있고, 토지소유자와 주민조합 주도의 사업단위 개발이다. 반면, 도시재생은 쇠퇴한 도시의 물리적 환경을 개선하는 것 외에도 경제적 재생과 사회적 재생에 비중을 두고, 지방자치단체와 공공기관, 비영리단체와 민간개발자, 그리고 토지소유자 간의 네트워크에 의한 개발이라 할 수 있다(권정주 외, 2012: 326).

그러므로 도시재생에서는 특히 다양한 이해관계가 심층적으로 결합되어 있어 갈등이 잠재적으로 내재되어 있고, 갈등당사자 간의 합의와 의사결정이 가능한 거버넌스 구조가 요구되기 마련이다. 권정주 외(2012)의 연구에 따르면, 도시재생과정의 의사결정에 필요한 참여주체의 참여 필요수준 평균은 지역주민(95%), 연구진(86%)과 지역전문가(73%), 그리고 지방자치단체(44%), 시의회(36%) 순인 것으로 나타났다.

도시재생이라는 용어가 1990년대 말 이후 외생적으로 서구에서 도입되었기에 개념적 범위를 이해하는 것이 중요하다고 강조한 김혜천(2013)은 도시재생의 개념에 물리적 환경의 개선(노후화된 시설의 개선), 경제회생(일자리 창출과 지역상권의 부활), 그리고 도시활력의 증진(지역사회 복원과 주민참여 활성화) 등을 종합적으로 포함하고 있다.

서구 역사를 통해서 볼 때, 1950년대 전후 도시재건(물리적 환경개선)(urban reconstruction), 60년대 도시회생(urban revitalization), 70년대 전면재개발(urban renewal), 80년대 도시재개발(urban redevelopment), 그리고 90년대 들어 도시재생(urban regeneration)의 흐름을 이해할 수 있다. 90년대 이후 지역경제, 환경, 사회복지 향상 등을 통해 삶의 질을 향상시키고 도시경쟁력을 확보하고자 한 것이다.

부산시 희망오차마을 사례가 본격적인 도시재개발 또는 도시재생과 관련된 사례는 아니지만, 행정의 일방적인 개발논리와 정책논리에 의한 것이 아니라 주민참여와 민관협력에 의한 마을만들기를 통해 마을의 변화와 지역발전을 도모한 사례로서 의미 있다 할 것이다.

4 분석의 틀

이 연구에서는 주민참여형 국민통합 모델 개발이라는 연구의 목적에 부합하는 연구방법과 분석 틀을 만들어서 접근하고자 한다.

연구의 분석 틀에 대해서는 크게 세 가지로 구분하여 접근할 수 있다.

첫째, 협력과 통합의 발전 단계로 구분하는 것이다. 먼저 협력이 형성되는 시기의 주체 형성, 그리고 발전과정에서 다양한 행위자간 네트워크를 분석하고, 마지막으로 이러한 변화의 과정 속에서 나타나는 특징을 살펴보는 것이다.

둘째, 초기 주도집단에 따라 구분해 보는 것이다. 관(정부)주도, 민간(주민)주도, 민관협력형이라는 세 가지 모형을 중심으로 구체적인 사례들이 어떠한 접근방법으로 추진되었는지를 고찰할 수 있다.

셋째, 위의 두 가지 시각에서 보다 구체적으로 각 행위자들이 사업의 추진과정에서 어떠한 갈등과 협력의 모습을 보였는지를 고찰하는 것이다.

[그림 5-3]은 연구의 분석틀을 나타낸 것이다. 그림에서 보는 바와 같이 이 연구는 몇 가지 대표적인 분야별 사례에서 사업이 추진되는 과정에 대해 주도적인 집단의 역할, 그리고 행위자들 간의 협력과 갈등 등을 중심으로 분석하고자 한다.

그림 5-3 연구의 분석 틀

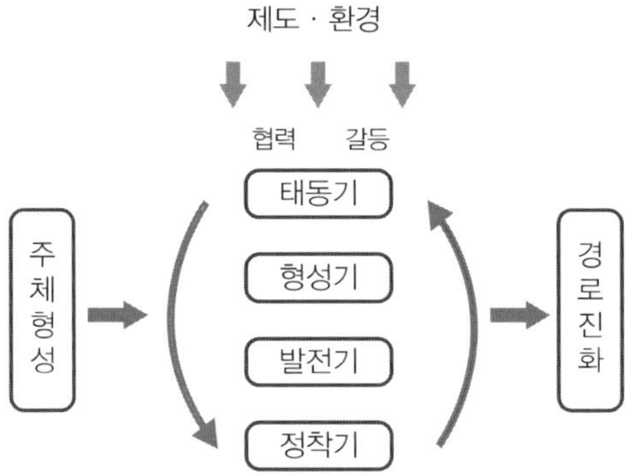

그런데 이 연구를 위해서는 각 사업이 구체적으로 생성-진화-발전하는 과정을 포착해야 한다. 그림에서 보는 바와 같이 각 사례는 태동기, 형성기, 발전기, 정착기를 거쳐 사업의 경로가 진화될 것이다. 이를 위해 이 연구는 현장방문 토론회를 기획한 것이고, 연구를 위해 국민통합위원회 또는 행정자치부 등에 우수사례로 선정된 국민통합정책 관련 우수사례들에 대한 조사를 진행하고자 한 것이다.

지역축제, 도시재생, 자원봉사, 갈등관리, 마을만들기, 장소마케팅 등의 분야는 최근 한국 사회에서 가장 중심적인 협력 또는 갈등사례를 많이 보이고 있는 것으로, 주로 성공사례가 많이 소개되고 있기는 하지만, 이러한 연구들에서도 성공요인과 한계요인들이 제시되어 왔다. 이 연구에서는 주민주도형 국민통합정책 모델 개발이라는 관점에서 부산시 희망오차마을에서 이뤄졌던 마을만들기 사례의 성공요인과 한계점 내지는 시사점을 도출하고자 한다.

제 3 절 사례분석

1 사례 개요

오차마을은 부산시 금정구 서1동 서동삼한아파트 아래쪽에 있는 대지 면적 50㎡ 이하의 단독주택이 밀집되어 있는 곳이다. 1968년 영주동과 충무동 고지대에서 현재의 정책이주지역으로 이주한 철거민들이 살아온 곳이며, 5번째로 이주하였다고 하여 오차마을이라는 이름이 붙게 되었다.

희망오차마을은 작은 단독주택이 밀집되어 있는 부산의 대표적인 저소득층 밀집지역으로서 주차장, 도로, 공원 등 기반시설이나 주거환경이 열악한 편이다. 인구 1,776명 중 취약계층이 468명으로 26.3%를 차지하고 있다. 더욱이 인근 금사공단의 쇠퇴로 전체 인구가 감소하고, 고령층과 취약계층 인구가 증가하면서 마을 전체가 슬럼화 위기에 처했다.

희망오차마을의 주민 대부분은 일용직 근로자 또는 중소기업 종사원 등으로 일하고 있다. 희망오차마을공동체 회원 대부분은 마을에서 10년 이상 거주한 주민들로서 마을의 현안을 정확히 파악할 수 있어 주민들이 관심을 가질 만한 일들을 수행할 수 있었다.

희망오차마을공동체는 주민들이 이미 지역활동 경험을 갖고 있었다는 것이 특징이다. 본래 '오차로를 사랑하는 주민모임(오사모)'이라는 모임이 있었고, 주민조직가가 주민들을 만나면서 주민들이 모임 경험이 있음을 알았고 그 활동을 다시 이어갈 계기를 마련해 준 것이다. 초기에 적극적으로 의견을 나눴던 사람들이 오사모의 사람들이었던 것이다.

현재 2차적으로 이사 온 사람이 30~40년 되는 상황이다. 지역이 뉴타운사업으로 정체되어 있어 유니세프와 협력도시 협력마을로 아동도서관을 만들었다. 내년쯤에는 유니세프 아동친화시설을 만들기 위해 추진하고 있다. 다문화가정도 이사해온 경우도 있다. 서동예술창작센터를 만들어서 전시를 하고 도서관으로 활용하며 그 지역의 다양한 문화행사(골목길 문화행사, 길거리 책읽기, 길거리 오케스트

라) 등을 하고 있어, 젊은이 유입을 기대하고 있다.

2 문제의 특성과 초기 해결과정

이 사업은 15년 전 주민 7~8명이 매주 일요일 동네청소를 하는 모임을 결성하여 자원봉사를 추진해왔던 데서 비롯되었다고 할 수 있다.

사람들이 떠나기 시작하면서 '우리라도 마을을 지키자'라며 시작된 일요청소모임 오사모가 마을 청소봉사활동을 해오다가 동장이 바뀐 뒤 동주민센터에서 쓰레기봉투를 지원하던 것이 중단되어 청소봉사활동도 중단되었다. 동네는 다시 지지분해졌는 데, 그러던 중 이런 이슈를 발견한 주민조직가가 "쓰레기봉투를 지원받으면 청소를 재개할 수 있을까요?"라고 제안하면서 희망오차마을공동체 활동이 시작된 것이라 할 수 있다.

이러한 분위기는 다음과 같은 인터뷰 내용을 통해서도 이해할 수 있다.

> "마을에 조금이나마 활력을 불어 넣고 소소하게 주민들끼리 모임을 가지면서 친목도 도모하자는 소박한 취지에서 자연스럽게 시작된 모임이었어요. 그런데 하다 보니 사람들 마음이 잘 맞아 오랜 세월에 걸쳐 지금까지 이어지게 되었습니다."
> (대통령소속 국민대통합위원회 블로그, http://pcnc11.blog.me/220542637915)

희망오차마을공동체는 2009년도부터 부산사회복지공동모금회가 지역역량 강화 지원사업을 통해 마을만들기를 지원해오던 중 주민조직가 기초 및 심화과정에 참여했던 G종합사회복지관 이○○ 사회복지사가 2010년 주민조직화 활동을 시작하면서 비롯되었다. 특히 주민들의 새벽 배드민턴 모임에 이 주민조직가가 참여하면서 유대관계를 맺은 것이 결정적인 요인이 되었다. 또한 이 활동가는 잠재적 주민지도자인 택시운전기사와의 관계를 형성하기 위해 일부러라도 택시를 많이 이용할 정도였다(홍재봉, 2015: 56, 62).

2011년 부산시 금정구청에서는 마을의 방범 시스템을 정비하기 위해 CCTV 설치 지원사업을 펼치고 있었고, 이를 계기로 주민들이 뜻을 모으고 논의를 본격화했다.

> "마을 주민들이 모여서 CCTV를 어디에 먼저 설치해야 하는지, 어떤 곳이 더 위험한지 등 구체적인 의견을 서로 교환하는 자리가 많아졌죠. 그러다 보니 마을 주민들 간의 만남도 잦아지고, 주민들 스스로 마을의 살림살이를 이끌어가는 보람도 자연스럽게 깨닫게 되었습니다."
>
> (대통령소속 국민대통합위원회 블로그, http://pcnc11.blog.me/220542637915)

2월 쓰레기 불법투기 문제를 공유한 주민들이 CCTV 설치에 관심을 가지고 모임을 시작했으며, 이들이 지역봉사활동을 지속하기 위해 2011년 6월 15명의 회원으로 '새동네만들기 추진위원회'라는 모임의 창립총회를 열어 회장, 총무, 운영위원 등을 구성하였다. 현재는 방범대장, 교육활동팀장, 봉사활동팀장, 환경활동팀장, 지역사회팀장, 일자리팀장, 홍보활동팀장, 그리고 자문위원, 고문, 추진위원회, 지도위원 등을 두고 있다.

이후 새동네만들기 추진위원회는 지역 내 어르신 식사대접, 장애인 세대 식사배달, 매월 셋째 주 일요일 새벽 골목길 청소, 마을 환경정화활동, 구월산 환경정화활동, 쉼터 및 체육시설 조성, 재활용품 모으기를 통한 일자리 창출, 태극기 게양, 방범활동 등을 펼쳤고, 참여 주민도 늘어났다.

2012년에는 G종합사회복지관의 조직 컨설팅을 받고, 2013년 1월 정기총회에서 '희망오차마을공동체'로 조직 명칭을 변경하였고, 부산사회복지공동모금회의 지원 이후에도 자체 사업비를 마련하여 활동하고 있고, 현재 주민 110명을 회원으로 두고 있다.

조직컨설팅을 받으면서, 주민들은 공동모금회가 주최하는 주민교육이나 사례발표회에 적극적으로 참여했고, 예산범위 안에서 선진지 견학도 했다. 조직컨설팅을 통해 '희망오차마을공동체'로 이름을 바꾸고 임원 구성과 방향 설정을 할 수 있었고, 비영리민간단체 등록도 진행하였다. 주민교육을 통해서는 활동방향을 설정하고 주민의견을 수렴하는 계기가 되었다.

조직구성은 [그림 5-4]와 같다.

그림 5-4 부산시 희망오차마을공동체의 조직구성

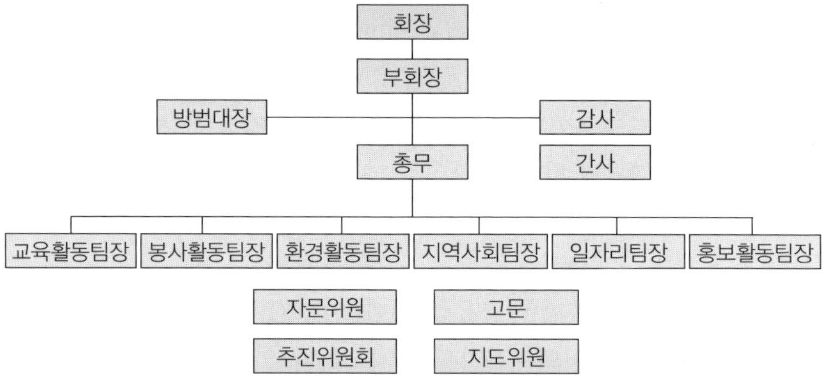

자료: 내부 발표 자료.

2014년 들어 부산시 마을공동체 역량강화 사업에 선정되면서 1,520만 원(시비 1,380만 원, 자비 140만 원)의 예산으로 주민들은 우편함 정비, 전신주 환경정비, 벽화 그리기, 어르신 목욕 및 문화활동, 마을 안내판 설치, 역량강화 교육 및 견학, 홀로어르신 식사대접활동, 장애인 문화관광 체험 등의 사업들을 펼쳤다.

2014년 9월 안전행정부 공모사업에 신청하여 선정된 '서동 커뮤니티센터' 건립 추진사업은 연면적 169㎡로서 기존 빈집을 집주인의 허락을 받아 어르신 쉼터, 회의실 및 공동작업장, 주민소통 공간 등으로 조성하고 있다.

2014년도의 주요 역량 강화사업은 다음과 같다.

- 주민역량 강화교육: 리더십과 회의진행방법 등 3회
- 공동체 우수마을 선진지 견학: 감천문화마을 등 4개소
- 가정집 우편함 달기: 빨간우편함 200개소 설치
- 골목길 전신주 환경정비 : 불법벽보 방지망 24개 설치
- 마을 벽화 그리기: 사무실 및 주택 5개 벽면
- 조기청소 활동: 16회(매월 셋째 주 일요일)
- 청소년 선도 및 방범활동: 30회(매월 2, 4주 토요일)
- 마을 안내도 설치: 1개소
- 봉사단체와 연계 경로잔치 및 이·미용봉사: 수영로교회

• 홀로어르신 목욕봉사, 장애인 식사배달, 홀로어르신 병문안 등
• 희망오차마을 방문: 포항시 청림동 마을만들기 등 4개 단체

마을의 요구에 의해 지자체가 추진하고 있는 사업은 다음과 같다.
• 서동 304－1번지 일원 석축보강: L＝23m
• 서동 304－1번지 일원 화단조성: A＝230㎡, L＝60m
• 범죄예방용 CCTV설치: 서명초등학교 앞 등 3개소
• 불법주차방지 중앙분리대 설치: 1개소
• 불량전기선 제거: 2개소
• 교통신호 개선: 1개소

서동 커뮤니티센터 건립은 다음과 같이 추진되고 있다.
• 행정자치부 공모사업: 2014년 9월 신청 선정
• 대상지: 서동로 100번길~118번길 일원 중 1곳 선정
• 예상규모 연면적 169㎡
  · 1층: 어르신 쉼터(할아버지, 할머니 쉼터)
  · 2층: 회의실 및 공동작업장
  · 3층: 주민소통 공간
• 2014. 11. 17~12. 31 특교세, 시비보조금 및 구비반영
• 2015. 1. 1~3. 31 대상후보지 9군데 선정
• 2015. 4. 1~4. 17 대상후보지 9군데 감정평가 실시
• 2015. 4. 17~4. 30 사업예정지 토지 및 건물 협의매수

주민들이 제시한 이 커뮤니티센터의 기대효과는 [그림 5－5]와 같이 나타낼 수 있다.

모임에서는 그 간의 활동성과를 다음과 같이 들고 있다.
• 행복과 정이 넘치는 희망마을 조성 및 지역공동체 활성화에 기여
• 침체되어 가는 이 지역에 각종 환경정비사업을 추진하여 깨끗하고 정돈된 마을 조성으로 주민들이 편안하게 거닐 수 있는 마을 조성

그림 5-5 서동 커뮤니티센터 건립의 기대효과

세대간 공감 커뮤니티 센터 조성

지역주민들이 모여 마을 발전을 위해 협의할 수 있는 공간이 조성

- 다양한 사업발굴로 지역발전을 앞당겨 주민의 삶의 질 향상에 기여
- 더욱 더 많은 주민들이 공동체에 참여하여 공동체 활성화

↓

유사한 인근 지역에도 주민 자생적으로 공동체가 형성

서동지역 인구 유입 및 지역경제 활성화에 기여

자료: 내부 발표 자료.

- 주민의식개혁사업 추진으로 지역주민들이 적극적으로 동참하여 다양한 사업을 추진하면 우리 마을도 인정 넘치고 살기좋은 마을로 만들 수 있다는 자신감 고취

또한 기대효과와 시사점을 다음과 같이 제시하고 있다.

- 지역공동체 활성화 및 지역경제 살리기 등에 기여
- 희망오차마을공동체의 다양한 활동으로 주거환경이 개선되고 각종 봉사활동으로 주민들의 인식이 전환되어 지역발전에 대한 주민들의 관심과 참여가 증가할 것임.
- 희망오차마을공동체가 다양한 활동을 통해 지역발전에 기여하면 이와 유사한 인근 지역에도 주민 자생적으로 공동체가 형성되어 마을 가꾸기에 앞장섬으로써 날로 쇠퇴하여 가는 서동 지역에 인구가 유입되고 지역경제 활성화에도 기여할 것임.

3 협력의 진화과정

자발적인 회비로 시작했다는 게 큰 의미이고, 남자들만 청소하다가 쓰레기를

버릴 데가 없었는 데, 셋째 일요일마다 청소를 하고 한 달에 5,000원씩 모으고 계란도 팔고 재활용품도 팔고 독거노인들에게 석 달마다 한 번씩 밥도 해주었다. 계란부터 폐기물 등을 자발적으로 판매해 왔다.

우편함을 정비하거나 전신주 환경정비, 마을 안내도 설치를 할 때도 주민들의 회의를 거쳐 우편함 종류 선정과 설치 장소에 대한 논의를 실시하였고, 이를 통해 주거환경개선과 주민 간 일체감 조성에 기여하였다. 우리 동네 목공소, 금정구복지관과의 네트워크를 통해 마을 벽화를 그릴 때는 회의를 거쳐 벽화의 컨셉을 결정하고, 주민들이 직접 벽화 밑작업에 나섰으며, 점심식사를 준비하는 등 하나의 축제로 만들었다.

매월 2, 4주 토요일 방범활동을 수행할 때는 방범대장의 연락을 통해 주민들이 자발적으로 마을 방범활동에 나섰고, 매월 3주 일요일 조기청소를 수행할 때는 청소 후 아침식사로 유대감을 형성하였다.

희망오차마을의 이러한 활동과 성과에 힘입어 주민들이 구청에 화단조성 공사, 석축보강, 불법주차방지 중앙분리대 설치 등 의견을 제출함으로써 구청이 공사를 실시하기도 하였다.

현재 행정자치부 지원예산(특별교부세)와 시도비 및 구비 등 총 3억2,000만 원의 예산으로 희망오차마을 '커뮤니티센터'가 조성되어 지역현안사업 추진의 구심점 마련, 공간조성에 따른 주민의 공동체 참여 활성화, 주민 공동작업공간 활성화를 위한 기금 마련, 태양광시설에 의한 경비절감, 어르신과 주민 간 대화 및 휴식공간 등의 역할을 기대하고 있다.

초기에 주민조직화 활동을 시작했던 이○○ 사회복지사가 퇴사하고 난 뒤 배○○ 사회복지사가 주민조직가로 활동하게 되면서 초기의 의견조율 방식이 달라졌고, 이에 따라 임원 간의 의견 차이도 나타났다. 임원들은 외부지원을 받아 많은 사업을 하자는 입장이지만, 주민조직가는 공동체 운영에 무리가 될 것을 우려하였다.

희망오차마을공동체가 외부지원사업들을 수행하면서 임원 중심의 의사결정이 이뤄지는 경향이 있고, 주민조직가의 문제제기가 잘 받아들여지지 않는 문제가 발생하고 있다. 다음과 같은 인터뷰들을 통해 알 수 있다.[5]

5) 희망오차마을의 마을만들기 초기부터의 사례를 추적한 홍재봉(2015)의 글에서 많은 인터뷰 내용

> "일을 해가는 데 초점을 두다 보니, 일이 되고 마을이 바뀌기는 하지만, 회원들이 일에만 몰두하고 처음에 좋았던 관계가 흐트러지는 일이 발생할 것이 염려된다."(배○○ 조직가)(홍재봉, 2015: 61).

> "동네에 최근에 오는 사람들이 많아졌다. 총무님이 외부에서 지원도 많이 해준다고 하는 데, 사실 조금 두렵다. 우리가 그 만큼 잘하고 있는지 부담도 되고, 그 만큼 잘하고 있는 것 같지도 않은 데, 돈을 덜컥 준다고 하면 겁도 난다. 총무님은 외부지원을 받아서 동네를 잘 바꿔보자고 하는 데, 우리가 할 수 있는 만큼 했으면 좋겠다."(주민과의 인터뷰, 홍재봉, 2015: 63).

10년 이상 성매매집결지의 폐쇄를 위한 다양한 활동을 진행해온 여성단체들과 최근 3년간 선미촌 인근 노송동 일대에서 도시재생 테스트베드 지역사업을 추진해 온 주민공동체의 역량이 선미촌 정비 프로젝트를 추진할 수 있는 민간역량으로 작용하였다. 선미촌 정비방식이 도시재생과 사회적 경제방식이라 행정의 목표라기보다는 주민들의 의견이 더욱 중요하다는 공감대를 형성하고 있다.

여성가족부와 한국여성인권진흥원 등이 전국적인 지침을 가지고 있고, 이러한 지침에 따라 작동될 수 있도록 지자체를 점검하고 다니고는 있으나 시점과 계기가 중요하다는 인식을 하게 되었다.

단기간에 밀어붙일 수 있는 문제가 아니라 지자체장의 의지가 중요하고, 행정 내부의 여러 가지 협력과 수평적 소통이 요구되는 작업이라 할 수 있다. 이에 따라 시민모금운동으로 공공의 공간을 만들고자 추진하고 있으며, 이렇게 할 경우 지자체장이 누구냐에 관계없이 장기적으로 문제의식을 유지할 수 있는 근거가 될 것으로 판단하고 있다.

무엇보다도 10여 년 전 마을에 대한 애정과 관심을 봉사활동으로 보여준 주민모임이 마을만들기의 씨앗으로 작용했다고 할 수 있다. 주민모임과 마을만들기를 지원한 복지관의 역할도 중요했는 데, 복지관이 중간지원조직으로서의 역할을 성공적으로 수행했다고 할 수 있다.

초기 주민모임의 운영이 공동모금회 지원 이후 외부지원사업이 아닌 자체사업

과 초기 복지관의 역할에 대해 찾아볼 수 있었다.

비를 충당되었던 것도 모임의 자발성과 지속성을 유지하는 데 기여하였다. 눈에 보이는 작은 가시적 성과도 주민들의 공감을 얻는 데 기여했다. 월 1회의 쓰레기 청소를 통해 마을이 깨끗해졌고, 국경일에는 태극기를 게양하는 등 주민들의 단합을 보여줌으로써 지역주민들의 신뢰를 얻었다(홍재봉, 2015: 56).

복지관의 컨설팅을 받아 희망오차마을공동체는 조직을 체계적으로 정비하여 20명의 임원이 세부적인 역할분담을 하고 있는 데, 기존의 자발적인 주민모임이 일정한 형식성을 갖고 사업을 추진할 수 있는 힘이 되었다.

참여 주체들 간의 신뢰도 중요한 데, 회원 간의 신뢰가 높고, 주민조직가에 대한 신뢰나 복지관과의 협력도 원활한 편이다. 주민조직가의 경우 이슈를 찾기보다는 주민과 친해지면서 무슨 목적 때문이 아니라 필요한 일을 하고 있다는 인식을 주민들에게 주었다.

임원 중심의 의사결정보다는 월 1회 청소봉사활동 이후 정기모임을 열어 지역현안을 공유하였던 것도 참여와 자발성을 이끌어내는 데 기여하였다. 복지관이 중간지원조직의 역할을 수행했지만, 절대 앞에 나서지 않았고 뒤에서 뒷받침 해주는 역할을 했으며(홍재봉, 2015: 56), 복지관이 가진 공신력도 주민들에게 신뢰를 심어주었다. 복지관으로 주민지도자를 초대했고 복지관 차원에서도 적극적으로 돕고 지지하는 것을 주민들이 느끼게 했으며, 주민들에게는 주민조직활동에 대한 중요성과 책임감을 인식하는 계기가 되었다(홍재봉, 2015: 59).

모임에서는 마을의 변화를 [그림 5-6]과 같이 설명하고 있다. 즉 주체성, 지역성, 협동성이 깨끗하고 살기좋은 마을을 만드는 원동력이 되었다는 것이다.

복지관의 중간지원조직 역할은 다음과 같이 정리할 수 있다(홍재봉, 2015: 65-66).

- 주민조직가가 활동할 수 있도록 복지관에서 적극적으로 지원하고, 직원들과의 업무연계를 위해 조직화에 대한 인식을 확대하였다.
- 지역 내의 공동체활동을 경험한 주민지도자를 발굴하고, 활동의 기반을 마련하였다.
- 사소한 이유로 중단된 주민활동을 주민조직가와 함께 해결함으로써 본격적인 주민조직활동이 전개되었다.
- 주민조직가는 주민을 만나기 위해 시간대를 망라하고, 주민 속으로 파고 들

었다.

- 주민조직가는 일이 아닌 삶으로 주민을 만나고 주민들과의 유대관계를 확장해갔다.
- 주민조직체가 빠르게 성장함에 따라 마을의 변화가 가시적으로 나타났고, 외부의 관심과 지원이 많아짐으로 인해 과업 중심의 임원활동이 전개되고 있다.

그림 5-6 마을의 변화

주체성	지역성	협동성
특별한 사람이 아닌 동네의 흔한 아줌마, 아저씨들이 주인이 되어 활동하게 됨	나와 내 가족 중심에서 마을, 지역사회로 관심이 확대됨	친한 이웃이 생기고, 동네 일이 즐겁고 함께 한다면 못 할 일이 없을 것 같은 자신감이 생김

↓

깨끗하고 살기좋은 마을

자료: 내부 발표 자료.

희망오차마을공동체의 경우 마을만들기 모범사례로 언론에 소개되면서 지방자치단체의 지원이 늘고, 부산마을만들기지원센터의 2014년 공동체역량강화지원사업 지원을 받기도 하였다. 더욱이 외부의 방문이 늘면서 주민들이 자부심을 갖기도 했지만, 한편으로는 부담감과 조급함도 주게 되었다.

또한 마을 주민의 역량에 기반을 두고 그에 따라 점진적으로 수행되지 못하고, 무리하게 진행되거나 외부지원에 주로 의존하게 되는 방식으로 기울어진다면, 마을만들기의 지속성 측면에서 부작용이 발생할 수밖에 없다는 것이다.

그러므로 지역주민의 참여를 더욱 확대하고, 충분한 논의과정을 유지하며, 초심을 잃지 않는 분위기가 조성될 필요가 있다.

4 분석결과 종합 및 토론

이 사례에서는 이런 문제가 결국 지역사회의 문제이고, 문제의 궁극적인 해결은 주민 몫이라는 의지가 확산될 수 있는 계기를 마련하는 것이 중요하다는 것을 알 수 있었다. 이 사례의 시사점은 다음과 같은 인터뷰 내용 속에서 핵심적으로 발견할 수 있다. 결국 마을만들기는 마을만들기에 대한 지원을 받고자 새로운 이슈를 발굴하는 것이 아니라 생활상의 이슈를 연계하는 것이 중요하다는 것이다.

> "사소한 지원이 비록 작은 것이지만 주민들이 자체적으로 활동하는 데 큰 도움이 되었다. 그렇게 주민들을 모았는 데, 결국 만났던 분들이 참여하였다. 쓰레기봉투 문제를 해결하는 데 내가 활동을 했던 것을 알고는 주민들이 더욱 신뢰를 가지고 참여하게 되었고, 이것이 활성화되는 계기가 되었다."(이○○ 조직가)(홍재봉, 2015: 64).

희망오차마을에서는 자발적인 자원봉사 경험을 가진 주민들이 초기 태동기의 주역이 되었다. 또한 이들의 활동방향을 잡아준 중간지원조직의 역할도 대단히 중요했다. 이러한 주체 형성이 향후 각종 지원사업 중에서도 주민들의 의견을 수렴하고 활동의지를 모아나가는 데 기여할 수 있었다.

[그림 5-7]은 기존방식의 마을만들기와 부산시 금정구 희망오차마을 사례의 진행과정을 도식화 한 것이다. 기존방식에서는 주로 관(정부)주도의 마을만들기 공모사업에 의해 다양한 추진 주체들이 형성되어 이 공모사업에 응모하게 된다. 공모사업에 적합한 아이디어로 선정된 팀들에 의해 마을만들기사업이 추진되는 데, 이렇게 유지된 마을만들기사업은 대부분 사업 종료와 함께 모임 역시 해체되는 경우가 많았다.

그런데 부산시 금정구 희망오차마을 사례의 경우 자발적인 자원봉사 경험을 갖고 있는 사람들이 자생적인 모임을 형성하고, 중간지원조직이 이들의 역량을 강화할 수 있는 컨설팅 등의 지원을 하게 된다. 이에 따라 자생적인 모임은 본격적으로 스스로의 의사결정과 힘에 의해 마을만들기를 추진하게 되며, 형성된 역량을 바탕으로 관에서 추진하는 다양한 지원사업에도 응모하게 된다. 몇 가지 사업들을 통해 모임은 점차 확대되고, 마을만들기 추진을 위한 역량 역시 강화된다.

그림 5-7 마을만들기의 기존 방식과 우수사례의 비교

구분				
기존 방식	공모방식의 응모	추진주체의 형성	마을만들기 추진	사업종료와 해체
우수사례	자원봉사 역량과 경험	중간지원 조직의 지원	마을만들기 추진	주체확대와 역량 강화

제 4 절 결론 및 정책적 함의

이 연구는 국민대통합위원회의 다양한 국민통합정책에 더해 현재의 복잡한 사회문제들을 해결하기 위해서는 관(정부)주도형 통합정책을 넘어 주민주도형 통합정책이 요구되고 있다는 문제의식에 기반하고 있다. 최근의 다양한 사회갈등과 사회문제에 대한 효과적인 대응은 상호존중과 신뢰, 공동체 의식함양과 같은 것이 근본적일 수 있다는 것이다.

이에 따라 주민주도형 국민통합정책의 형성절차와 집행방법을 모델화하는 것을 연구의 목적으로 설정하였다. 이를 위해 국민통합정책사례의 주요 현장에 대한 모니터링을 통해 각 정책사례를 유형화하고, 이러한 사례의 성공요인과 개선방안을 분석하여 제시하며, 이를 통해 민간이 중심이 되는 주민참여형 국민통합정책의 구조와 전략을 도출하는 것이었다.

사례분석 결과 기존 방식과는 달리 주민참여를 이끌어내려는 개선된 방식을 찾아볼 수 있었다. 특히 주민 스스로 조직화하고 생활 이슈를 결합시킨 사례에서 주민주도성이 잘 발현되었음을 알 수 있었다. 이를 통해 주민주도형 국민통합을 위해서는 생활 이슈를 결합한 활동이 정책과 연계되어야 하고, 중간지원조직의 강화, 부서 간 협력 및 연계 등도 중요하다는 시사점을 얻었다.

사례분석을 바탕으로 주민참여형 국민통합정책을 모델화 하였는 데, 태동기, 형성기, 발전기, 정착기로 구분할 수 있었다.

태동기는 구성원 간 상호작용의 필요성 인지, 인적 네트워크 형성의 장 마련, 주민 상호 간의 미션 공유와 협력사업에 대한 공감대 형성의 과정이다. 형성기는 협력이 본격적으로 이뤄지기 시작하면서 인적 네트워크가 이전보다는 정례화 되고, 공동의 미션을 계획하고 실행하게 되며, 무엇보다 구성원 간 가치의 공유와 확산이 일어나는 과정이다. 발전기는 협력사업이 보다 많은 사람들에게 알려지고 주변 환경과도 적극적인 상호작용이 발생하면서 협력의 성격이 더욱 명확해지는 과정이다. 정착기는 기존의 성장과 발전된 경로를 이탈하기는 어려우며 경로가 보다 공고화되는 과정이다.

사례분석 결과, 생활 이슈를 중심으로 한 주민 스스로의 조직화에 기반한 사업추진이 국민통합에 효과적으로 기여할 수 있음을 발견하였고, 이를 위해서는 이해당사자의 참여와 장기적인 관점의 신뢰 축적이 필요함을 알 수 있었다. 관(정부) 주도형의 경우에도 행정의 초기대응이 적극적으로 이뤄지고 주민들의 활동으로 확산될 수 있게 조정된다면 국민통합에 기여할 수 있음을 확인하였다.

이 연구는 주민주도형 국민통합정책의 전형적인 모델을 구축하는 데 기여하고자 유형별 국민통합 우수사례를 선정, 분석함으로써 그 함의를 도출한 것이다. 따라서 모든 사례를 망라했거나 모든 사례에 적용될 수 있는 모델이라 하기는 어려울지라도 정책담당자 또는 현장실무자와 활동가들이 국민통합을 위한 준거의 틀로 삼을 수 있는 모델을 제시했다는 데서 그 의의를 찾을 수 있을 것이다.

향후 이들 분야에서 정책이 추진될 경우에는 다음과 같은 사항들을 고려할 필요가 있다.

첫째, 관(정부)주도로 협력사업의 초기 경로가 설정되었을 경우에는 주민들의 지속적인 관심을 유도하고 의사결정권한을 주민에게 이양하여 주민이 능동적으로 참여할 수 있도록 해야 한다. 중간지원기관 등의 체계적인 컨설팅으로 주민이 주도할 수 있는 분위기와 환경을 마련해야 한다.

둘째, 초기에 관(정부)과 주민이 공동으로 주도한 경우이지만 시간이 지남에 따라 관(정부)보다는 주민의 적극적인 참여로 주민주도형으로 진화되는 경우 관(정부)에서는 향후 주민주도형으로 가야 함을 협력사업의 진행자들에게 각인시켜 자생력을 키워 주어야 한다.

셋째, 시작단계에서부터 주민이 주도한 경우에는 초기단계에 비록 주민이 주도하더라도 중간지원조직이나 관(정부)에서 관심과 정보제공 등의 역할을 수행할 수 있다.

참고 문헌

권정주 · 조진희 · 전원식 · 황희연(2012). "도시재생사업 추진과정에서 나타난 거버넌스 참여주체별 의사결정 영향력 분석: 청주시 도시재생사업 의사결정 과정 중심으로." 「도시행정학보」, 25(2): 325-343.

국민대통합위원회(2014). 「국민대통합 종합계획」.

김세용 · 최봉문 · 김현수 · 이재준 · 조영태 · 김은희 · 최석환(2013). "우리나라 마을만들기의 현재와 앞으로의 방향." 「도시정보」, 371: 3-20.

배재현 · 양세진(2009). "미국과 영국의 협력적 거버넌스 사례." 은재호 · 이광희 편. 「국가거버넌스 연구」, 207-242. 법문사.

오수길(2007). "협력적 거버넌스의 이론과 실천적 과제." 「행정포커스」, 7/8: 29-35.

조병구 외(2015). 「국민통합 지표의 개발과 응용」. 경제 · 인문사회연구회.

홍재봉(2015). "마을만들기 주민조직체 형성의 영향요인 연구: 공동모금회 지원사업 사례를 중심으로." 경성대학교 사회복지대학원 석사학위논문.

한국지방행정연구원(2013). 「지방자치단체 주도의 지역공동체 활성화 방안」. 한국지방행정연구원.

Arnstein, Sherry R.(1969). "A Ladder of Citizen Participation." *Journal of the American Institute of Planners*, 35(4): 216-224.

Berman, Sheri(1997). "Civil Society and the Collapse of the Weimar Republic." *World Politics*, 49(3): 401-402.

Goldsmith, Stephen and William D. Eggers(2014). 「네트워크 정부: 공공부문의 새로운 모습」. 이명석 외 역. 파주: 한울; *Governing by Network: The New Shape of the Public Sector*. Washington D.C.: The Brookings Institution, 2004.

King, Cheryl Simrell, Camilla Stivers, and Richard C. Box(1998). *Government Is Us: Strategies for an Anti-Government Era*. CA: Sage Publications.

Kjær, Anne Mette(2007). 「거버넌스」. 이유진 역, 서울: 오름; *Governance*. Cambridge: Polity Press, 2004.

Kooiman, Jan(2003). *Governing as Governance*. London: Sage Publications.

Lynn, Laurence E., Jr, Carolyn J. Heinrich, and Carolyn J. Hill(2000). "Studying Governance and Public Management: Why? How?." In Carolyn J. Heinrich and Laurence E. Lynn, Jr. (eds.), *Governance and Performance: New Perspectives*, 1－33, Washington, D.C.: Georgetown University Press.

March, James G. and Johan P. Olsen(1995). *Democratic Governance*. New York: The Free Press.

Newman, J.(2001). *Modernising Governance: New Labour, Policy and Society*. London: Sage Publications.

Percy, Stephen L.(1983). "Citizen Coproduction: Prospects for Improving Service Delivery." *Journal of Urban Affairs*, 5(3): 203－210.

Putnam, Robert D.(2000). *Bowling Alone: The Collapse and Revival of American Community*. NY: SIMON & SCHUSTER.

Scharpf, Fritz W.(1997). *Games Real Actors Play: Actor－Centered Institutionalism in Policy Research*. Boulder, CO: Westview Press.

Thomson, Ann Marie and James L. Perry(2006). "Collaboration Processes: Inside the Black Box." *Public Administration Review*, December: 20－32.

Zimmerman, Joseph(1986). *Participatory Democracy: Populism*, Revisited. NY: Praeger.

제 6 장 협력적 거버넌스 모델을 통한 서울역고가도로 공원화 사례분석[1)]

문성진

제 1 절 서 론

산업사회에서 후기산업사회로의 전환은 새로운 도시환경과 기능에 대한 필요를 가져온다. 산업화로 인한 도시 인구집중과 교통문제 해결의 방안으로 건설된 도시인프라는 인구와 산업구조의 변화에 따라 그 기능을 상실하고 노후화된다. 과거에는 시설 철거를 통한 도시재개발이 일반적인 방식이었다면, 최근에는 도시기반시설을 '재생'이나 '재활용'하자는 도시재생패러다임이 도입되어 활용되고 있다. 하지만 노후화된 도시기반시설의 처리를 두고 이해당사자의 입장에 따라 찬반논란의 갈등이 야기되기도 한다.

2015년 1월 29일 서울시 박원순 시장이 도시재생 핵심사업의 하나로 발표한 서울역고가도로 공원화 사업(일명, '서울역7017프로젝트')도 고가도로의 처분을 놓고 서울시와 주변상인들 및 시민단체를 중심으로 공원화 사업에 대한 찬반이 분분하다. 고가도로 공원화를 통한 도시재생촉진 및 고가 주변지역 활성화를 이유로 찬성하는 입장과 공원화로 인한 교통체증과 안전성 등의 문제를 들어 반대하는 입장이 팽팽히 맞서 갈등이 야기되고 있는 상황이다. 이 같은 갈등은 다른 공공사업과 정

1) 이 논문은 2013년 정부(교육부)의 재원으로 한국연구재단의 지원을 받아 수행된 연구임(NRF-2013S1A3A2055108).

책추진과정에서도 지속적으로 관찰되고 있는 현상인 데, 갈등의 주된 이유로 주민이나 관련 이해당사자와의 소통과 협력의 부재와 결핍을 지목하고 있다. 관주도의 일방통행 식의 공공사업추진은 갈등을 첨예화시키고 조직적 반대운동의 악순환을 양산한다.

본 연구는 서울역 고가도로 공원화 사례를 Ansell and Gash(2007)의 협력적 거버넌스 모델을 통해 분석하고 평가한다. 또한 분석결과를 통해 협력거버넌스의 구축을 위해 필요한 요소를 인식하고 해결점을 모색한다. 본 연구의 논의는 다음의 순서에 따라 전개한다. 첫째, 서울역 고가도로 공원화 사업의 개요와 배경에 대해 설명하고, 사업을 둘러싼 이해당사자간의 찬·반갈등에 대해 논의한다. 둘째, 협력거버넌스의 모델을 협력형성에 필수적인 변인을 중심으로 논의하고, 주요 변인을 중심으로 협력거버넌스 형성의 정도를 질적으로 평가한다. 마지막으로 사례분석에 대한 결론과 정책적 함의로 마무리한다.

제 2절 서울역고가도로 공원화 사업

1 정책배경[2)]

1960년대 이후 산업화는 도시유동인구의 증가를 촉진시켰다. 1954년 124만 명이었던 서울인구가 1965년에는 347만 명으로 10년 사이 세 배 가까이 증가하였다. 도시인구 급증은 도시 과밀화 대책과 교통난 해소를 위한 교통인프라 구축의 중요성을 증대시켰다.

1966년 취임한 김현옥 서울시장은 '돌격건설'이라는 구호 아래 도시인프라구축에 역점을 두고 대규모 건설사업에 주력하였다. 특히 교통인프라 구축의 일환으로 고가도로 건설, 육교, 하천복개도로, 지하도건설에 박차를 가했다. 특히, 1966년 '고가도로건설계획'을 수립한 후 1967년에는 건설부에 서울시 고가고속도로 건설사업

2) 김지훈 (2015)과 전상봉(2015)을 참조함.

계획을 제출하고 광희고가도로(1967년 1월 준공), 한강대교북단 고가도로와 아현고가도로(1968년 9월 준공), 원남고가도로(1969년 4월 준공)에 이어 서울역고가도로(1970년 8월)를 준공하였다. 고가도로는 1960년대에 13개, 1970년대에 35개, 1980년 12개, 1990년대에는 29개, 그리고 현재까지 서울에는 총 101개가 건설되었다. 고가도로 건설은 주로 강북지역에 이뤄졌으며, 도로확장을 위한 토지매입의 어려움을 이유로 들었다(김지훈, 2015).

근대화와 개발의 상징으로 인식되었던 고가도로는 88올림픽 이후 강남지역의 도시개발 및 전철 도입과 노선 확장, 대중교통 장려를 통한 도심차량의 감소와 2000년 이후 교통정책의 변화(자동차 위주에서 사람 중심)는 고가도로의 필요성과

표 6-1 철거된 고가도로 현황

고가도로명	준공연도	철거연도
떡전고가도로	1977. 02	2002년 12월
노량진수원지고가도로	1997. 12	2003년 2월
원남고가도로	1969. 04	2003년 6월
청계고가도로	1976. 08	2003년 10월
미아고가도로	1978. 11	2004년 5월
서울역고가도로(A램프)	1970. 08	2004년 5월
신설고가도로	1969. 04	2007년 11월
광희고가도로	1967. 01	2008년 8월
혜화고가도로	1971. 04	2008년 8월
회현고가도로	1977. 06	2009년 9월
한강대교북단고가대로	1968. 09	2009년 9월
문래고가도로	1979. 04	2010년 8월
화양고가도로	1979. 12	2011년 2월
노량진고가도로	1981. 12	2011년 3월
홍제고가도로	1977. 04	2012년 4월
아현고가도로	1968. 09	2014년 6월
약수고가도로	1984. 12	2014년 8월
서대문고가도로	1984. 12	2014년 9월
삼각지로타리고가도로	1967. 14	1994년 12월

출처: 고가도로 하부를 활용한 공공임대주택 도입 방안 검토(서울시, 2013).

기능에 대한 의구심을 불러 일으키기에 충분했다. 또한 고가도로 주변지역 슬럼화와 고가도로 노후화에 따른 안정성의 문제 논란은 고가도로 철거에 대한 주장을 강화시켰다. 이에 따라 서울시는 2009년 '고가도로 연차별 철거계획' 발표와 함께 '아현고가도로', '청계고가도로', '신설고가도로', '노량진고가도로', '문래고가도로', '화양고가도로', '홍제고가도로' 등 17개 고가도로를 철거했다. 서울역고가도로도 철거가 계획되어 있었으나 2014년 9월 박원순시장이 기존 철거계획을 철회하고 공원화 사업을 선거공약 하였다. 사업의 공식 발표 후 서울시와 관련 이해당사자 간의 갈등이 표면화되기 시작했다.

2 서울역고가도로 공원화 사업 추진현황[3)]

서울역고가도로는 1969년 3월 19일 착공하여 1970년 8월 15일 준공되어 서부의 만리동, 중림동과 동부의 회현동, 남대문시장, 명동을 연결하는 도로로 서울시 도시개발과 경제성장의 상징물로 여겨져 왔다. 하지만 2000년 이후 서울역고가도로

그림 6-1 서울역7017 프로젝트 주요 내용

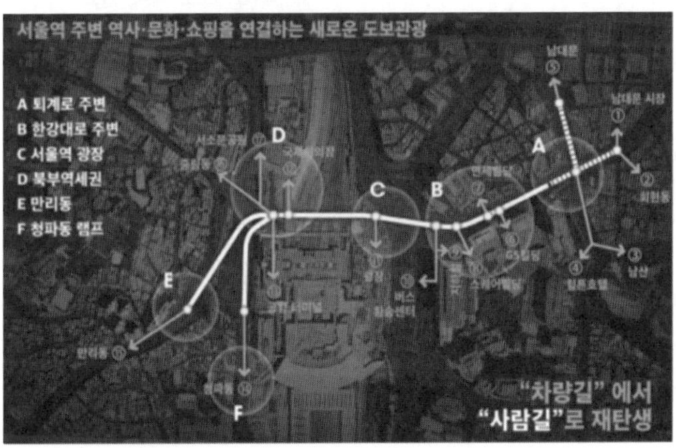

출처: 서울시 홈페이지 '서울역7017'프로젝트.

3) 서울시 홈페이지의 서울역7017프로젝트 추진현황과 조명우(2015)을 참조함.

표 6-2 서울역고가도로 공원화사업 추진현황

일 시	내 용
	안전등급 D등급으로 철거 결정
2006년 12월	정밀안전진단 안전성평가 D판정
2008년 5월	서울역 북부역세권과 연계 철거추진
2009년 12월	서울역고가도로는 북부역세권과 연계 철거추진
	교량안전성 문제 제기
2014년 1월	교량안전성 문제 제기(바닥판콘크리트 탈락)
2014년 2월	서울역고가차도 조기철거 검토
	고가차도 활용방안 검토
2014년 3월~4월	서울역고가도로 재활용 관련 구조안정성 검토(?회)
2014년 7월~8월	서울역고가도로 재활용 관련 디자인/구조 전문가 합동회의(4회)
2014년 10월~12월	서울역고가도로 재활용 사업효과분석(서울연구원)
	시민타당성 검토
2014년 5월	민선6기 박원순시장공약으로 채택
2014년 7월~11월	민선6기 시정운영4개년 계획반영(시정계획자문단운영)
2015년 3월	시민위원회 구성
2015년 5월	제1회 서울역7017 시민위원회 개최
2015년 7월	제2회 서울역7017 시민위원회 개최 및 분과위원회 구성
2015년 7월~8월	분과위원회별 제1차 회의개최(기획운영, 문화관광, 기술자문, 도시재생)
	서울역7017프로젝트 발표
2015년 1월	서울역7017프로젝트 공식발표
2015년 2월~4월	현장소통, 시민/전문가 의견수렴, 관계기관협의 등 100여 차례 소통추진
2015년 5월	현장목소리 담은 서울역 일대 종합발전계획 발표
추진현황	
2015년 12월	서울역고가도로차량 통행금지
2015년 12월~2016년	서울역고가도로 교량바닥판 철거공사
2016년 3월	교량보수/보강 및 조경공사 착수
2016년 6월	건축공사 착수
2017년 4월	시민개방예정

출처: 서울시 홈페이지 '서울역7017' 추진현황.

의 기능과 필요성에 대한 문제 제기는 2006년 서울시 정밀안전진단 결과인 D등급 판정을 받으면서 철거 후 재시공에 무게가 실려왔다. 하지만 예산부족을 이유로 철거가 연기되었고, 2012년 박원순 서울시장 취임 후 철거계획 입장을 재확인하였으나 2014년 4월 서울역고가도로 재활용방안이 검토된 후 5월에는 선거공약사항으로 채택하였다. 당해 9월에는 미국 뉴욕시의 "하이라인파크"에서 기자들과 만나 서울역고가도로 공원화 사업을 공식 발표했다.

2014년 9월에는 투자심사위원회는 서울역고가도로 공원프로젝트의 경제성(B/C)이 1 : 1.8로 적합하다고 판정하였다. 이후 서울역고가도로 활용방안에 대한 아이디어공모전(2014년 10월), 시민위원회구성(2015년 3월), 시장의 현장소통과 시민/전문가 의견수렴, 관계기관 협의(2015년 2월~4월) 등 일련의 절차적 정당성을 확보하고자 노력하였다. 하지만 충분한 의견수렴과 협력과정을 거치지 않은 시민들의 지지없는 '일방적인 정책선언'이라는 비난을 받고 있다. 이 같은 반발의 목소리는 시민단체인 '고가도로산책단', 남대문시장상인회, 일부 지역주민과 전문가들에 의해 쟁점화되었다.

3 주요쟁점과 갈등구조[4)]

서울시는 서울역고가도로 공원화사업을 '서울역7017프로젝트'로 발표하고 서울역고가도로를 보행중심의 고가공원의 전환을 목표로 한 세부계획과 방안을 제시했다. 서울시에 따르면 7017은 '1970년에 만들어져 2017년에 다시 태어나는 고가,' '1970년 차량길에서 17개의 사람들로 재탄생,' '1970년에 만들어진 17m 높이의 고가' 등의 의미를 축약한 것이라 한다(서울시, 2015). 사업추진을 공식 발표한 후 이해당사자간에 찬반여론이 팽팽하게 맞서왔다. 2015년 서울시 자체 여론조사 결과를 보면 찬성(전문가집단 66%, 서울시민 54%, 지역주민 53.4%)이 약간의 과반을 넘는다고 조사되었다. 고가도로 공원화사업의 지지가 그다지 높지 않는 주요 이유로 철거예정지 주민과의 공원화와 관련된 소통의 부재가 가장 문제되는 것으로 나타났다(조명우, 2015).

서울시를 중심으로 한 찬성 측 입장은 고가도로 공원화를 통한 도심의 여가 및 녹지공간확보, 소통의 장으로서의 도심커뮤니티 형성, 고가도로 주변지역의 경제

4) 김지훈 (2015), 조명우(2015), 전상봉(2015), 서울시 7071프로젝트 홈페이지를 참조함.

활성화 등과 같은 도시재생의 긍정적 측면을 강조해왔다. 또한 서울역고가도로의 역사성 보존과 주변에 산재한 역사문화공간(서울역사, 서소문근린공원, 덕수궁, 손기정체육공원, 남산, 명동, 용산공원)간의 연계구축과 도보를 통한 접근성의 장점을 공원화사업의 이유로 제시했다.

이에 반하여 반대여론도 만만치 않은 데 크게 네 가지로 구분할 수 있다(김지훈, 2015; 조명우, 2015; 전상봉, 2015). 첫째, 고가도로 공원화사업으로 인한 교통정체와 지역환경 악화이다. 이 같은 이유로 남대문시장 상인, 주변시장에 봉제공장 납품업체와 지역주민은 수차례 집단시위와 시장면담을 통해 대체도로의 신설 없는 고가도로 공원화사업 반대를 표명했다. 이들은 공원화에 따른 고가도로 폐쇄는 교통정체를 야기하며 남대문 주변의 상권을 약화시킨다고 주장한다. 또한 중림동, 회현동등의 주민들도 고가도로의 유지로 인한 노숙인 쉼터화와 이에 따른 지가하락 등을 이유로 반대한다.

둘째, 서울시의 철거방침 변경에 대한 지역상인과의 소통부족이다. 시민활동가를 중심으로 정치인과 언론은 공론화 절차나 합의과정 없는 서울시 일방적 사업추진이라고 강력하게 반발하였다. 지역상인들의 반대에도 불구하고 충분한 소통과 의견수렴의 과정을 거치지 않은 민주적 정당성이 부족한 정책선언이라 반발했다.

셋째, 고가도로 공원화가 미래 지향적인 도시계획에 반한다는 점이다. 이와 같은 입장은 교수나 전문가를 중심으로 제기되었는 데, 고가도로는 서울역 일대 경관과 주변 역사환경의 복원에 도움이 되지 않으며 고가도로 공원의 관리와 유지에 막대한 예산이 들어가는 점을 반대이유로 제시했다. 또한 보행고가도로의 안전성에도 회의적인 입장을 표명한다.

넷째, 관련공공기관(중구청, 코레일, 경찰청 등)들도 고가폐쇄 이후의 대체도로 건설의 교통흐름 개선효과에 회의적인 반응을 보이면서 사실상 반대의사를 보였다. 그리고 문화재청도 서울시가 낸 '구서울역사 주변 고가도로 부수보강 및 광장 시설물 설치 현상 변경 신청안'을 문화재인 구서울역사 경관을 해친다는 이유로 심의 보류시켰다.

과거 우리나라 공공사업에서 나타나는 특징으로 보이는 관주도의 민간과의 소통과 협력과정이 무시된 밀어붙이기식의 공공사업추진방식은 지양되어야 할 것으로 보인다. 본 연구는 협력거버넌스구축의 주요한 구성요소를 살펴보고 서울역 고가도로 공원화사업의 협력거버넌스의 정도를 평가한다.

표 6-3 서울시와의 갈등구조와 내용

갈등주체	갈등내용
남대문시장 상인, 주변시장 봉제공장 납품업자와 지역주민	교통정체에 따른 경제적 손실
중림동, 회현동 주민	고가도로의 존치로 노숙인 쉼터화와 지역치안문제 야기 등 주변 환경 악화
	지가 하락
시민활동가, 정치인, 언론	서울시 소통 부족, 철거방침 변경에 대한 설명 부족과 의견수렴의 과정이 부족
교수나 전문가	미래지향적인 도시계획과 어긋남, 서울역 일대 경관 파괴, 고가안전문제, 고비용
중구청, 코레일, 경찰청	대체도로 건설이나 폐쇄 이후 교통흐름 개선의 한계
문화재청	구서울역사경관 해친다는 이유로 고가도로 부수보강 및 시설물 설치변경안을 보류시킴

조명우(2015) 참조하여 재구성.

제 3 절 협력적 거버넌스(Collaborative Governance) 모형[5]과 사례분석

협력거버넌스는 관주도의 일방적인 정책결정과 집행에서 벗어나 공적이나 사적인 이해당사자가 공적 포럼에서 소통과 의견조율을 통해 정책결정의 합의점을 도출하는 과정을 의미한다. 이 과정은 의견수렴과 심의의 집합의사결정 과정을 통한 공공정책이나 프로그램의 수행을 목적으로 한다. 여기서 중요한 부분은 사적인 이해당사자가 단지 정부기관의 상담대상이 아니라 직접적인 의사결정 참여자로 공적-사적 참여자들의 합의를 통한 의사결정의 주체이다. 사적 참여자의 의사결정에서의 참여는 정책결과에 대한 실질적인 책임을 전제한다.

Ansell and Gash(2007)는 협력거버넌스에 관련된 문헌을 메타 분석(137개 사례)을 통해 협력거버넌스 모델을 제시를 통해 기존 논의의 다양성과 산발성을 극복하

5) Ansell and Gash(2007)의 협력적 거버넌스 모형을 중심으로 주요 논의를 구성함.

고 표준화된 정의와 모델을 제시하고자 했다. 그들은 협력거버넌스의 형성을 위해 필요한 4가지 주요 변인을 제시했다. '초기조건(starting conditions)', '제도설계(institutional design)', '리더십(leadership)', 그리고 '협력과정(collaborative process)'이다. 본 연구는 개별 변인에 대해 살펴보고 서울역 고가도로 공원화사업에 적용하여 평가하도록 한다.

그림 6-2 협력거버넌스 모델

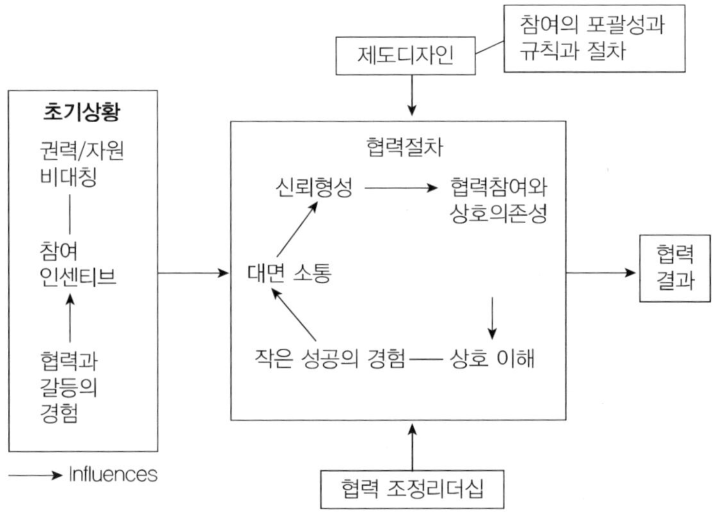

출처: Ansell and Gash(2007)에서 채택함.

1 초기조건(starting conditions)

협력구축시의 상황에 따라 이해당사자들간의 협력구축이 용이하거나 어려울 수도 있다. 이해당사자 간의 분쟁경험과 서로에 대한 불신의 정도가 높은 경우 협력구축에 난항이 예상될 것인 반면, 이해당사자간의 상호신뢰와 존중의 경험은 협력형성의 촉진과 공유된 가치창출 노력으로 이어질 수 있다. Ansell and Gash (2007)는 협력구축 초기에 중요한 주요상황 변수 3가지를 제시한다. '권력과 자원의 비대칭(power/resource imbalance)', '참여인센티브(incentives to participate)', '적대나 협력의 경험(prehistory of antagonism and cooperation)'이다.

권력과 자원의 비대칭은 이해당사자간의 조직력, 지위, 자원동원력의 차이를 나타낸다. 이해당사자들 간의 권력과 자원의 비대칭이 클수록, 협력거버넌스의 과정은 권력과 자원이 많은 이해당사자들에 의해 의사결정이 좌지우지될 가능성이 높다. 이와 같은 비대칭 상황은 권력/자원이 약한 이해당사자의 불신이나 반목을 야기하고, 결과적으로 거버넌스형성 과정상의 참여동기를 약화시킨다. 예를 들어 특정 이해당사집단이 정치적 영향력을 행사하는 데 필요한 조직적인 동원력이나 고위관료에 대한 비공식적인 접근이 용이한 경우, 이는 의사결정에 영향력 행사조건으로 작용할 가능성이 높고 이를 통해 상대적으로 동원력이나 접근성이 약한 집단에게 불리한 의사결정을 도출하는 상황을 유발시킨다(Ansell and Gash, 2007).

서울역고가도로 공원화사업에 대한 공식 발표 후, 공원화사업 반대의 주요 세력인 남대문시장 상인이나 주변 시장에 소재한 봉제공장 납품업체는 수차례 조직화된 집단시위나 시장면담을 요구하여 의견을 개진한 점, 그리고 주요 언론이나 일부 전문가들이 서울시의 사업초기의 소통과 의견수렴의 노력 부족을 언론지상이나 보고서를 통해 개진한 점을 볼 때, 공원화사업 주체측인 서울시와 반대세력 간의 권력과 자원의 비대칭성이 높다고 보기는 어렵다. 하지만 고가도로 공원사업의 계획단계에서는 시민참여나 관련 이해당사자와의 소통과 협력이 제대로 이뤄지지 않고, 사업계획을 서울시가 일방적으로 주도하고 발표했다는 점에서 협력에 대한 배제가 이뤄졌다고 할 수 있다.

참여인센티브에 대한 고려는 이해당사자의 협력거버넌스 참여가 일반적으로 "자발적"이라는 점에서 중요한 의미가 있다. 이해당사자의 참여의 정도는 앞서 언급한 권력과 자원 비대칭성과도 관련이 있는 데, 이해당사자 간의 비대칭성이 높으면(힘/자원의 동원이 약한 이해당사자는) 협력거버넌스의 과정에 대한 불신과 협력을 통한 비용(시간, 노력) 대비 편익(정책결과)에 대한 기대가 크기 않을 것이고, 이는 참여동기를 저하시키는 결과로 이어진다. 또한 사적 이해당사자가 결정과정에서 배제되거나 이들의 의견이 영향력을 미치지 못하는 관주도의 형식적 포럼은 정부나 관련기관에 대한 불신과 반목을 증폭시키는 결과를 낳는다. 이와 반대로, 이해당사자간의 권력/자원 비대칭성이 낮고, 공유하는 가치나 목표에 대한 성취가 상호 협력의 정도에 따라 결정된다고 하는 인식이 높을수록 협력거버넌스 참여에 대한 인센티브가 높다고 할 수 있다(Ansell and Gash, 2007).

서울역고가도로 공원화사업에 대한 서울시의 정책결정은 주된 공원화사업 반대세력인 남대문시장 상인들과 주변 봉제납품공장의 생계 및 경제적 이익과 직결되어 있다는 점과, 서울시 또한 반대여론에 대한 조율없이 사업을 일방적으로 밀어붙이기에는 정치적 부담이 적지 않았을 것이다. 이러한 이해당사자간의 상호의존성은 이해당사자의 참여동기로 작용할 것이다. 하지만 시민들이나 지역주민의 고가공원화사업에 대한 관심은 주변 상인들에 비해 낮은 것으로 나타났다.

신뢰나 협력의 경험은 협력의 촉매로 작용한다. 과거 관주도의 밀어붙이기식의 공공사업에 대한 경험과 사업정당성을 위한 정치적이고 형식적인 소통과 협력은 정부 불신이라는 부정적인 사회자본을 낳았고 이는 공공사업의 추진과정에서 사적 이해당사자들의 적극적인 참여에 걸림돌이 되어왔다. 하지만, 이러한 과거의 불신이나 반목의 악순환은 이해당사자 간의 상호의존성과 개선 의지와 노력에 따라(다소 많은 시간이 소요될 것으로 여겨지지만) 회복될 수 있고, 이는 협력거버넌스 참여동기를 강화시키는 역할을 한다(Ansell and Gash, 2007).

서울역고가도로 공원화사업 역시 계획단계에 시민, 전문가, 관련기관 등의 소통과 의견수렴의 과정이 생략된 점을 볼 때 일부 관주도의 공공사업추진 방식의 양상을 띤다고 할 수 있다. 서울역고가도로 공원화사업 추진 결정 이후에서야 일반인들의 참여, 위원회 구성을 통해 전문가 참여를 확대하고, 현장에 주민들과의 소통, 공청회와 토론회, 관계기관 협의 등의 다양한 소통기회를 마련하고 있다. 이와 같은 소통노력이 협력거버넌스 구축에 의미가 없는 것은 아니지만 사후적 미봉책 또는 정당성 확보차원의 절차라는 비난을 피하기는 어려워 보인다. 임기 내에 정치적 치적을 쌓아야 하는 정치적 현실을 고려하더라도, 공공사업 자체의 막대한 비용 그리고 파급효과와 영향력을 고려한다면 지속적인 소통과 협력을 통한 절차적 정당성의 문제도 고려해야 될 것이다. 마지막으로 앞서 언급하였듯이 서울시와 반대세력인 남대문시장 상인, 주변 납품공장 주민들 간의 높은 상호의존성이 높은 점을 감안할 때 협력적 거버넌스구축이 어렵지 만은 않아 보인다. 무엇보다도 반대세력인 주변 상인들이 고가도로 공원화사업 자체에 대한 반대보다 대체도로 형성을 통한 원활한 교통흐름 형성을 요구하고 있는 점을 볼 때 지속적인 협상과 대화는 성공적 공원화사업의 중요한 요소라 할 것이다. 이와 같은 문제는 다음에 언급할 리더십과도 관련되는 사항이다.

2 리더십(leadership)

리더십은 이해당사자들이 협력으로 나아갈 수 있도록 협력을 유도하여 이해당사자들이 협력적 거버넌스의 과정에 참여하도록 하는 데 필수적 요소이다. 이와 관련된 리더십의 역할은 명확한 원칙 설정, 이해당사자의 적극적인 대화와 참여를 유도, 신뢰를 구축, 상호간의 이익을 도모를 통해 이해당사자 간의 협력 촉진하는 것이다. 이를 위해 리더는 권력/자원의 동원력이 약한 이해당사자들에게 권한을 부여(empowering)하고 대변(representing)하고 중재(intermediating)하는 역할을 통해 권력/자원의 비대칭성을 약화시키고 권력/자원의 균형을 잡아주는 것이 중요하다. 이와 같은 역할은 앞서 언급한 권력/자원의 비대칭성으로부터 야기되는 협력거버넌스 참여동기의 약화와 불신의 문제를 해결하고, 이해당사자 간의 상호의존성을 증대시킴으로써 협력거버넌스 구축을 용이하게 한다(Ansell and Gash, 2007).

이와 같은 리더십은 협력적 거버넌스 구축과정에서 실질적으로 적용되어야 할 중요한 역할로 여겨진다. 앞서 언급한 박원순 서울시장의 '현장시장실'을 통한 현장과의 소통은 권력/자원동원력과 의사결정자와의 접근성이 상대적으로 약한 시장 주민들에게 힘을 실어주는 좋은 예라 할 것이다. 하지만 이러한 노력이 공원화사업 결정 후에서야 이뤄지고 있다는 점은 실질적인 협력적 거버넌스형성을 위한 노력이라기보다 반대여론의 상쇄와 사업 정당성 확보차원의 단기적 노력으로 구별하여 설명하는 것이 적절해 보인다.

3 제도설계

제도설계는 협력을 위해 필요한 기본적인 규칙이나 협약으로 협력과정의 절차적 정당성을 위해 중요하다. 이와 관련하여 협력거버넌스는 참여자의 선정에 있어

‘개방적’이고 ‘포괄적’일 것을 원칙으로 한다. 첫째, 협력거버넌스를 위해 개방적이라 함은 공공사업의 수행을 통해 영향을 받는 모든 이해당사자들을 참여시켜야 함을 의미한다. 이는 성공적인 협력거버넌스를 위해 필요한 요소로, 특정 이해당사자의 배제는 대표성을 약화시키고 결과적으로 협력과정상의 정당성을 약화시킨다. 또한 이와 같은 개방적이고 포괄적인 참여는 다양한 심의의 과정과 포괄적 의견수렴에 중요한 영향을 미친다.

고가도로 공원화사업과 관련하여 협력거버넌스 형성을 위한 제도설계에 대한 노력을 객관적인 자료를 통해 평가하기는 어렵지만, 사업결정 후의 일련의 소통노력은 근본적인 갈등의 해소를 위한 조치라기보다, 반대여론을 의식한 사후 미봉책의 성격이 강하다고 할 수 있다. 서울역고가도로 재활용방안에 대한 반대여론이 가시화된 이후 시민과의 소통노력은 사업을 단기간에 빠르게 진행되었다. 실질적인 협력적 거버넌스 형성을 위해서는 사업계획시부터 제도설계를 통한 다양하고 포괄

표 6-4 협력거버넌스 평가

협력거버넌스 주요변인	내 용	평 가
권력과 자원의 비대칭	서울시와 주요 반대세력인 남대문시장 상인 간의 근본적인 비대칭은 존재하나 수차례 조직화된 집단시위나 시장면담 그리고 언론이나 전문가들의 서울시 소통과 의견수렴 노력의 부족에 대한 언론을 통한 지적이 있었다는 점에서 볼 때 비대칭성이 크다고 볼 수는 없다.	낮음
참여인센티브	낮은 비대칭성과 반대세력인 남대문시장 상인들과 주변 봉제납품공장의 생계 및 경제적 이익과 직결되어 있다는 점에서 참여인센티브가 높음. 하지만 시민들이나 지역주민의 관심은 상대적으로 낮은 것으로 나타남	높음
신뢰나 협력의 경험	과거 관주도의 밀어 부치기식의 공공사업에 대한 경험과 사업정당성을 위한 정치적이고 형식적인 소통과 협력은 정부 불신을 고착화시키는 역할을 함	적음
협력조정리더십	박원순 서울시장의 소통노력과 ‘현장시장실’과 같은 제도를 통해 주민의 요구를 경청하려는 노력 등을 통해 보여주고 있지만 한계가 있음	사후적이고 단기적 조정리더십
제도디자인	사업계획시부터 제도디자인을 통한 다양하고 포괄적인 이해당사자의 참여를 확보하고 이를 통한 여론의 수렴과 심의의 절차가 부족함. 단기적이고 사후적 제도 마련	단기적이고 사후적 제도 마련

적인 이해당사자의 참여를 확보하고 이를 통한 여론의 수렴과 심의 기회의 제공 노력이 필요하다.

제 4 절 결 론

2015년 1월 29일 서울시 박원순시장이 도시재생 핵심사업의 하나로 발표한 서울역고가도로 공원화 사업에 대한 찬반 논쟁이 서울시와 남대문시장 상인, 주변 봉제납품공장과 주민, 시민단체를 중심으로 팽팽히 맞서 갈등이 첨예화되었다. 특히 고가도로 공원화에 따른 도시재생촉진 및 주변지역 활성화에 맞서 교통체증에 대한 우려와 안전성 문제를 내세우며 조직적 반대시위로 이어지고 있다. 이와 같은 반대여론에 대해 서울시는 비록 사후적이고 단기적이기는 하나 소통과 의견수렴을 위한 다각적인 노력을 기울여 왔다. 서울시의 위원회 구성을 통해 전문가 참여를 확대하고, 현장에 주민들과의 소통, 공청회와 토론회, 관계기관 협의 등이 일련의 노력이다.

이와 같은 관주도의 공공사업을 둘러싼 갈등과 반대여론과 사후적 대응은 일반적이라 말할 수 있을 만큼 흔히 관찰되어 왔다. 하지만 무엇보다 우려해야 할 점은 관주도의 일방통행식 공공사업추진에 따른 갈등의 경험과 반대세력에 대한 사후적 미봉책은 정부에 대한 불신을 야기시켰고, 이는 협력구축을 위한 기초를 약화시키는 결과를 가져왔다. 이와 같은 지속적이고 반복적인 갈등과 불신은 갈등을 첨예화시키고 조직적 운동의 양상을 강화하고, 무엇보다도 협력적 거버넌스 구축의 기초를 약화시킨다.

Ansell and Gash(2007)의 협력적 거버넌스 모델에서 제시하듯이 신뢰나 협력의 경험은 더 높은 수준의 협력을 가져올 수 있다. 과거 관주도방식의 공공사업추진 접근법을 버리고 협력적 거버넌스를 통한 실질적 협력과 신뢰의 형성이 중요한 이유이다. 또한 리더십의 역할이 공공사업추진을 주도하고 추진하는 데에 뿐만 아니라 공공사업 추진과정상의 이해당사자 간의 협력을 촉진하는 데에도 역점을 두어야 할 것이다. 구체적으로 리더십이 권력/자원의 동원력이 약한 이해당사자들을 대변하고 중재하고 권한을 부여함으로써 이해당사자간의 권력/자원 동원력의 간극을 줄여주는 역할까지도 포함한다. 리더십의 주체는 기관의 장의 역할에 한정되는 것이 아니라 공공사업을 주관하는 집단이나 사업과 관련된 특정인물로 영향력을 미칠 수 있는 사람까지를 포함한다. 서울역고가도로 공원사업 결정후 박원순 서울시장의 "현장시장실"을 통한 현장과의 소통 노력은 다름아닌 남대문시장 상인이나 관련이해당사자의 권력/자원동원력의 비대칭성을 줄여주고 의견을 반영하고자 하는 의지로 파악할 수 있지만, 이와 같은 노력이 공공사업 기획단계에서 이뤄졌으면 하는 아쉬움이 남는다.

협력적 거버넌스 구축과 관련된 서울역고가도로 공원화사업과정에서의 서울시의 노력은 권력/자원비대칭성 문제의 해결과 참여인센티브에서 양호한 평가를 받은 반면, 실질적인 신뢰형성나 협력의 경험이 부족하고 협력조정리더십의 역할이 반대여론을 무마시키기 위한 정치적이고 형식적인 수준에 머물러 왔다는 점에 낮은 점수를 받았다. 또한 협력조정리더십과 제도설계의 항목에서도 협력이나 소통의 노력이 반대여론을 불식시키기 위한 단기적이고 사후적인 성격이 강하다는 점에서 낮은 평가를 부여했다. 결과적으로 실질적인 협력적 거버넌스구축을 위해 협력조정리더십의 역할이 좀더 적극적이고 실질적이어야 한다. 또한 이런 협력구축을 조정하고 증진하기 위한 제도적 장치와 규정이 필요하다.

참고 문헌

김지훈(2015). "서울역 고가도로 공원화 계획." 서울대학교 석사학위논문.

조명우(2015). "도시재생으로서의 서울역 고가도로 공원화 사업 검토: 재생방법론 관점에서." 「환경논총」, 9: 4−19.

서울시(2015). 서울역7017 프로젝트내용.

전상봉(2015). 서울역고가공원 밀어붙이기식 박원순 답지 않다. 오마이 뉴스, 2015년 05월 29일.

Ansell, Chris and Alison Gash(2007). "Collaborative governance in theory and practice." *Journal of Public Administration Research*, 18: 543−571.

제 7 장

민관거버넌스를 통한 비선호시설 입지에 따른 갈등 해소방안[1]: 성남보호관찰소 사례를 중심으로

이정주

제 1 절 서 론

공공시설의 건립과 유치문제가 여러 지역에서 공공갈등의 주요 사례로 떠오르고 있다. 복지 및 문화시설의 경우 지역사회의 환영을 받으나 하수처리시설, 소각장 등과 같은 비선호시설에 대해서는 지역주민의 반발이 커 지역 내 수요 및 형평성을 파악하여 중장기적 계획 하에 체계적으로 유치되어야 할 필요가 있다. 기피시설의 경우 건립 초기부터 공공갈등을 유발할 수밖에 없는 사안으로 정확한 상황 파악과 입지 선정기준을 가지고 선호시설과 기피시설을 지역별로 안배하는 계획이 필수적이다. 특히 대부분의 기피시설의 건립 및 유치계획들이 추진과정에서 발생할 민원을 우려하여 행정청에서 일방적으로 수립한 후 강요의 형태로 시민에게 알려지고 있고 정확한 정보도 전달되지 않아 시민으로서는 불신과 불만이 많아질 수밖에 없는 실정이다.

성남보호관찰소의 사례는 정보공유의 부재, 일방적인 행정청의 집행, 시민들의 기피시설 회피, 경제적 손실 등 비선호시설 입지결정에 따른 갈등의 모든 상황을 함축적으로 보여주는 예이다. 따라서 성남보호관찰소 이전 사례를 살펴봄으로써

1) 이 논문은 2013년 정부(교육부)의 재원으로 한국연구재단의 지원을 받아 수행된 연구임(NRF-2013S1A3A2055108).

비선호시설 유치에서 발생되는 갈등상황을 해결할 수 있는 새로운 거버넌스의 방향을 살펴보고자 한다.

제 2 절 비선호시설 갈등의 이론적 고찰

1 비선호시설 갈등의 이론적 배경

비선호시설은 사회적 편익과 공익실현을 위해 반드시 필요하지만 설치되는 지역의 주민들에게 불안감을 조성하고 부동산가격 하락, 지역환경 저해 등의 문제를 야기하여 기피의 대상이 되는 시설을 말한다. 쓰레기처리장, 장사시설, 핵폐기물처리장 등 지역과 사회 전체에 편익과 혜택을 위해 필수적인 기반시설이지만 입지지역의 환경 저해, 삶의 질 하락, 시설의 유해성, 교통혼잡 등의 비용과 불이익은 특정 지역에 집중되므로 해당 지역주민의 강한 저항을 불러일으킨다.

특히 비선호시설은 외부불경제적인 특성을 갖기 때문에 입지지역에 대한 보상, 잠재적 비용, 시설의 운영 등에 대한 갈등을 발생시킨다. 비선호시설의 혜택은 주변지역 및 사회 전체가 누리지만 그 비용과 불편은 고스란히 해당 지역민의 몫이 되고 보상을 위한 정확한 계산 또한 불가능하기 때문에 반발이 발생할 수밖에 없는 구조이다. 또한 비선호시설은 인근 지역 혹은 타 지역에 대한 상대적 박탈감을 유발함으로써 입지지역 주민의 반발을 사기도 한다(김흥식, 1993; 한국행정연구원, 2009에서 재인용). 즉 비선호시설의 설치는 입지지역 주민과 인근 지역주민 간, 혹은 입지지역 주민과 정부 간의 갈등을 야기하게 되기 때문에 비선호시설을 건설하는 데에서 발생하는 갈등의 요인을 분석하고 이를 해결할 수 있는 갈등완화요소를 찾아 이를 바탕으로 비선호시설 입지선정 갈등을 최소화할 수 있는 정책적 · 제도적 방안을 모색하는 것은 중요한 의미가 있다.

이를 위해 본격적인 사례분석에 앞서 이론적 분석을 통해 비선호시설 갈등의 특성과 갈등요인, 그리고 갈등완화요인에 대해 이해하고자 한다. 비선호시설을 둘러싼 갈등의 원인과 해결방안을 도출하여 사례분석의 틀을 마련할 것이다.

1) 비선호시설 갈등의 분류

(1) 갈등의 주체별 분류

갈등 주체에 따른 유형은 '정부와 민간 간의 갈등'. '정부와 정부 간의 갈등', '민간과 민간 간의 갈등'으로 분류할 수 있다. 정부 간 갈등은 정부 계층을 기준으로 다시 수직적 정부 간 갈등과 수평적 정부 간 갈등으로 세분화할 수 있다(한국행정연구원, 2009). 수직적 정부 간의 갈등은 중앙정부와 그 하위 정부기관, 혹은 광역자치단체와 기초자치단체 간의 갈등처럼 조직계층이 다른 정부 간의 갈등을 의미하며, 수평적 정부 간 갈등은 같은 계층의 정부기관 간의 갈등으로 볼 수 있다. 정부와 민간 간 갈등은 다시 정부-주민 간, 정부-비정부기관(NGO) 간 두 가지로 구분할 수 있는 데 정부-주민 간 갈등에는 중앙정부, 광역자치단체 및 기초자치단체와 주민 간의 갈등상황이며, 정부-비정부기관 간 갈등에는 각 정부계층과 환경단체나 시민단체와 같은 비정부기관 간 갈등이 있다.

일반적으로 비선호시설이 가져오는 비용편익의 불형평성, 환경오염 등의 파급효과는 지리적으로 한정적이기 때문에 대부분의 갈등이 지역정부와 주민 사이의 갈등으로 나타나는 경우가 많다. 그러나 그 파급효과는 국가 전체로 나타날 수 있으며 또한 지방정부의 경계지역에 비선호시설이 위치할 경우 이를 둘러싼 갈등은 중앙정부와 민간 혹은 정부 사이의 갈등으로 전개되기도 한다(한국행정연구원, 2009).

(2) 갈등의 성격별 분류

비선호시설의 입지에 따른 갈등은 이익갈등과 권한갈등으로 구분된다(한국행정연구원, 2009). 이익갈등은 다시 기피갈등, 유치갈등, 피해유발갈등, 공익적 가치추구갈등으로 나누어 볼 수 있는 데, 토지이용이나 시설입지에 따른 손실로 인해 지역주민이나 자치단체가 입지를 반대하는 경우를 기피갈등, 혜택을 주는 개발사업이나 시설을 유치하려고 경쟁할 때에 발생하는 갈등을 유치갈등, 한 지역의 개발이 다른 지역의 피해로 이어지는 피해유발갈등, 그리고 환경보전 등의 이유로 발생하는 공익적 가치추구갈등으로 분류할 수 있다(한국행정연구원, 2009). 반면 권한

갈등은 이해당사자 간의 권한 및 책임귀속 문제와 관련하여 발생하는 갈등으로 인·허가에 대한 권한의 귀속 및 적정성에 대한 갈등, 시설관리 및 운영에 관한 갈등, 토지이용이나 시설 유치·관리에 따른 비용부담과 보상에 관련한 갈등 등이 있다. 공공부문의 갈등은 대부분 지역주민이나 자치단체가 비선호시설의 입지를 회피하는 기피갈등의 형태로 발생하는 데 이를 해결하기 위해 다양한 유인책을 제공하여 문제를 해결하는 경우가 있다. 주체와 성격별로 구분한 공공갈등의 유형은 다음 <표 7-1>과 같이 정리할 수 있다.

표 7-1 공공갈등의 유형

유 형	구 분		내 용
주체에 따른 분류	정부조직 간 갈등	수직적 갈등	중앙정부와 광역지방자치단체·기초자치단체 간 갈등, 광역지방자치단체와 기초지방자치단체 간 갈등
		수평적 갈등	중앙정부 부처 간 갈등, 광역지방자치단체 간 갈등, 기초지방자치단체 간 갈등
	정부와 주민 간 갈등		정부(중앙정부, 광역 및 기초 지방자치단체)와 주민(지역주민, 시민·환경단체) 간 갈등
성격에 따른 분류	이익갈등		기피갈등, 유치갈등, 타 지역 피해유발갈등, 공익가치추구갈등, 보상갈등
	권한갈등		중앙정부와 지방자치단체 간 각종 인·허가, 재산의 관리·처분·이용의 권한·책임 및 시설관리·비용부담

자료: 나태준(2004). 갈등해결의 제도적 접근: 현행 갈등관련 제도분석 및 대안. 한국행정연구원(한국행정연구원, 2009에서 재인용).

2) 비선호시설 갈등요인

비선호시설은 공공재이기 때문에 특정 지역의 주민의 직접적인 손실을 통해 다수의 사람이 이익을 보는 구조를 갖는다. 따라서 이에 대한 첨예한 대립과 갈등이 발생하기 쉽고, 공공재가 유발하는 외부효과를 정확히 측정하기 어렵기 때문에 손실에 대한 보상 정도와 방법도 쉽게 결정하기 어려운 특징이 있다. 이러한 특징으로 인해 비선호시설을 둘러싼 갈등은 매우 유인되기 쉬우며 증폭되는 경향을 보인다.

여기에 더하여 경제발전이 이루어지고 다양한 사회적 요구가 생겨나면서 비선호시설의 종류 또한 보다 다양해지고 있다. 갈등을 야기시키는 분야 뿐 아니라 갈등의 주체에 있어서도 지방자치시대가 시작되고 시민단체의 활동이 활발해지면서 갈등과 관련된 참여자가 더욱 다각화되는 모습을 보인다. 중앙정부와 국민 간의 갈등 뿐만 아니라 지방자치단체 간의 갈등, 지방정부-NGO 간의 갈등의 원인이 보다 복합적이고 다양해졌다. 종합적으로 이해할 때 비선호시설을 둘러싼 갈등의 양상은 다양한 이해당사자와 제도의 변화 등으로 인해 예전보다 더욱 다층적이고 다각화되어 복잡한 갈등요인을 갖게 되었다.

Anderson(1984)은 정책집행기관의 비민주적 행태를 비선호시설의 입지선정에 갈등을 일으키는 주요 요소로 지목하였다. 강제적인 법의 집행과 비민주적 요인을 정책불응의 원인으로 보고 입지선정 초기부터 주민참여를 배제시키는 것이 심각한 정책불응을 불러일으킨다고 주장했다. 입지선정 초기의 주민참여는 저항을 유발할 수 있으나 이러한 민주적 방식을 따르지 않고 강제적으로 집행하는 경우 대상집단의 정치적 박탈감을 불러일으켜 더욱 강력한 반대를 유발할 수 있다.

이봉형·권희재·최은봉(1995)은 갈등의 요인을 경제적, 제도적, 심리적인 원인으로 분류했다. 비선호시설 입지로 인해 발생하는 지가의 하락으로 경제적 불이익이 발생하거나 삶의 질 하락이 직접적인 경제적 가치의 하락으로 연결되는 경우 갈등을 일으킬 수 있다는 것이다. 제도적인 차원에서는 지방자치제도가 본격적으로 실시된 이후 급증하고 있는 자치단체 간 갈등양상을 볼 때 제도가 비선호시설 입지로 인한 갈등에 영향을 주고 있다고 보고 있다. 마지막으로 심리적인 요소에서는 Maslow의 인간의 욕구 중 두 번째 단계인 안전에 대한 욕구가 비선호시설에 대한 거부감을 발생시킨다고 분석하였다. 즉 자기가 사는 지역에 위험이 발생할 수 있다고 생각할 때 나타나는 심리적 반응이 정책불응의 주된 원인이라는 것이다.

지충남(2000)은 권위주의 정부의 일방적인 정책수립과 집행, 하향적 정책결정과정, 주민참여의 배제, 미흡한 피해보상, 정보의 비공개 등이 지역주민들이 정부정책에 불신을 갖도록 하는 주요 원인이라고 분석했다. 이러한 폐쇄적이고 하향적인 의사결정방식과 통보가 정부 정책에 대한 지역주민의 저항을 초래하는 주요 원인이다.

김도희(2001)는 지방정부와 주민 간 입지갈등의 영향요인을 분석하면서 갈등의 원인을 정치·행정적 요인, 경제적 요인, 기술적 요인, 환경적 요인 등 네 요소로 분류하였다. 주민참여, 입지선정 방식, 정보공개 등에 있어 비공개적이고 권위적인 모습을 보이는 정치·행정적 요인과 재산적 가치의 하락과 보상으로 인한 경제적 요인, 시설의 위해성과 사고의 위험성, 시설관리에 대한 정부불신으로 나타나는 기술적 요인, 그리고 환경단체의 활동, 언론 및 대중매체의 영향 등으로 발생할 수 있는 환경적 요인이 비선호시설 입지선정에서 갈등을 일으킬 수 있는 요소로 인식되었다.

나태준(2005)은 갈등을 야기하는 네 가지 요인을 분석하였다. 먼저 정치·행정적 요인은 행정절차와 각종 제도의 미비, 조정자 역할 부족, 주민의 의사결정참여 기회 부족 등으로 드러나는 갈등요인을 의미한다. 두 번째로 경제적 요인은 공공재의 성격을 가진 비선호시설이 건설될 때 발생하는 비용과 편익의 불균형, 지역의 지가하락으로 인해 발생하게 된다. 환경적 요인은 환경문제에 대한 관심증대와 비선호시설이 건강을 해칠까 하는 불안감에서 오는 갈등요소이며 마지막으로 인지적 요인은 갈등의 주체 사이에 발생할 수 있는 오해와 감정적 대립으로 발생할 수 있는 갈등의 요인을 의미한다.

임정빈(2007)은 갈등요인을 크게 정치적, 경제적, 문화적인 관점에서 살펴보고 각각의 하위변수를 선정하였다. 정치적 요인의 하위변수로는 상호의존성, 주민참여 및 조직화, 리더십과 동원을, 경제적 요인의 하위변수로는 재산권 구조와 보상, 그리고 문화적 요인의 하위변수로는 공동체의 속성과 문제구조의 인식을 지적했다.

채경석(2009)은 갈등의 원인은 다양하지만 특수한 상황이나 주체에 따라 갈등의 주요 요인도 달라진다고 보았다. 정부기관 간에는 주로 관할권 다툼인 권한갈등이 많은 반면 정부와 주민 간의 갈등은 효율성을 중시하는 관료체제와 개방성과 호응성을 요구하는 시민 간에 발생하는 '민주화 격차'가 근본원인으로 지목되었다(이영희, 2004; 채경석 2009에서 재인용). 그는 갈등의 원인을 경제적 이해의 득실, 생활의 편리성, 환경적 가치, 정책 수립의 절차와 추진에 대한 불만 등으로 분류하였다. 토지보상문제와 재산적 가치 및 토지이용에 대한 제약 등과 관련된 경제적 이해의 득실, 입지에 따른 소음, 교통혼잡, 안전, 환경공해 등의 문제와 관련된 생활의 편리성, 환경보전과 개발 간의 가치평가 차이 등으로 나타나는 환경적인 가치에 대한 의견 차, 마지막으로 정보차단 등과 같은 정책수립 절차와 추진에 대한 불만이 비선호시설 입지선정에서 발생할 수 있는 갈등의 원인이라는 것이다.

최성두(2009)는 1990년대 원자력발전소와 주변지역 주민들 간의 갈등의 주요 원인으로 정부의 일방적 결정과 밀실행정과 같은 폐쇄주의적 결정 및 추진방식을 지목했다. 그러나 2000년대에 들어와서는 갈등의 요인이 변화하여 과거와 같은 밀실행정과 폐쇄주의보다는 갈등당사자가 가진 위험인식수준의 차이, 정부의 갈등관리방식에 대한 불만, 정부에 대한 기본 신뢰감 부족과 같이 보다 복잡한 맥락에서 그 원인을 찾고 있다. 또한 이익갈등, 신뢰갈등, 가치갈등 등의 요소도 갈등의 전개양상에 따라 갈등 초기에는 경제적 이익을 둘러싼 갈등에서 시작하여 신뢰갈등으로 전개가 되고 이것이 해결되지 못할 때 원자력의 근본가치에 대한 갈등으로 변화하는 순서를 따른다고 설명하였다(최연홍 · 오영민, 2004; 김영평 외, 2005; 최성두, 2009에서 재인용).

2 비선호시설 갈등에 대한 선행연구

이봉형 · 권희재 · 최은봉(1995)은 환경혐오시설 설치반대현상을 분석하여 반대원인을 찾아내는 한편 각국에서 설치반대를 해결하기 위해 사용하고 있는 정책도구를 살펴보았다. 원인과 해결책에 대한 분석을 바탕으로 우리나라의 사례에 이를 적용해보고자 하였다. 연구 결과 설치반대 원인으로는 경제적, 제도적, 비민주적 요인을 들고 있으며, 갈등해결을 위한 외국의 정책도구로는 일회적 및 다단계 보상에 의한 방법, 투명정책, 설득에 의한 방법 등을 제시하였다. 이를 우리나라의 사례에 적용했을 때 부지경매방식, 회피비용지불방식 등의 경제적 해결방식, 조정기구 설치 등의 제도적 방식, 자치단체 간 주고 받기 법칙 정립 등의 행태적 방식, 복합적 방식 등이 가능한 해결책으로 제시되었다.

이승철(1996)은 비선호시설 입지정책 갈등관리 방안을 살펴보고 그 원인을 비선호시설 자체의 특성, 입지주도기관, 입지지역 주민, 그리고 지방정부와 주민을 둘러싼 환경 네 가지로 분석하였다. 환경보호, 경제적 문제, 기술적 안전성 등과 관련된 비선호시설 자체의 특성과 권위적 행태, 도덕성과 신뢰 등 입지주도기관이 가지고 있는 특징, 지역이기주의, 주민대표자의 대표성, 과거 혐오시설 입지선정 반대 경험 등 입지지역 주민의 특징, 마지막으로 자치단체장의 가시적이고 단기적인 효과 추구, 재정확보 측면에서의 비선호시설 유치, 시민단체 활동 등 지방정부와 주민을 둘러싼 환경이 비선호시설 입지정책에서 갈등을 일으키는 요인이라고 분석했다.

김도희(2001)의 비선호시설입지 갈등유발요인에 대한 연구에서는 크게 네 가지로 갈등유발요인을 분류하였다. 첫 번째 정치·행정적 요인은 주민참여, 입지선정방식, 정보공개 등의 하위요소를 포함하며, 두 번째 경제적 요인은 재산적 가치의 하락과 보상의 문제와 연결되어 있고, 세 번째 기술적 요인은 시설의 위해성과 사고의 위험성, 시설관리에 대한 불신으로 발생할 수 있으며, 마지막으로 환경적 요인은 환경단체의 활동, 언론 및 대중매체의 영향으로 인해 갈등이 증폭되거나 감소될 수 있음을 의미한다.

전대성(2006)은 전라북도 익산시 사례를 중심으로 비선호시설입지 갈등과정에서 주민선호에 미치는 영향요인을 분석했다. 경제적 요인으로는 경제적 보상, 홍보비용, 정책비용이 있으며 매개집단요인으로는 근린집단, 언론매체, 지방의회 등이 입지갈등과정에서 주민의 선호에 영향을 미치는 것으로 조사됐다.

임정빈(2007)은 지방정부 간 관계 속에서 동일수준의 지방정부 간 님비(NIMBY: Not in My Back Yard)갈등과 핌피(PIMFY: Please in My Front Yard)갈등을 사례로 정하여 이를 비교 분석하였다. 님비·핌피갈등의 사례를 통하여 갈등의 촉진요인은 무엇이며 갈등관리전략은 어떤 것인지 살펴보고자 했다. 이를 바탕으로 정책적 차원에서 님비·핌피갈등관리에서 제시할 수 있는 함의를 분석하고 보다 바람직한 갈등관리전략을 수립·집행하는 근거를 제공하였다.

이강웅(2008)은 입지갈등의 효과적인 관리를 위한 전략적 기초요인을 파악하기 위해 기존에 적용되어 왔던 입지방식 및 갈등관리방안을 검토하여 이 중 입지의 기본적 구성요소 또는 요인 및 방안에 관한 중요도와 우선순위를 파악하려 하였다. 이를 위해 설문분석기법인 Q방법론을 이용하여 혐오시설 입지 및 갈등의 관리문제에 대한 현실적인 대안을 제시하거나 영향을 미칠 수 있는 관련집단의 인식을 파악하고자 하였다. 그 결과, 시설 자체의 특성이나 환경적 요인보다 시설 설치자로서 정부와 해당 지역주민이 가장 중요한 부문이며 실질적인 주민참여와 당사자 간의 직접 협상, 적절한 보상체계와 이를 위한 제도 구축이 중시되고 있음을 확인하였다.

김창수(2009)는 경기도의 인근 3개 지방정부 — 구리, 남양주, 하남 — 의 성공과 실패사례를 통해 협력적 정책기획의 성공조건을 모색하고자 했다. 사례분석 결과 구리시는 정책목표에 대한 합의, 포용적이고 투명한 정책과정, 정책참여자들의 책임감, 반대의견에 열려있는 협력적 리더십 등 네 가지 조건에 충실하여 쓰레기소각장을 위한 협력적 정책기획을 성공적으로 추진하여 원하는 정책효과를 얻을 수 있었다. 반면 독단적이고 폐쇄적인 정책기획을 추진한 남양주시와 하남시의 경우 높은 정책비용을 초래하면서 원하는 정책효과를 얻지 못했다.

채경석(2009)은 원전시설 건설과 관련하여 입지선정 논의단계부터 입지선정 이후까지 전국 또는 지역적으로 발생되는 이해당사자들 간의 갈등발생요인과 어떻게 하면 갈등을 최소화하고 정책수용성을 높일 수 있는지를 연구하였다. 이를 통해 향후 혐오시설로 인한 갈등분석과 관리에 활용할 수 있는 갈등관리방안을 개발하고 제시하였다.

최성두(2009)는 대표적인 비선호시설인 원자력발전소를 둘러싼 갈등양상을 해결할 수 있는 지원정책에 대해 살펴보았다. 고리원전지역에 대한 연구를 통해 원전주변지역 지원정책의 문제점을 살펴보고 개선방향을 모색했다. 분석을 통해 드러난 문제는 사업주체인 원전에 대한 지역주민들의 신뢰수준이 낮고, 지원사업에 대한 주민 만족도가 보통 수준에 불과하며, 주변지역 주민 간 갈등이 존재하는 것이 주요 이슈로 지적되었다. 또한 민선 자치단체장의 이익추구행동으로 사업이 왜곡되어 있으며, 원전지원사업의 장기적이며 종합적인 마스터플랜이 수립되어 있지 않고, 공동사업시행자인 지방자치단체와 한수원 간의 실질적 협력거버넌스가 구축되어 있지 않은 문제점이 있었다. 이를 개선하기 위해 향후 지역주민과의 신뢰구축 노력, 자발주의적 봉사활동 보완, 지자체 행동 개선을 위한 법제도의 강화, 원전지원사업에 대한 중·장기종합계획의 수립, 한수원-지방자치단체 간의 협력적 거버넌스 구축 등을 요구했다.

3 비선호시설 갈등의 원인요인 분석

다양한 문헌에 나타난 갈등의 원인요인을 정리하면 다음 <표 7-2>와 같다.

표 7-2 비선호시설 선행연구 갈등 영향요인

구 분	비선호시설 갈등 영향요인
경제적	경제적 손실, 보상의 정도, 적절한 보상, 보상요구 형태, 지역발전 후퇴, 재산가치 하락, 개인 재산침해, 토지이용분쟁, 시설유치경쟁, 홍보정책비용, 편익추구, 부동산가격하락, 비용과 편익, 불공평성, 교통불편
심리적	자료해석의 인식차, 당사자 간의 불신, 전문가에 대한 신뢰부족, 과학적 사실판단과 환경적 가치판단의 혼재, 주민피해의식, 주민 이기심, 비합리적 주장, 시설에 대한 거부감과 불안감, 이미지 훼손, 감정적 대응, 상대적 박탈감
기술적	안전규제기준, 규모의 정도, 건강위험 우려, 주거지 인접성, 기술적합성, 기술타당성, 저기술 수준, 기술적 결함, 신뢰성 결여, 정보확보, 시설위해성, 시설관리 불신, 정부 불신
제도적	정보미공개, 주민 및 이해당사자의 참여 미흡, 비공개협상과정, 투명성 결여, 입지선정방식, 기능분담 미흡, 환경영향평가제도 미흡, 조정자의 역할 미흡, 주민요구의 미반영, 대화채널의 부재, 약속한 운영절차의 위반, 소송 법령 및 규정의 미비
정치적	환경단체활동, 사회단체활동, 언론매체 영향, 지방의회 관여, 정치적 압력, 정치적 사건

자료: 한국행정연구원(2009). 「주민소환으로 인한 님비갈등의 정치화에 대한 대응방안 연구」. 54.

비선호시설입지 선정과정에서 발생하는 갈등의 원인을 다섯 개 분야로 분류하고 분석함으로써 갈등의 원인을 발견할 수 있을 뿐 아니라 제도적·정책적 장치를 통해 원인을 제거함으로써 갈등을 완화시킬 수 있는 방법을 도모할 수 있다.

대부분의 선행연구에서 다양한 종류의 경제적, 심리적, 기술적, 제도적, 정치적 요인이 비선호시설입지 선정과 관련된 갈등을 야기시키는 것으로 나타났다. 비선호시설의 공공재적 성격으로 인해 지역경제와 삶의 질 저하에 대한 보상의 정도와 형태를 둘러싼 갈등이 나타나며, 심리적 요인으로는 안전에 대한 불안감, 시설에 대한 거부감, 정책결정과정에서 배제된 데에 대한 소외감과 특혜지역에 대한 상대적 박탈감 등이 갈등을 야기하는 것으로 분석되었다. 기술적 요인은 특히 원자력발전소와 핵폐기물시설 등의 비선호시설에서 두드러지게 나타나는 데 기술의 적합성과 타당성 여부, 그리고 이로 야기되는 건강에 대한 위험과 위해성 등이 비선호시설 건설을 둘러싼 갈등의 주요원인으로 분석되었다. 갈등을 야기하는 제도적인 요인은 과정의 투명성 및 소통과 밀접한 연관이 있는 데 주요정보나 협상과정이 공개되지 않거나 조정자의 역할이 미흡할 때, 또한 약속된 운영절차와 법적 장치가 위반되었을 때 갈등을 일으키는 요인으로 작용하게 된다. 비선호시설입지 선정에 있어 갈등을 일으키는 정치적 요인으로는 언론매체의 영향, 정치적 압력과 사건,

지역사회단체의 활동 등이 있다.

제 3 절 사례연구

1 사례의 배경

성남시는 경기도 중부에 있는 시로 서울의 위성도시 중 하나이다. 수정구, 중원구, 분당구, 세 개의 일반구로 나뉘어져 있다. 애초에 두 개의 구로 이루어졌으나 1989년 성남시 남부의 녹지를 중심으로 10만 6천호의 주택을 건설하여 분당신도시를 건설한다는 계획이 발표되었고 1991년 9월 중원구에서 분구하여 분당구가 생기게 되었다. 2000년대에는 분당구 내에 판교 신도시가 건설되었다. 수정구의 면적은 45.53km^{2}이며 인구는 223,366명, 중원구의 면적은 26.38km^2, 인구는 250,351명이고,

그림 7-1 성남시 지도

표 7-3 구 별 가구의 월평균 소득

	계 (%)	100만원 미만	100~200 만원 미만	200~300 만원 미만	300~400 만원미만	400~500 만원 미만	500~600 만원 미만	600만원 이상
성남시	100	17.4	20.3	17.7	13.2	10.7	7.1	13.6
수정구	100	29.4	26.5	20.8	13.1	6.3	1.5	2.4
중원구	100	21.2	27.4	20.8	13.8	8.9	2.4	5.5
분당구	100	8.2	12.6	14.2	12.9	14.4	13.0	24.7

분당구의 면적은 69.77km^2, 인구는 503,073명이다(2016년 3월말 기준). 성남시 전체 인구의 51.5%가 분당구에, 25.6%가 중원구에, 22.9%가 수정구에 거주하고 있다.

분당구는 다른 두 구와 그린벨트 지역으로 분리되어 있어 생활권과 녹지면적에서 차이가 있다. 경제발전이나 주거환경, 주민의 삶의 질 면에서도 수정구·중원구와 분당구 사이에는 격차가 있다(<표 7-3> 참조). 수정구·중원구에서는 구시가지(수정구·중원구)에 집중되어 있는 공장지대, 쓰레기소각장, 장사시설 등 비선호시설이 구시가지에 몰려있는 것에 대해 불만을 표시하며 분당구 수준의 문화시설과 녹지시설을 요구하고 있다.

2 성남보호관찰소 사례

성남보호관찰소 사례는 크게 두 부분으로 나누어서 살펴볼 수 있다. 먼저 성남보호관찰소의 설치와 이전 단계 — 2000년 3월부터 2013년 9월 24일 — 는 비선호시설인 보호관찰소를 둘러싼 시민과 정부 간의 갈등이 시작되어 최고조에 이르게 되는 상황을 보여준다. 반면 성남보호관찰소 이전 백지화가 발표되고 성남시와 법무부 간의 합의에 의해 민관대책위원회가 결성되기로 결정된 2013년 9월 24일 이후의 시기는 비선호시설의 이전을 둘러싼 갈등이 완화되는 양상을 보인다. 사례 부분에서는 먼저 성남보호관찰소 사례를 두 시기로 나누어 살펴봄으로써 비선호시설 입지 선정을 둘러 싼 갈등의 발생과 고조, 그리고 완화의 원인을 찾아보도록 한다.

1) 갈등의 발생과 고조: 성남보호관찰소 이전

1988년 12월 31일 보호관찰법이 제정되고 1989년 7월 1일 서울보호관찰소 등 12개 보호관찰소, 6개 보호관찰지소, 4개 보호관찰심사위원회가 개청되면서 우리나라에 보호관찰업무가 개시되었다. 2015년 7월 현재까지 전국에 18개 보호관찰소, 38개 보호관찰지소, 5개 보호관찰심사위원회로 증가하였다. 성남보호관찰소는 법무부 범죄예방정책국 소속기관으로 2000년 3월 7일 성남시 수정구 수진 2동에 개소하였다(범죄예방정책국 웹페이지). 성남보호관찰소의 공식 명칭은 수원보호관찰소 성남지소로 성남시, 하남시, 광주시 지역의 보호관찰대상자 1,500명에 대한 보호관찰, 사회봉사 및 범죄예방교육 수강명령 업무를 담당하고 있다.

성남보호관찰소는 법무부의 홍보 부족과 주민들의 오해로 개소 초기부터 많은 반발이 있어 수진 2동에서만 세 번을 이전했다. 2011년 9월 기존 건물 맞은편 건물을 임차하자 영구 이주를 염려한 주민들이 집단행동에 나섰다. 이후 수진 2동 보호관찰소 건물 앞에서는 보호관찰소의 이전을 요구하는 수요집회가 67차례나 열리는 등 주민의 반대가 심했다.

이 외에도 구미동과 여수동, 야탑동으로 이전을 추진했으나 매번 주민 반발에 부딪쳐 무산되었다. 2005년 5월에는 분당구 구미동 23-3 일대 옛 재정경제부 땅을 양도받아 이전을 추진했으나 주민 반대에 부딪쳤다. 2010년 5월에도 구미동 부지와 야탑 3동 135-1 고용노동부 성남지청 부지의 맞교환을 추진하다가 역시 주민 반발로 무산된 일이 있었다. 2013년 5월에는 분당구 야탑 1동과 중원구 여수동 주민 300여명이 성남시를 방문해 중원구 여수동의 한 건물로 성남보호관찰소가 이전하는 것을 막아달라고 시위하는 일도 있었다(한겨레신문 2013년 5월 22일 기사).

이러한 상황에서 2013년 9월 18일 수진동 청사 임대가 만료되어 이전해야 할 상황이 되었으나 지역 주민들의 반발이 문제가 되어 새 청사로의 이전이 어려운 상황이 되었다. 그러자 2013년 9월 4일 성남보호관찰소는 주민의 사전동의나 절차 없이 새벽시간에 분당구 서현동 274의 2 건물로 기습 이전하게 되었다. 법무부는 수진동에 있던 관찰소는 입구 바로 앞에 버스정류장이 있고 행인이 많아 대낮에 이사를 할 수 없는 상황이어서 불가피하게 밤 시간을 이용해 이사를 한 것이라고 해명했으나 시민들의 반발은 거셌다(시사포커스 2013년 9월 7일 기사). 성남시 측에서도 이전 계획을 통보받지 못한 상황에서 이주가 이루어졌다고 주장했다.

이전 소식이 알려진 직후인 2013년 9월 5일 서현동에 있는 초등학교 학부모를 중심으로 '보호관찰소 이전 반대를 위한 분당학부모 비상대책위원회'가 만들어졌고, 주민공청회나 설명도 없이 보호관찰소가 서현동으로 이전해 온 것에 대해 규탄하는 성명서를 냈다. 비상대책위원회는 곧바로 서현동 학부모를 중심에서 분당구 전지역의 학부모 및 지역 사업장 주인을 포함한 범시민비상대책위원회로 확장시켜 더욱 조직적이고 적극적인 반대운동을 전개하였다. 2013년 9월 5일부터 서현동에 새로 입주한 보호관찰소 건물 앞에서 농성을 벌이며 릴레이 밤샘 농성을 벌여 직원들의 출근을 저지하는 한편 인근에 있는 서현역 로데오거리에서는 대규모 반대 집회가 열기 시작했다. 새로 이주한 서현동 성남보호관찰소 건물 앞에서 연좌 농성을 벌이며 출근을 저지하고 같은 건물에 입주한 일반업체 직원들의 신분을 확인하고 들여보냈다. 이러한 조치로 보호관찰소 직원 20여명은 출근하지 못한 채 인근에서 대책을 논의하고 보호관찰업무 또한 중단 돼 1,500여명의 보호관찰 및 사회봉사명령 대상자 관리에 문제가 발생했다(한국경제신문 2013년 9월 9일 기사).

2013년 9월 6일 '보호관찰소 이전 반대를 위한 범시민비상대책위원회' 회원 5백여 명은 저녁 집회를 열고 성남보호관찰소가 분당 상업의 중심지인 분당구 서현동으로 도둑이사를 했다고 주장하며 이 결정을 즉각 철회할 것을 요구했다. 청소년들의 출입이 많은 극장, 백화점, 서점 등이 있는 지역에 신상도 알 수 없는 1천500명의 범죄자들이 24시간 왕래하는 것은 매우 위험한 일이라는 주장이었다. 2013년 9월 7일과 8일에 열린 집회에는 경찰 추산 1천500명(주최측 추산 3천여명)의 분당지역 학부모가 집결해 보호관찰소 기습 이전을 성토하고 외곽으로의 이전을 촉구했다(연합뉴스 2013년 9월 8일 기사). 비상대책위원회는 이 사태가 님비현상이 아닌 아이들과 주민의 안전을 지키려는 정당한 행복추구권 추구행위라고 주장하며 초・중・고생들이 즐겨 찾는 서현역에 주민공청회나 사전 협의절차 없이 보호관찰소를 기습 이전시킨 법무부의 행태를 성토했다.

시민들은 동시에 성남시청 게시판과 법무부 홈페이지에 수십 건의 민원을 제기하면서 탄원서 제출을 위한 서명운동을 실시했다. 2013년 9월 9일에는 1,600여명의 학부모가 전세버스 33대를 타고 정부과천청사로 이동해 법무부를 상대로 보호관찰소 이전 촉구집회를 열었다. 이들은 청소년 문화공간인 서현동에 보호관찰소를 설치함으로써 아이들이 범죄에 노출되었다고 주장하며 원천무효를 주장했다(서울신문 2013년 9월 9일 기사).

2013년 9월 7일, 민원이 빗발치고 농성의 규모가 커지자 정치인들이 반응하기 시작했다. 이재명 성남 시장은 보호관찰소 이전을 위해 총력을 기울이겠다는 약속을 하게 되었다. 이재명 시장은 페이스북을 통해 중앙정부의 조속한 시정과 결단을 요구하며 "우선 관찰·교육 업무를 도심이 아닌 제3의 장소로 옮기고 전부 이전은 시간을 가지고 추진할 수밖에 없다"는 입장을 밝혔다. 또한 분당갑 이종훈 국회의원도 홈페이지를 통해 법무부의 도둑이사를 비판하며 "계속 서현동에 보호관찰소가 남아 있다면 모든 수단과 역량을 다해 투쟁하겠다"는 의견을 피력했다. 이들은 비상대책위원회의 집회장소에 와서 지역주민과 뜻을 같이 하겠다는 의지를 보이기도 했다. 이종훈 의원(분당갑), 전하진 의원(분당을)은 당 대표최고위원회에서도 성남보호관찰소 문제의 심각성을 설명하고 당 차원의 강력한 대처를 요구한 끝에 법무부장관을 만나 긴급 당·정 협의를 갖는 등의 노력을 기울였다(한국경제 2013년 9월 9일 기사). 이 자리에서 황우여 새누리당 당시 대표도 지역주민의 의견 수렴을 제대로 거치지 않은 정부의 정책결정은 매우 심각한 문제를 초래할 수 있다고 지적하며 해당지역 주민의 의견을 수렴할 것을 요청했으며 황교안 당시 법무부장관은 이에 대해 당과 충분히 상의하지 않은 점에 유감을 표하며 지역주민의 안전에 대한 우려를 불식시킬 수 있도록 빠른 시일 내에 대안을 마련하겠다고 밝혔다(조선일보 2013년 9월 10일 기사).

시민들의 격렬한 반대에 대해 법무부는 2013년 9월 10일 보호관찰소 문제를 원점에서 재검토 하겠다고 밝히고 다른 곳으로 이전하기 전까지 서현동 청사에서는 어떠한 업무도 하지 않겠다고 약속했다. 그러나 사태는 쉽게 진정되지 않고 범시민 비상대책위원회는 즉각적인 이전을 요구하며 등교거부 움직임이 일기도 하였다. 2013년 9월 11일 범시민대책위원회는 법무부와의 협상 끝에 9월 11일부터 성남보호관찰소 앞 밤샘농성과 학교 등교거부를 전면 중지한다고 발표했다. 따라서 서현동 청사 앞에서 진행된 집회도 자진해산했고 학생들도 정상 등교하게 되었다. 그러나 보호관찰소 이전이 마무리될 때까지 계속적으로 상황을 살피고 법무부, 성남시, 지역구 국회의원, 학부모 등과 함께 하는 보호관찰소부지선정위원회에 적극 참여하겠다는 계획을 제시했다(한겨레 2013년 9월 11일 기사).

2013년 9월 12일 이재명 성남시장은 긴급 기자회견을 열고 성남시청에서 주도적으로 성남보호관찰소 문제를 해결할 것을 약속했다. 보호관찰소 문제에 대한 근본적이고 합리적인 해결책을 위해 노력할 때라는 것을 강조하며 이를 위해 학부모가 참여하는 민관대책기구 구성을 제시했다. 민관대책기구에서 보호관찰소입지 선정 등을 논의해 투명하게 공개하고, 법무부와 협의해 주민동의 절차를 반드시 거치도록 하겠다는 약속을 했다(중앙일보 2013년 9월 12일 기사).

2013년 9월 24일 성남시청은 성남보호관찰소의 정상적인 운영을 위한 합의문안을 법무부 측에 전달하였고 9월 26일 성남시청과 법무부는 이전문제를 해결하기 위한 민관합동대책기구 구성, 논의 내용 및 운영과정의 투명 공개, 임시 사무소 설치 협조 등을 내용에 합의했다(법무부와 성남시 합의문).

합의문에서 성남시와 법무부는 성남시민이 참여하는 민관대책기구를 구성하기로 하고 대책기구의 모든 논의는 시민에게 투명하게 공개하여 사회적인 갈등 현안을 광범위한 시민의 참여와 동의를 통해 해결하도록 하였다. 또한 현 분당구 서현동 청사에서의 보호관찰업무는 중단하고, 임시사무소 설치 등 보호관찰업무 유지를 위해 상호 협조할 것을 합의했다.

합의문을 구체적으로 실현하기 위해 성남시는 민관합동대책기구의 핵심인 '학부모 참여단'을 선정하기 위해 9월 30일부터 10월 7일까지 '학부모 대표단'을 공개모집하였다. '학부모 참여단'은 성남지역 초중고에 다니는 자녀를 둔 학부모이면 누구나 신청할 수 있고, 선정되면 보호관찰소입지 선정 등과 관련한 공청회에 참여할 수 있으며 소셜네트워킹서비스(SNS)를 통해 의견을 제안하고 진행상황을 공유할 수 있다. 마감 결과 총 1,472명의 시민들이 신청하였으며 구별로는 수정구 324명, 중원구 175명, 분당구 973명으로 집계되었다. 2013년 10월 16일 '학부모 참여단 공청회'가 처음으로 열렸고 법무부와 성남시민이 최초로 대화의 자리에서 만나게 되었다.

2013년 10월 31일, 법무부, 성남시, 시민(학부모 대표)의 3자 기구인 '성남보호관찰소 정상화를 위한 민관대책위원회' 1차 회의가 열렸다. 학부모 대표단 8명(분당구 4명, 중원구 2명, 수정구 2명), 법무부 성남보호관찰소 2명, 성남시 2명과 외부 추천인사 2명 등 총 14명이 참석하여 향후 위원회의 운영방식, 보호관찰소업무 개선방안, 임시사무소 설치 등의 안건에 대해 논의하였다. 이후 2014년 12월까지

20차 회의가 진행되었고 1년 동안 회의가 이루어지지 않다 2016년 1월 14일 21차 회의가 이루어졌다. 그 사이에 6차 회의에서 임시행정사무소가 성남시청사 내로 6개월간 입주하며, 1회에 한하여 6개월 연장할 수 있다는 내용의 '1차 의결문'을 도출해낸 것이 민관대책위원회의 주요 성과이다. 또한 2014년 3월 6일 제11차 회의에서 객관적 근거 마련과 합리적 결과 도출을 위한 '수원보호관찰소 성남지소 민관대책위 입지기준 의결문'을 합의하는 데 성공하였다. 이후 몇 번의 회의에 걸쳐 상시적인 의견교류를 위해 '소위원회'를 만들고, 소위원회의 활발한 활동으로 '입지기준 의결문'을 구체화시킨 '입지기준표'의 초안을 만드는 등 합리적이고 민주적인 성남보호관찰소 이전을 위해 진행 중이다. 그러나 2015년 1년 간 활동이 중단되고 입지 선정에 여전히 진통을 겪고 있어 여전히 해결되어야 할 숙제를 안고 있기도 하다.

성남보호관찰소 진행상황

○ 2013. 9. 4 : 성남보호관찰소 서현동 이전(← 수진 2동)
○ 2013. 9. 10 : 성남보호관찰소 서현동 이전 원점 재검토 발표(법무부)
○ 2013. 9. 12 : 성남시장 기자회견
○ 2013. 9. 24 : 법무부에 업무협의(합의사항) 요청(성남시 → 법무부)
○ 2013. 9. 25 : 법무부 합의사항 적극 협조(법무부 → 성남시)
○ 2013. 9. 26 : 학부모참여단 공개모집계획 발표(성남시)
○ 2013. 9. 30~10. 7 : 학부모참여단 공개모집(총 1,472명)
○ 2013. 10. 25 : 학부모 대표단 구성 완료(8명)
○ 2013. 10. 31 : 민관대책위원회 1차 회의
○ 2014. 12. 22 : 민관대책위원회 20차 회의
○ 2016. 1. 14 : 민관대책위원회 21차 회의

민관대책위원회 개요

□ 민관대책위원회 구성인원
  ○ 12명(학부모 대표 8, 법무부 2, 성남시 2)

□ 민관대책위원회 추진사항

○ 2013. 12. 5 : 의결문 마련(임시행정사무소 설치, 공평부담기준 적용 등)
○ 2014. 3. 27 : 입지기준표(5개항 13개 항목) 마련
1. 주민주거지 여건 및 주민불안 해소 2. 학생안전고려
3. 지리적 입지요건. 4. 규모의 적절성 5. 행정절차의 편의성

법무부와 성남시 합의문(전문)

법무부 성남보호관찰소와 성남시는 성남보호관찰소의 정상적 운영을 위해 다음 사항을 합의한다.

1. 성남시와 성남보호관찰소는 성남보호관찰소 청사 문제해결을 위해 상호 협조한다.
2. 성남시와 성남보호관찰소는 조속한 시일 내에 성남시민이 참여하는 「민관합동대책기구」를 구성한다.
3. 성남시와 성남보호관찰소는 「민관합동대책기구」의 논의 내용 및 운영과정에 대해 성남시민에게 투명하게 공개한다.
4. 성남시와 성남보호관찰소는 현 분당구 서현동 성남보호관찰소에서의 보호관찰업무는 중단하고, 임시사무소 설치 등 보호관찰업무 유지를 위해 상호 협조한다.

성남보호관찰소 정상화를 위한 민관대책위원회 출범해
– 학부모대표 8명, 법무부 2명, 성남시 2명, 외부 추천인 3명 등 총 15명 구성 –
– 대표선출 등 모든 과정을 시민들이 결정한 민관협력의 모범사례될 것 –

2) 갈등의 완화: 민관대책위원회 활동[2)]

'성남보호관찰소 정상화를 위한 민관대책위원회'는 시민, 법무부, 성남시가 함께 성남보호관찰소 이전 문제를 합리적이고 민주적으로 풀어가기 위해 만든 특별기구이다. 2013년 10월 31일 성남보호관찰소 정상화를 위한 민관대책위원회가 출범한 이래 2016년 1월 14일 제21차 회의가 이루어진 시점까지의 주요 내용을 살펴봄으로써 민관대책위원회를 통한 시민과 정부가 함께 하는 거버넌스가 성공하기 위해서 갖추어져야 할 조건과 갈등을 해결하기 위해 필요한 요건 등에 대해 분석한다.

2) 민·관대책위원회 회의 내용은 '성남보호관찰소 정상화를 위한 민·관대책위원회 회의' 회의록을 참조하였다.

제1차 회의(2013년 10월 31일)

(1) 민관대책위원회 운영방안 논의

첫 번째 민관대책위원회에서는 향후 위원회 운영방안과 제반적인 사항에 대한 논의가 이루어졌다. 민관대책위원회 회의는 주 1회, 매주 목요일 오후 1시에 시청에서 열리는 것으로 정례화 되었고, 회의 안건의 결정방식은 합의제를 원칙으로 하였다. 회의 운영은 학부모 대표단에서 맡고 대책위 위원장은 수정구 1번, 중원구 1번, 분당구 2번 등 순차적으로 맡기로 하였다.

(2) 행정사무소 설치 건의

지역 주민의 반대로 성남보호관찰소의 업무가 서울동부관찰소와 수원본청 등으로 분산 운영되고 있는 상황에서 행정사무소의 설치에 대한 내용이 논의되었다. 행정사무소란 보호관찰 대상자의 출입이 전혀 없이 보호관찰소의 행정업무만을 전담하는 사무실이며 행정업무만이라도 볼 수 있는 행정사무소의 설치가 시급하다는 것이 법무부 입장이었다.

법무부 측에서는 행정사무소가 오직 행정업무만을 위한 사무실이며, 관찰 대상자의 출입이 전혀 없음을 강조하였고 12명의 직원이 근무할 50여평의 규모임을 밝혔다. 이에 대해 학부모 대표는 행정사무소가 보호관찰 대상자를 교육하지 않는지, 성범죄자는 출입하지 않는지 등의 세부적인 질문을 통해 행정사무소의 필요성과 시급성에 대해 이해하였다. 행정사무소의 입지로 성남시청이 거론되었으나 공간 부족의 이유로 어렵다는 의견도 나왔다.

제2차 회의(2013년 11월 7일)

(1) 행정사무소 설치 지역에 대한 논의

제1차 회의에서 그 필요성이 언급된 행정사무소의 설치에 관한 구체적인 논의가 이루어졌다. 특히 행정사무소를 어디에 설치할 것인가의 논의가 제2차 회의의 주요 안건이었다. 행정사무소의 필요성에 대해서는 어느 정도 합의가 이루어졌으나 이와 관련한 두 가지 쟁점이 불거졌다.

첫 번째는 행정사무소를 설치하기 위한 예비지역에 대한 합리적 근거와 계획에 대한 논의였다. 이에 대해 담당기관인 법무부는 지역주민의 반대여론을 걱정하여 구체적이고 합리적인 계획을 제시하지 못하는 것이 문제로 지적되었다.

또 다른 쟁점은 행정사무소의 시청입주를 둘러싼 참여자들 간의 의견조율 문제였다. 제1차 회의에서 모든 참여자들은 행정사무소의 필요성에는 공감했지만 어느 지역에 입주하는지의 문제에 대해서는 의견을 모으지 못했다. 특히 성남시청은 행정사무소 입주의 최적지로 물망에 올랐으나 제1차 회의에서 성남시는 공간 부족 등의 문제로 반대 의견을 피력했다. 또한 성남시청이 위치한 지역의 민간위원도 행정사무소의 성남시청 입주에 반대의견을 표시했다. 지역 학부모들의 반발이 우려가 된다는 것이었다. 그러나 제2차 회의에서 성남시 측은 임시 시청 입소에 동의함으로써 문제해결의 실마리를 제시하였다.

제3차 회의(2013년 11월 14일)

(1) 행정사무소와 보호관찰소의 차이

행정사무소는 보호관찰소의 행정업무만을 전담하는 임시사무실로 시민들이 우려하는 보호관찰 대상자의 출입이 전혀 없다는 점이 강조되었다. 또한 행정사무소가 입주한다고 해서 보호관찰소가 그 자리로 가는 것도 아니라는 사실을 분명히 했다. 이러한 차이가 명확해지자 행정사무소 입주를 위한 지역선정 문제에 대한 구체적인 제안들이 나오기 시작했다.

(2) 공평부담기준(fair share criteria) 등장

행정사무소 설치를 논의하는 과정에서 공평부담기준 등과 같은 구체적인 해결방안이 등장했다. '공평부담기준'이란 특정 지역에 혐오시설을 만들 때 전체 지역 차원에서 부담(burden)과 이익(benefit)을 공평하게 감당해야 한다는 개념이다. 그러나 법무부 측에서는 보호관찰소도 아닌 행정사무소의 설치에 있어 공평부담기준의 개념까지 도입하여 논의를 하기에는 시간이 부족하다는 의견을 피력했다. 행정사무소를 보호관찰소 부지를 선정하는 기준으로 논의하는 것을 불필요한 과정으로 여긴 것이다.

제4차 회의(2013년 11월 21일)

(1) 보호관찰에 대한 이해

보호관찰대상자에 대한 심도 깊은 논의를 통해 대상자와 시설에 대한 이해가 이루어졌다. 보호관찰대상자 지도·감독 개선안에 대한 논의가 이루어지는 한편 대상자의 범죄유형, 관리방법, 출석/출장교육효과 비교 등 다양한 의견 교류가 있었다. 이에 시민들이 안심할 수 있는 '안전장치' 마련 취지에는 합의하였고, 시민들이 수긍할 수 있는 합리적인 개선점을 법무부가 자료 정리하기로 합의하였다.

(2) 행정사무소 설치 지역에 대한 공평부담기준

제3차 회의 때 등장한 공평부담기준에 대해 임시 행정사무소에도 지역주민을 배려하는 차원에서 공평부담기준이 필요하다는 쪽으로 의견이 모아졌다. 따라서 임시행정사무소가 입주한 지역은 보호관찰소부지 선정 후보지역에서 제외시키는 것으로 결론이 났다. 문제는 공평부담기준의 구체적 내용에 대한 민간위원과 법무부의 입장 차이였다. 민간위원은 '행정동 혹은 생활권 제외'를 주장한 반면 법무부는 '시청 반경 얼마 제외'를 주장하였다. '행정동 제외'란, 임시행정사무소가 '시청'에 입주하면 '여수/야탑동'은 보호관찰소부지 선정에서 제외시킨다는 것이다. 반면 '시청 반경 얼마 제외'란 시청을 중심으로 반경 얼마(100m든 1km든)를 논의해서 결정하자는 것이다. 법무부는 행정동을 제외할 경우 다른 지역에서 발생할 형평성의 문제와 반발을 우려하였다. 반면 반발이 큰 지역부터 하나씩 안심시키며 논의를 진행하는 것이 바람직하다는 것이 민간위원의 견해였다.

제5차 회의(2013년 11월 28일)

(1) 공평부담기준 도입 결정

성남시청이 임시행정사무소 입주지역으로 정해질 경우 행정동인 여수동과 야탑동은 공평부담기준에 따라 이후 보호관찰소부지 선정 논의에서 제외하기로 결정하였다. 애초에 이에 대해 법무부는 행정동 개념 대신 '반경 얼마'를 제안했었고, 다른 위원은 도촌동을 추가를 제안했으며, 다른 위원은 형평성을 위해 '사송동/성남동' 등을 언급했었다. 그러나 제5차 회의에서 법무부가 먼저 '반경 얼마'를 양보하고 행정동 제외 의견을 받아들이자 다른 위원들도 여수동/야탑동으로 타협하였다. 제5차 회의의 결과로 인해 보호관찰소부지가 결정될 때까지 임시행정사무소가 성남시청에 입주하여 행정업무를 보고, 시청의 행정동인 여수동/야탑동은 이후 보호관찰소부지 선정 논의에서 제외하기로 결론을 보았다.

(2) 임시행정사무소 설치 기간에 대한 토론

임시행정사무소 설치 장소가 결정되자 다시 기간에 대한 논의가 이어졌다. 제4차 회의에서는 심도 깊게 논의되지 못했던 입주 기간 명시 문제가 시청 인근 지역 주민들과 민간위원의 요구로 제5차 회의 논의의 중심이 되었다. 임시행정사무소 설치로 불안해하는 시민들을 안심시키고 배려하는 차원에서 기간을 명시하자는 주장이었다. 임시행정사무소를 시청에 설치하되 그 기간은 3개월이며 최대 1회 3개월 연장만을 가능하게 하자는 의견을 제시했다. 이에 대해 법무부와 성남시, 일부 민간위원이 반대의사를 표시했고 기간 문제가 다시 토론의 중심에 올랐다.

임시 행정사무소 설치 기간을 구체적으로 결정하려는 이유에 대해 해당 민간위원은 지난 25일 야탑동 지역 주민대표자 회의에서 나온 요구사항이며 최대한 빨리 부지를 선정하자는 의지의 표현이라고 주장했다. 그러나 보호관찰소부지 선정이 얼마나 걸릴지 어떻게 결정날 지 모르는 상황에서 기간을 못 박는 것은 위험하다는 것이 이에 반대하는 위원들과 성남시, 법무부의 입장이었다. 해당 위원의 계속적인 반대와 현장에 나와 참관했던 해당 지역주민의 영향으로 임시행정사무소 설치 기간에 대해서는 합의를 보지 못하고 제5차 회의가 마무리 되었다.

제6차 회의(2013년 12월 5일)

(1) 성남보호관찰소 임시행정사무소 시청 입주 결정

공평부담원칙에 따른 위치 선정과 기간에 대한 합의를 보지 못했던 보호관찰소의 임시행정사무소의 성남시청 입주가 위원회 전원합의로 결정되었다. 제3차 회의에서 처음 임시행정사무소 입주 지역에 대한 공평부담기준이 논의된 이후 제5차 회의에서 임시행정사무소 입주 지역인 여수동과 야탑동은 이후 보호관찰소부지 선정 논의에서 제외하기로 결정되었다. 그러나 입주기간 명시 문제로 결정이 보류되다가 제6차 회의에서 합의에 이르게 된 것이다.

기존에 해당 지역의 민간위원이 주장한 3개월 설치에 1회 3개월 연장안 대신

기본 6개월 설치에 1회(6개월) 연장 가능하도록 하는 의견이 제시되었다. 6개월 설치에 6개월 연장을 보장함으로써 보호관찰소부지 선정 논의를 위한 기간을 확보하는 동시에 구체적인 기간을 명시함으로써 지역주민들의 불안감도 해소할 수 있다는 점에서 의견이 모아진 것이다. 결국 임시행정사무소 설치의 장소와 기간에 대해 민관대책위원회에서 합의한 사항은 다음과 같다.

수원보호관찰소 성남지소 정상화를 위한 민관대책위원회 의결문

1. 수원보호관찰소 성남지소의 임시행정사무소(이하 임시행정사무소)를 성남시청사 내로 입주하는 날로부터 6개월간 설치한다.
   단, 1회(6개월)에 한하여 협의하여 설치기간을 연장할 수 있다.
2. 공평부담기준을 적용하여 여수동・야탑동 지역은 수원보호관찰소 성남지소 입지선정 대상에서 제외한다.
3. 임시행정사무소의 상주 인원은 12명 내외로 하며 그 기능은 보호관찰대상자 출입이 없는 행정사무로 한다.
4. 성남시민의 임시행정사무소 방문은 업무처리에 방해가 되지 않는 한 보호되어야 한다.

(2) 민관대책위원회 회의 '반(半)공개' 전환

제5차 회의 때 지역주민들이 회의에 참관하였는 데 그 과정에서 원활한 회의 진행이 방해되는 부분이 있었다. 그 결과 참관인의 출입을 통제하는 반공개로 회의를 전환하게 되었다. 위원회 회의를 전면 공개로 하자는 논의도 있었으나 제5차 회의 때 드러난 문제로 인해 우선 반공개 형태로 진행하고 후에 다시 논의하기로 결정하게 되었다.

제7차 회의(2013년 12월 19일)

(1) 성남보호관찰소부지 선정기준 토론

법무부가 1차 후보지 여러 곳에 대해 프리젠테이션을 시작하면서 성남보호관찰소부지에 대한 논의가 본격적으로 시작되었다. 그러나 이에 대해 선정기준에 일관성이 없고 기준이 모호하다는 민간위원들의 지적이 있었고 부지 선정의 기준부터 명확히 하자는 의견이 나왔다.

이에 대한 법무부의 입장은 근본적으로 보호관찰소부지 선정에는 어려움이 있으며 보호관찰소는 300평 이상의 규모여야 하고, 1차 후보지들은 모두 국유지를 중심으로 선정되었음을 밝혔다. 현재 독립청사를 갖고 있는 보호관찰소의 경우 대부분 국유지에 위치하고 있고, 사유지의 경우 부지에 대한 감정평가부터 땅주인과의 계약(매입)까지만 해도 오랜 기간이 소요되어서 현재 성남보호관찰소부지 선정에는 맞지 않아 제외시켰다는 설명이 있었다. 매입이 아닌 임차의 경우도 보호관찰소가 입주하면 다른 세입자들이 나간다며 꺼려하는 건물주들이 대다수이기 때문에 어려움이 있는 상황이었다. 시유지의 경우에도 시 자체적인 개발계획 등과 맞물려 성남시와 논의 중인 상태로 후보지로 거론하기에 이르다고 설명하였다.

대다수 민간위원들은 법무부의 어려움을 이해하는 한편 심도깊은 논의를 위해 300평 이상의 규모에 부합하는 성남 소재 모든 국유지와 시유지에 대한 자료를 요구하는 한편 녹지 및 그린벨트 등에 대한 행정적 처리 기간 등의 자료를 준비해오기를 요구하였다.

(2) 법조단지 내의 보호관찰소 설립문제 논의

사유지와 시유지 사용에 어려움이 있는 상황에서 민간위원들은 성남시가 추진 중인 '법조단지' 내에 보호관찰소 설립 가능성에 대해 질문하였다. 이에 대해 법무부는 법조단지 내에 보호관찰소가 입주한 사례가 있다면서 바람직한 경우라고 밝히면서도, 적정 부지가 선정된다면 독립적으로 신축을 해도 무방하다는 입장도 밝혔다.

(3) 회의의 공개전환 여부 논의

제5차 회의 당시 야탑동 주민들이 집단참관을 하였고 일부 참관인들의 소란으로 자유롭고 원활한 회의진행에 방해가 되자 제6차 회의에서 민관위 회의를 반(半)공개로 전환하는 데 합의하였다. 회의록(녹취록)은 종전대로 전면 공개하되 참관인 출입은 통제하자는 내용이었다. 제7차 회의에서는 여수동 한 아파트 단지의 입주자 대표회의의 공식 요청에 의해 위원회 회의의 공개 여부가 논의되었다. 위원회 회의의 반공개 운영이 공개성과 투명성이라는 원칙에 위배되어 우려된다는 의견이 있었다. 이러한 지적에 따라 위원회 토론 끝에 공개전환으로 합의하였다. 단 회의를 원칙적으로 공개하되 시청 홈페이지를 통해 사전 신청을 받고 참관인이 회의진행을 방해 할 경우 위원장이 퇴장 조치를 내릴 수 있도록 하여 집단행동을 차단하고 원활하게 회의를 진행할 수 있도록 하였다.

제8차 회의(2014년 1월 9일)

(1) 보호관찰소 후보지 설명회

보호관찰소 후보지 중 국유지 8곳에 대한 법무부의 설명과 성남시가 선정한 시유지 3곳에 대한 설명이 있었다. 이에 대해 민간위원들은 먼저 시유지의 경우 시유지 후보 중 한 곳은 초등학교와의 거리가 1km도 되지 않아 후보지 선정기준에 대한 의문이 있다고 지적하였다. 성남시 측에서는 현실적으로 비교적 적합한 후보지는 이미 매각이 되었거나, 계약 중이거나, 개발 중이라는 한계가 있으며, 또한 보호관찰소는 법령에 의해 업무시설로 속하지만 주민반발을 고려해 업무지역을 배제하고 고르다보니 진입로도 새로 닦아야 하는 시유지까지 합쳐도 세 곳이 전부라는 설명이었다.

법무부 후보지의 경우 성남시에 있는 부지 300평 규모의 모든 국유지 8곳 모두 부적합한 것으로 합의가 되었다. 학교와의 거리가 가깝다거나, 통학로 부근이라거나, 해당 지역주민들의 입장을 고려하지 않았다거나 하는 등의 이유가 있었다.

결국 국유지와 시유지 총 11곳 모두 보호관찰소 부지로 부적합하다는 것이 제8차 회의의 잠정적인 결론이었는 데 이는 성남보호관찰소 이전의 문제를 지역 쟁점의 문제로 접근해서는 풀리지 않는다는 것을 알게 해 주었다.

제9차 회의(2014년 1월 23일)

(1) 단독유치 vs. 법조단지와 결합

제9차 회의에서는 법조단지와 성남보호관찰소와의 관계에 대해 많은 논의가 있었다. 민간위원들은 사전 모임을 통해 의견을 교류한 후 보호관찰소와 법조단지가 결합하는 형태가 하나의 해결책이 될 수 있음을 공감하였다. 법조단지는 법원, 검찰청, 보호관찰소 등의 각종 사법 관련기관들을 단지 형태로 조성하는 것이다. 보호관찰소를 다른 국가기관들과 함께 행정타운이나 법조단지 형태로 유치하는 형태가 다른 곳에서도 진행 중이며 성남시도 실정에 맞추어 법조단지와 결합하는 형태로 보호관찰소를 유치하는 것이 타당하다는 의견이 있었다.

그러나 이에 대한 반론도 있었다. 보호관찰소와 법조단지를 결합함으로써 주민들의 불안감과 불만을 완화시킨다는 의견에는 동의하면서도 현재 법조단지 후보지로 거론되고 있는 신흥동 부지에 입주에는 반대의견을 보였다. 분당구에 비해 평지공원이 전혀 조성되지 않은 본시가지 주민들에게 신흥동 부지는 삶의 질을 높이는 휴식공간으로써 16년간 공원화를 위해 노력해 온 공간이라는 의견이었다. 공원 조성을 위한 공간에 법원, 검찰청 1만평의 법조단지를 세우고 거기에 보호관찰소를 입주시키는 것은 수정구 지역 주민의 뜻과 맞지 않는다는 것이 반대하는 민간위원들의 주장이었다.

법무부는 이 의견에 대해 법조단지 결정 이후에도 7~8년이 걸리는 사업에 대해 보호관찰소를 법조단지와 결합하느냐의 여부를 논의하는 것은 무리이며 법무부는 성남보호관찰소가 어떤 형태로든 신속하게 만들어져 업무를 시행하기를 희망한다는 것이었다. 즉 보호관찰소의 입주 지역을 선정할 수 있는 실질적 논의와 공평부담기준 등을 논의해야 한다는 의견이었다. 의견이 엇갈리는 가운데 제8차 회의에서 법무부와 성남시에 의해 제시되었던 후보지 11곳을 현장방문하는 등 면밀한 검토가 필요하다는 의견으로 정리되었다.

(2) 공평부담기준에 대한 논의

성남시와 여러 민간위원들은 부지선정 논의와 함께 공평부담기준에 대한 논의가 병행해야 한다는 의견이 있었다. 반면 일부 민간위원들은 부지를 먼저 선정한 후 그 지역 실정에 맞는 인센티브를 제공하자는 의견을 제시하기도 하였다. 이 문제에 대해서는 제7차 회의 때부터 의견이 나왔으나 제9차 회의에서도 합의점에 이르지 못했다.

제10차 회의(2014년 2월 6일)

(1) 11곳 후보지에 대한 현장실사 취소

제10차 회의가 열리기로 한 날은 원래 보호관찰소 1차 후보지로 제안된 11곳의 현장실사가 예정되어 있었으나 주민들의 반발로 취소되었다. 11곳의 후보지는 제8차 회의 때 법무부와 성남시에 의해 제안된 곳으로 부지 300평 규모의 국유지와 시유지로 제한되었다. 그러나 이 중 여러 곳이 현실적으로 청사 건립이 어려워 최적

후보지의 개념이 아닌 1차 후보지 정도의 의미를 지닌 장소였다.

그러나 2014년 1월 28일 모 일간지가 '성남보호관찰소 최적후보지는?'라는 제목의 기사에서 11곳의 구체적인 지명을 언급하며 이 중 최종후보지를 선정할 계획이라는 사실과는 다른 기사를 보도하면서 해당 지역주민들은 강력 반발하였고 항의전화가 쏟아졌다. 그 결과 성남시는 해명 자료를 통해 '성남보호관찰소 입지선정의 핵심 원칙은 주민동의의 원칙'을 명확히 하였고, 잠정 연기된 현장실사 대신 제10차 회의가 열리게 되었다.

(2) 6 · 4 지방선거와 보호관찰소부지 선정

제10차 회의에서 여러 민간위원들은 주민들의 반발을 부추기는 배후세력이 있다고 비공식적으로 문제제기를 하였다. 6 · 4 지방선거를 앞두고 보호관찰소부지 선정을 이용하여 주민 반발을 부추겨 표를 모으려는 입후보 예상자들이 존재한다는 의견이었다. 즉 보호관찰소를 들어오지 못하게 하겠다는 공약을 걸고 주민 반발을 부추기고 표를 얻으려는 시도를 한다는 것이다.

(3) 성남보호관찰소입지 논의 내용 일부 공개 제한

보호관찰소의 1차 후보지들이 밖으로 새어나가서 주민반발이 확산되었으니 구체적 지명이 새나가지 않게 공개 제한하자는 제안이 제10차 회의에서 건의되었다. 그러나 이에 대해 논의 내용의 공개를 제한하는 것을 옳지 않으며 100% 공개로 가야한다는 민간위원의 반대의견도 있었다.

(4) 소위원회 제안

민간위원 2명, 성남시 1명, 법무부 1명으로 구성된 소위원회를 만들어 수시로 접촉하여 논의하자는 의견이 민간위원에 의해 제안되었다. 다음 제11차 회의가 한 달 후인 3월 6일로 결정되면서 논의의 신속성과 연속성, 원활함을 소위원회를 구성해 일을 진행시키자는 의견이었다.

(5) 부지 선정기준 마련

제8차 회의부터 한 외부위원에 제안된 보호관찰소부지 선정을 위한 기준을 마련하자는 의견에 대한 본격적인 토의가 이루어졌다. 민간위원들은 보호관찰소부지 선정의 '배제기준'을 준비하고 법무부는 '적합기준'을 준비해서 합리적인 '선정기준'

을 마련하자는 것이 기본내용이었다. 구두로써 제안하고 합의를 하는 데서 더 나아가 민관위원 전원이 서명 날인하는 보편타당한 기준을 문서로 만들고 소위원회에서 초안을 작성하기로 하였다.

(6) 법조공원(Law Park) 제안

보호관찰소에 대한 차가운 시선과 감정적 거부감을 완화시키고 이해를 돕기 위해 대전과 부산 등에서 준비 중인 법조공원을 성남에도 도입하는 것이 타당한지에 대한 논의가 있었다. 법조공원 형태가 성남보호관찰소 문제를 완전히 해결하지는 못하겠지만 시민과의 소통과 이해와 같은 구조적 해법으로 방향이 전환되는 상황이 되었다.

제11차 회의(2014년 3월 6일)

(1) 부지 선정기준 설정

제10차 회의에서 제안된 비공식 논의기구인 소위원회를 통해 부지 선정기준에 대한 논의가 이루어졌다. 법무부-성남시-민간위원으로 구성된 소위원회에서 3주간 조사와 회의를 거쳐 2차 의결문의 초안을 만들었다. 2차 의결문 중 '배제기준'에는 '도서관, 문화센터, 청소년수련관 등 청소년학습수련시설 위치 여부'의 항목이 포함되어 있다. 2차 의결문에 기초하고 성남시의 특성과 보편타당성이라는 대원칙 아래 보호관찰소후보지 선정을 위한 객관적 평가를 위한 기준표도 만들기로 합의하였다. 즉 보호관찰소에 대한 성남 시민들의 거부감을 문화적·감성적으로 완화시킬 수 있는 방안을 모색하기로 하며 이에 대해 법무부도 문화적 접근방식에 대해 적극 검토하기로 합의하였다.

2차 의결문

수원보호관찰소 성남지소(이하 '성남보호관찰소) 정상화를 위한 민관대책위(이하 대책위)는 성남보호관찰소의 정상화를 위해 아래와 같은 입지 기준을 근거로 향후 논의를 진행할 것을 합의한다.

첫째, 대책위는 성남보호관찰소의 입지를 선정함에 있어 지역주민의 의사를 반영하여 이를 추진함을 원칙으로 한다.

둘째, 대책위는 학부모참여단 대표 측에서 제시한 다음의 성남보호관찰소 입지 배제 기준을 존중한다.

1) 학교 이격 거리
 - 부지중심으로부터 반경 약 500m내 초·중·고교 위치 여부
2) 주택밀집 지역의 생활권역 일치 여부
3) 도서관, 문화센터, 청소년수련관 등 청소년학습 및 수련시설 위치 여부

셋째, 대책위는 성남보호관찰소의 원활한 업무를 위한 법무부의 다음 요청 사항을 존중한다.

1) 교통 편의
 - 대중교통 접근 용이성(지하철, 버스 등)
 - 도보 이동시 인도 및 횡단보도 구비 여부
 - 출장업무 및 긴급상황 발생시 신속 대응 가능 여부
2) 적정 면적
 - 건물 연면적 1,650㎡ (500평) 내외

(2) 법조공원(Law Park)

법무부는 법조공원 설치를 보호관찰소 입지에 대한 공평부담기준으로 제시하였다. 법조공원이란 법무부가 운영하는 법교육 테마공원이다. 국내 최초의 법조공원인 대전의 솔로몬 로파크는 2007년 최초로 설립되어 이후 '법체험관(2009)', '헌법광장(2011)' 등을 개관하여 2013년에는 방문객 100만명을 돌파할 정도로 명소가 되었다. 초등학생부터 중고생, 교사·주부 등 일반시민까지 참여할 수 있는 다양한 법연수 프로그램을 운영하며 교육과 관광의 랜드마크로도 운영하고 있다.

제12차 회의(2014년 3월 27일)

(1) 보호관찰소입지 기준표

제11차 회의에서 '입지 기준 의결문'을 합의한 이후 이를 보다 구체적으로 실현하기 위한 방안이 제기되었다. 그에 따라 가장 합리적인 보호관찰소부지 선정을 위해 보편타당한 판단기준의 표를 만들자는 의견이 나왔고 제12차 회의에서 기준표의 구체적 항목에 대한 논의가 진행되었다.

기준표 초안은 크게 주민 불안 해소, 학생 안전 고려, 지리적 입지 요건, 규모의 적정성, 행정절차의 편의성의 다섯 가지 항목으로 나뉘어진다.

표 7-4 입지기준표

대항목	세부항목
주민 불안 해소	주민과의 동선 일치 여부, 경찰서 및 지구대 유무 등
학생 안전 고려	통학로 상관관계, 청소년 수련원 및 도서관 유무 등
지리적 입지 요건	자동차 도로 유무 등
규모의 적정성	건물 및 부지 면적(건축, 매입, 임대 등) 등
행정절차의 편의성	건축, 매입, 임대시 고려사항 등

자료: 제12차 민관대책위원회 회의록.

제13차 회의(2014년 4월 10일/24일)

(1) 파행적 운영: 민간위원 3인의 불참과 회의 잠정 보류

한 명의 민간위원은 6·4 지방선거 출마 관계로 사퇴를 하였고 다른 학부모 대표를 위임하였다. 다른 두 명의 민간위원은 부득이한 사정으로 회의 전 불참사실을 알렸다. 8명의 민간위원 중 3명이 빠지게 되어 정상적인 논의가 이루어지기 어려운 상황이 되었다.

또한 지방선거가 다가오면서 보호관찰소로 논란을 만들어 표를 얻으려는 입후보자들이 많다는 지적이 나왔다. 보호관찰소를 둘러싼 루머와 헛소문이 돌면서 여러 가지 어려움이 발생하자 선거기간 중 민관대책위원회 회의를 보류하자는 의견이 나오게 되어 선거 이후까지 휴지기를 갖는 것으로 결정되었다.

제14차 회의(2014년 6월 9일)

(1) 분당지역 학부모대표 교체 논의

민관대책위원회 회의 내용이 선거출마자들에게 정략적으로 악용된다는 민관위원들의 전원 합의에 따라 두 달간의 휴지기를 가진 후 제14차 회의가 열렸다. 민간위원 중 2명이 선거에 출마하여 그 자리를 새로 교체하고 분당지역 신규 선출 학부모 대표가 인사하는 자리가 마련되었다.

(2) 휴지기 동안의 활동 부재

제13차 회의에서 휴지기 동안 소위원회를 통해 기준표 등의 내용을 보완하자는 결정이 있었으나 법무부와 성남시의 소극적이고 무책임한 행보로 소위원회는 한 번도 열리지 못했다. 기준표 내용 보완도 전혀 이루어지지 않고 두 달 전에서 전혀 발전한 것이 없는 상황이 되었다.

또한 임시행정사무소의 시청 거주 시한이 6월 28일인 데 이후의 계획에 대해 법무부의 계획도 부재한 것으로 나타났다. 성남시 또한 공공갈등조정관이 제14차 회의에 불참한 것에 대해 성남시의 불성실한 태도에 대해 민간위원들의 질타를 받았다.

이에 대해 성남시는 성남보호관찰소 문제 해결의 열쇠는 주무부처인 법무부가 쥐고 있으며 성남시는 민간위원 등 주민들의 의견을 존중하고 수렴하여 법무부를 보조하는 역할이라고 답변했다. 또한 휴지기 동안 법무부와 함께 '지역주민 동의', '배제조건 존중' 등의 큰 틀에서 보호관찰소 후보지를 찾아보았으나 마땅한 후보지를 찾지 못했다고 설명했다.

법무부 또한 소위원회와 민관위 회의에서 합의한 '입지기준표'를 근거로 보호관찰소 후보지를 검토하였으나, 까다로운 '배제조건'으로 인해 적합 후보지를 찾는 것이 어렵다는 의견을 내 놓았다.

제15차 회의(2014년 6월 26일)

(1) 성남보호관찰소 임시행정사무소의 시청 입주 6개월 연장

제6차 회의에서 결정한대로 법무부는 2013년 12월 27일 성남시청 4층에 행정업무만을 위한 임시행정사무소를 설치하였는 데, 6개월의 시효가 6월 26일에 만료됨에 따라 기한 연장을 논의하게 되었다. 6개월 연장의 필요성을 공감하고 합의하였으나, 문제를 신속히 해결하지 못하고 연장한 데 대해 법무부가 시민들에게 사과해야 한다는 요구가 제기되었다.

(2) 전 민간위원의 거취 문제

한 명의 전 위원이 분당지역 학부모대표로서 민관위에서 활동하던 중 6·4 지방선거에 도의원 후보로 출마하였다. '민관정'이 아니라 '민관' 대책위원회이니 만

큼 당락에 상관없이 정치인은 사퇴해야 한다는 민관위원들의 합의가 제14차 회의에서 제기되었고 본인도 겸허히 수용하겠다는 뜻을 밝혔다.

그런데 며칠 후 전 위원과 해당 지역주민들은 '민관위원 유임'을 요구하며 성남시에 항의성 방문을 하였다. 그 자리에서 성남시는 민관위 구성원칙을 고수하며 불가론을 제기하였으나, 분당지역 민간위원들이 '분당구 학부모 그룹 대표단의 입장표명 및 요구서'를 들고 제15차 회의에 참석하였다.

(3) 임시 후보지 등 부지 선정에 대한 안건

법무부가 적극적으로 임시후보지 등 부지 선정에 제반 내용에 대한 안건을 제안하였다. 가장 첨예한 문제에 대해 법무부가 안건 상정을 했다는 점이 의미있다.

제16차 회의(2014년 7월 14일)

(1) 법무부의 3차 예비후보군 발표

법무부는 제6차 회의에서 보호관찰소 1차 예비후보군을, 제8차 회의에서 2차 예비후보군을 발표했다. 이때까지 제안했던 후보지들은 모두 선정 근거가 부족하거나 내용이 빈약하다는 이유로 부적합 판정을 받았다.

그러나 제16차 회의에서 발표한 3차 예비후보군은 소위원회는 지역주민의 의사를 반영하여 추진한다는 대원칙을 전제로 '입지 선정기준'과 '입지 배제기준'의 원칙에 따른 5개의 대항목,－ 주민 불안 해소, 학생 안전 고려, 지리적 입지 요건, 규모의 적정성, 행정절차의 편의성, 그리고 대항목들을 세분화시킨 기준표의 틀에 맞추어 제안되었다.

제17차 회의(2014년 7월 22일)

(1) 3차 예비후보지에 대한 1차 평가

제16차 회의에서 법무부에 의해 제안된 3차 예비후보지에 대한 평가가 실시되었다. 구체적 지명의 유출로 인한 불필요한 논란과 무분별한 집단행동을 미연에 방지하기 위해 지명 언급을 극도로 자제하고 서면평가로 실시하였다. 평가의 기준은 제11차 회의에서 도출한 '보호관찰소입지 기준에 관한 2차 의결문'에 근거로 하여 지역주민의 의사를 반영하여 추진한다는 '대원칙'을 전제로 '입지 선정기준'과 '입지 배제기준'의 원칙을 세웠다. 또한 5개의 대항목을 구성하여 '주민 불안 해소', '학생 안전 고려', '지리적 입지 요건', '규모의 적정성', '행정절차의 편의성' 등을 만들었고, 다시 대항목들을 세분화시킨 기준표를 마련하여 이에 근거해 1차 서면평가를 실시하엿다. 서면평가 결과는 이후 소위원회의 논의를 통해 검증하기로 하였고 평가 내용과 결과는 추후 공식발표 전까지 한시적 비공개로 하기로 하였다.

제18차 회의(2014년 8월 11일)

(1) 3차 예비후보지 세 곳으로 압축

제17차 회의에서 1차 서면 평가를 통해 보호관찰소 후보지를 세 곳으로 압축한 후 향후 행보에 대해 논의하였다. 법무부는 후보지 세 곳에 대한 법률적 검토가 상당 기간 필요하다는 의견을 밝히며 검토가 진행되는 동안 공식회의의 잠정 중단을 제안하였다. 성남시도 공식회의보다는 지역주민들과의 소통을 위해 법무부의 제안에 동의하였다. 민간위원들도 이에 동감하고 법무부와 성남시에 대해 공평부담기준을 마련하라는 주문과 후보지 세 곳에 대한 공정하고 공평한 검토를 다짐하였다.

제18차 회의에서 공식회의는 잠정 중단하였고 소위원회를 통해 후보지 세 곳에 대해 법률적 검토 및 주민소통방안, 공평부담기준 등을 면밀히 논의하기로 하였다. 이후 2016년 7월 현재까지 공식적인 회의는 열리지 않고 있다.

제19차 회의(2014년 12월 11일)

(1) 임시행정사무소 연장 문제

법무부에서 1년 간 완전 이전에 대한 절박한 노력 없이 시간을 보냈다는 지적과 함께 법무부의 수동적인 태도에 대한 학부모위원들의 문제제기가 있었다. 성남시에서도 법무부의 2015년도 추진계획, 홍보방법, 업무개선 방향 등에 대한 구체적인 대안제시가 필요하다는 점을 인식시켰다. 법무부는 2015년도에는 해결하도록 노력하겠다는 의사를 표시했다. 임시행정사무소 기간 연장에 대한 구체적인 논의 없이 회의가 완료되었다.

제20차 회의(2014년 12월 22일)

(1) 임시행정사무소 기간 연장

현재 시청에 입주해 있는 임시행정사무소 기간 연장에 대해 특별한 시민의 반발이 없다고 판단된다. 따라서 청사 이전이 이루어지기 전까지 계속해서 시청에 입주하도록 하고 이에 대해 시민들에게 양해를 구하는 보도자료를 배포하도록 한다.

(2) 압축된 세 곳에 대한 논의

압축된 세 부지에 대한 본격적인 논의 이전에 간담회와 토론 등을 통해 보호관찰소에 대한 오해를 풀고 이미지를 개선하는 일이 요구된다. 찾아가는 홍보를 통해서 세부적이고 체계적인 홍보전략을 펼치는 것이 요구된다. 법무부에서 보다 적극적으로 홍보하고 주도적으로 추진할 것이 요구된다.

제21차 회의(2016년 1월 14일)

(1) 민관대책위원회 정례화 논의

부지선정 논의, 임시행정사무소 설치 및 연장, 보호관찰소 이미지 제고를 위한 주민친화 프로그램 확대 실시 및 홍보 등의 면에서 민간위원들이 큰 역할을 하였다는 데는 이의가 없다. 꾸준히 정례적인 회의를 개최하여 성남시와 법무부의 추진사업, 해결방안 등에 대한 기본적인 정보 공유가 필요하며, 정치적인 이슈로 전락하지 않도록 꾸준한 설명회와 주민친화사업 확대 실시가 요구된다.

(2) 법무부와 성남시의 구체적 방안제시 요구

현재의 어려움과 갈등상황에 대해 이해하고 있고 법무부가 집행기관으로서 어려움이 있다는 사실에는 공감하나 성남보호관찰소청사 정상화를 위한 대안 마련에 보다 적극적으로 임하여 법무부와 성남시가 입장정리를 해주기를 바란다는 민간위원들이 요구가 있었다.

3 성남보호관찰소 사례분석

성남보호관찰소 사례는 세 개의 주체 — 중앙부처(법무부), 자치단체(성남시),

시민 ― 의 의견이 첨예하게 대립되어 극단적인 갈등상황을 일으킨 사례이다. 중앙부처인 법무부는 주민들의 반발이 예상되었음에도 불구하고 이전을 강행하여 시민들에게 분노와 불신을 심어주었고, 예고 없는 이전으로 자치단체와도 마찰을 일으켰다. 자치단체는 중앙부처와 시민 사이에서 중재자의 역할을 하였으나 노력한 시간과 노력에 비해 눈에 보일 만한 성과를 이루지 못하였다. 시민은 정부의 폐쇄적이고 권위적인 정책집행에 반기를 들어 이를 저지시키고 민관합동대책위원회를 설치하는 데까지 이르렀으나 자기 지역의 이익추구를 극복하지 못하고 여전히 답보상태에 빠져있다.

사례분석 부분에서는 이론부분에서 살펴 본 비선호시설 갈등의 영향요인을 바탕으로 사례를 분석하고, 더 나아가 이 갈등을 완화시킬 수 있는 요인을 살펴보고, 이를 위한 거버넌스의 방향에 대해 논의하도록 하겠다.

1) 비선호시설입지와 관련된 갈등과 해소

(1) 경제적 요인

다른 비선호시설입지 선정의 사례와 마찬가지로 성남보호관찰소를 둘러싼 갈등에서 경제적인 요소를 배재할 수 없다. 처음 새 청사로 정해진 서현동의 경우 성남시에서 가장 활발한 상권이 위치한 곳이기 때문에 상대적으로 재산가치 하락, 지역발전의 후퇴, 부동산가격 하락 등의 문제에서 비롯되는 갈등은 적었다고 할 수 있고, 오히려 삶의 질의 하락에서 오는 경제적 손실 측면에서의 반발이 심했다고 볼 수 있다. 즉 서현역 근처의 아파트 단지 주민과 서현역을 이용하는 학생들이 성남보호관찰소 설치로 인해 겪을 불안과 불편에서 오는 삶의 질의 하락이 보다 직접적인 갈등의 이유가 되었을 것이다.

한편 민관대책위원회가 설치된 이후 새 입지를 선정하는 과정에서는 경제적 요인은 큰 비중을 차지하는 것으로 보인다. 먼저 서현역 인근 지역을 대상 후보지에서 제외함으로써 기존에 발생한 경제적 갈등요인을 해결하게 되었다. 이후 민관대책위원회의에서 논의된 후보지의 경우 해당 지역이 겪을 경제적 손실과 비용과 편익 등을 면밀하게 분석하여 지역에 투입될 보상의 정도, 적절한 보상의 수준, 불공평성 등 중요한 경제적 갈등 요인에 대해 사전적으로 검토하는 양상을 보인다. 즉 새 입지 선정과정에서 입지후보지가 입을 경제적 손실에 대해 성남시 전체가 모두 공감하는 수준으로 보상을 하려는 논의가 있어 선정과정에서 갈등의 요인을 현저히 줄이는 역할을 하고 있다고 평가된다.

(2) 심리적 요인

성남보호관찰소 이전과 관련하여 심리적 요인은 중요한 갈등요소로 작용한다. 가장 먼저 법무부가 서현동으로의 이전을 강행했을 때 깨어져 버린 정부에 대한 불신과 의사결정과정에서 시민이 배제되었다는 박탈감이 갈등을 최고조로 이르게 한 주요원인으로 분석된다. 특히 주민이 느끼는 피해 의식과 정부에 대한 불신은 현재까지 이 문제를 완벽하게 해결하지 못하게 하는 주요 갈등원인으로 남아있다. 상대적으로 높은 교육·생활수준을 지닌 성남시민에게 정부가 민주주의상의 절차를 무시하고 권위적으로 정책을 집행했다는 사실이 정부를 불신하게 하는 가장 큰 갈등요인으로 평가되며, 이로 인해 지역주민은 법무부의 정책제안과 홍보에도 쉽게 지역주민의 마음이 열리지 못하고 있다. 또한 시민의 분노와 정부에 대한 불신을 느끼고 있는 법무부도 정책 제안과 추진에 있어 수동적일 수밖에 없어 새 청사로 이전하는 문제가 답보상태에 놓여있다.

성남보호관찰소와 관련한 또 다른 축의 심리적 요인은 피해의식과 상대적 박탈감이다. 중원구와 수정구의 입장에서는 계속적으로 비선호시설이 구시가지에 집중되는 것에 대한 반발이 있었고 10년 이상 수정구에 위치하던 보호관찰소를 또 다시 구시가지에 입주시키는 사안에 대해 강하게 반대하고 있다. 이와 같은 피해의식과 상대적 박탈감은 현재 사용되지 않고 있는 공공부지에 법조단지를 조성하고 보호관찰소를 그 일부로 편입시키겠다는 제안에 대한 중원구와 수정구의 반응에서 드러난다. 민관대책위원회는 논의 초기에 수정구 신흥동 1공단 부지에 법원단지를 조성하고 보호관찰소를 함께 두는 안이 제시되었다. 그러나 수정구 측에서는 1공단 부지는 구시가지에 부족한 수만평 규모의 도심공원이 들어와야 할 장소라며 제안을 거절했다. 반대에 부딪친 성남시와 법무부는 분당구 구미동에 법원단지를 조성하고자 진행하였으나 수정구와 중원구에서는 구미동에 법원단지를 조성하는 경우 구시가지가 공동화 될 것을 우려하여 이를 반대하고 있다. 분당구와 비교해 상대적으로 녹지공간이 부족한 상황에서 얼마 남아 있지 않은 녹지공간에 법조단지를 만든다는 제안도 받아들이기 쉽지 않으나 지역주민의 목표가 하나로 통일되지 않아 의사결정에 혼선을 주고 있는 경우라고 할 수 있다.

반대로 분당구의 입장에서는 안전하고 살기 좋은 지역이라는 이미지를 훼손하고 지역 내에 범죄자들이 출입해서 느끼는 불안감이 갈등을 야기하는 심각한 심리적 요인으로 존재한다.

민관대책위원회에서는 토론과 교육을 통해 중원구와 수정구 주민들이 느끼는 상대적 박탈감과 피해의식, 그리고 분당구 주민들이 느끼는 시설에 대한 거부감과 불안감을 완화하기 위해 노력하고 있다. 타 지역의 보호관찰소 견학 등을 통해 보호관찰소의 역할과 이용자에 대한 정확한 정보를 제공함으로써 사실을 정확하게 판단하여 불필요한 거부감과 불안감을 해소하도록 하고 있으며, 최대한 중원구와 수정구 주민들의 의견을 수렴하여 비선호시설을 구시가지에 짓는 것에 대한 거부감을 완화시키고 있다.

(3) 기술적 요인

기술적 요인은 상대적으로 성남보호관찰소 사례에서는 크게 부각되지 않는 부분이다. 그러나 여전히 보호관찰소가 학교 근처에 설치되는 것에 대한 강한 반발이 있고 보호관찰소의 역할과 출입하는 사람들의 부류에 대해서도 정확한 정보가 제공되지 않고 있어 갈등을 야기하는 요소로 작용했다.

민간대책위원회 제11차 회의에서는 보호관찰소부지 선정에 있어 학교 및 주택밀집지역, 도서관, 문화센터, 청소년수련관 등의 기관으로부터 가까운 거리에는 보호관찰소를 설치하지 않는 것으로 의결함으로써 기술적 갈등요인을 제거하였다. 또한 법무부는 계속적으로 보호관찰소의 안정성과 필요성에 대해 홍보함으로써 시민의 이해를 돕기 위한 노력을 하고 있다.

(4) 제도적 요인

갈등발생 초기, 법무부는 폐쇄적이고 비민주적인 행태로 큰 갈등을 일으켰다. 주민참여와 공청회 등의 제도를 통해 시민을 설득하고 소통할 수 있는 제도가 존재했음에도 불구하고 그러한 절차를 생략한 채 이전을 강행하여 갈등을 키웠다. 갈등을 일으키는 제도적 요인인 정보 미공개, 주민 및 이해당사자의 참여 미흡, 비공개 협상과정, 투명성 결여, 입지선정방식, 주민요구의 미반영, 대화채널의 부재, 약속한 운영절차의 위반, 각종 법령 및 규정의 미비 등 제도적 차원에서 갈등을 일으킬 수 있는 모든 경우를 기습 이전의 행태에서 찾아볼 수 있었다.

그러나 갈등 발생 직후 제도적인 갈등요소를 제거하고 학부모 참여단과 민관대책위원회를 설치함으로써 시민의 요구를 적극적으로 수렴하기 위한 제도를 마련했다. 민관대책위원회의 모든 회의내용과 상황을 공개하고, 각 구를 대표하는 주민대표를 통해 주민의 요구를 직접적으로 반영하며, 대화의 채널을 여는 등 기존에 발생했던 모든 제도적 갈등요소를 차단했고 이를 통해 갈등의 수준을 대폭 약화시킬 수 있었다.

(5) 정치적 요인

법무부와 시민이 큰 갈등을 일으켰을 때 지역 정치인들이 적시에 개입함으로써 문제를 신속하게 해결하고 갈등을 약화시키는 단계로 바로 진입할 수 있었다. 기습 이전 닷새만에 성남시장과 국회의원들이 모두 사건에 개입하여 적극적으로 해결하고자 하는 의지를 비추었다. 그 결과 법무부와 성남시 간에 임시사무소를 개소하고 민관대책위원회를 설치하는 것을 내용으로 한 합의서가 채택되었다.

그러나 일부 언론의 보도와 특정 지역주민의 일탈행위, 개인적인 정치적 야심을 가진 일부 민간위원의 행보가 민주적인 의사결정의 본질을 흐리는 경우도 발생했다. 아직 정해지지 않은 사실에 대해 성급하게 보도하고 진실을 왜곡하여 후보지역 주민의 민심을 흔든다거나 이전후보지역이 되었다는 소문을 듣고 회의장에 찾아와 단체행동을 하는 일부 지역주민들로 인해 민관대책위원회 회의가 비공개로 전환될 뻔한 경우도 있었다. 또한 민간위원 중 지방선거 등 선거에 참여하여 정치적 영향을 피하기 위한 민관대책위원회 회의가 장기간 열리지 않은 경우도 있었다.

그러나 정치적 외부환경에서도 민관대책위원회는 회의내용을 공개하고 이성적으로 합의에 이르는 방식을 포기하지 않았고 결과적으로 외부의 정치적 압력이나 사건과 무관하게 이전 부지를 선별하는 작업에 충실할 수 있었다.

2) 민관거버넌스로서의 발전

법무부와 시민 간에 강한 갈등으로 시작된 성남보호관찰소 이전 문제는 시민의 민주적이고 합법적인 의사표현과 정치인들의 개입으로 민관거버넌스의 형태로 자연스럽게 이전되었다. 성남보호관찰소 정상화를 위한 민관대책위원회는 단순히 자치단체와 시민 혹은 중앙정부와 시민 간에 이루어진 위원회가 아닌 중앙정부와 자치단체, 시민 세 개의 주체로 이루어진 민관거버넌스의 형태라는 데서 그 의미를 찾을 수 있다.

중앙정부와 자치단체가 함께 협력하고 중앙정부의 특별지방행정기관이 자치단체 내에서 활동하고 있는 상황에서 이러한 삼자구도 형태의 민관거버넌스의 성패는 중요한 제도적 의미가 있다.

성남보호관찰소를 위한 민관대책위원회는 개회 초기부터 합리적이고 민주적인 소통과 의견교환을 통해 느리지만 꾸준한 성과를 이루어 왔다. 제2차 회의에서는 공평부담기준에 대해 토론하여 공평함과 형평성을 추구하고자 하였고, 제6회 회의에서는 제대로 된 업무를 하지 못하고 있는 성남보호관찰소의 임시사무소를 성남시청 내에 설치하는 것을 의결하였으며, 제10차 회의에서는 소위원회를 구성하여 적극적으로 문제를 해결하려는 노력을 보였다. 무엇보다도 제11차 회의에서는 민주적인 토론과 합리적인 분석의 과정을 통해 부지 선정기준을 확정하여 의결하였고 제12차 회의에서는 보다 구체적으로 입지기준표를 마련하였다.

민관대책위원회의 활동일지를 바탕으로 평가한 민주적 민관거버넌스의 의미는 다음과 같다. 첫 번째 참가주체 모두가 위원회 활동을 통해 의견을 정확하게 전달하고 합의를 하는 과정을 학습하여 보다 나은 방향으로 발전하였다는 점이다. 초기에는 자기 지역의 이익을 사수하기 위해 참석했던 각 지역의 민간위원들도 시간이 지남에 따라 가장 중요한 문제를 인식하고 그것에 맞게 타협하고 조정하는 법을 배우게 되었다. 초기에 소극적인 태도로 일관하던 법무부도 민간위원들이 정한 부지선정 기준표와 입지기준표를 바탕으로 점점 적극적으로 부지 선정을 위한 노력을 하는 한편, 다양한 보상방안을 마련하는 등의 발전을 이루었다. 성남시는 법무부와 시민 사이에서 적절한 중재자의 역할을 하는 동시에 필요한 일에는 과감한 의사 결정을 하여 — 임시사무소 시청 설치 — 문제를 풀어가는 데 중요한 역할을 하였다. 즉 오랜 시간에 걸쳐 의사를 개진하고 타협해야 하는 어려움이 있었음에도 불구하고 민관대책위원회를 통해 모든 주체가 민주적인 토론과 소통, 양보와 타협, 보상과 설득에 의한 갈등완화 등을 학습할 수 있었다.

두 번째 의의는 투명하고 민주적인 의사결정제도의 확립이다. 처음부터 민관대책위원회는 공개회의와 합의제를 원칙으로 하고 시작되었다. 모든 시민이 와서 방청을 하고 회의록도 완전히 공개하였고, 시간이 걸리더라도 보다 많은 사람들을 설득하여 합의를 이루는 방식으로 의사결정을 전개해왔다. 그러나 몇몇 비합리적인 지역주민과 언론의 부정확한 보도 등으로 인하여 회의 진행에 어려움을 겪게 되었고 회의를 비공개로 진행해야 하는가의 논의가 있었다. 위원회 자체적으로 토의를 거친 결과 불편함과 어려움이 있더라도 회의를 공개로 하는 것을 고수한다는 의견이 많아 투명한 의사결정과정을 유지할 수 있었다.

세 번째 의의는 민관대책위원회를 통해 지속적인 시민의 관심을 이끌어내고 소통할 수 있는 통로가 마련되었다는 것이다. 1,400여명의 학부모 참여단은 3년이 지난 지금도 여전히 성남보호관찰소 이전 문제에 관심을 가지고 살펴보고 있으며 그들의 의견은 민간위원을 통해 법무부와 성남시에 전달되고 있다. 입지를 정하기 전에 먼저 보호관찰소에 대한 잘못된 인식을 바로잡기 위해 시민에게 다가가는 홍보와 설명회를 개최하자는 의견은 모두 민간위원에게서 나온 것들이다. 즉 민관대책위원회가 시민과 정부를 연결해주는 통로가 되어 소통을 가능하게 하는 역할을 하고 있다.

제4절 결 론

성남보호관찰소 이전 문제는 여전히 진행 중이다. 아직도 보호관찰업무는 인근지역인 송파와 수원에 있는 보호관찰소에 나뉘어 실행되고 있고 성남시청에 설치된 임시사무소에서는 서류업무만을 처리하고 있다. 2014년 세 곳의 후보지를 선정한 이후 정치적, 경제적 요인으로 인해 합의에 이르지 못한 채 지난 1년의 시간을 보내왔다. 그러나 첨예한 갈등과 대규모의 시위에서 시작된 성남보호관찰소 이전 문제가 평화적이고 자발적으로 진정되고, 이후 민관이 함께 하는 거버넌스의 형태로 옮겨져 민주적이고 합리적인 의사결정을 이루고 있는 것은 매우 의미있는 결과라고 할 수 있다.

지역·집단 간의 갈등이 확산되고 심화되기 전에 빨리 그 에너지를 긍정적인 합의 제도로 이어간 것이 첫 번째 성공이고, 민관대책위원회를 통해 투명하고 민주적인 절차를 따라 의견을 교환하고 설득하고 함께 해결책을 만들어 가는 것이 또 다른 성공이다. 민관대책위원회라는 민관거버넌스 제도를 통해 비선호시설입지 선정에서 발생할 수 있는 갈등의 많은 부분이 해소되고 있다. 비선호시설 설치로 피해를 입는 지역에 모두가 수긍할 수 있는 수준의 적절한 보상을 제공하고, 이를 통해 불공평성을 제거하려는 노력이 시도되고 있다. 또한 정확한 정보의 전달과 교육을 통해 비선호시설에 대한 오해와 편견을 없애고 시설에 대한 거부감과 불안감이 바뀌어가고 있다. 토론과 합의를 통해 적절한 기술적 장치를 설계하고 공개회의와 적극적인 주민참여를 통해 민주적인 토론과 의사결정을 이룰 수 있는 제도를 만들어 가고 있다. 그 과정 중에 깨졌던 서로에 대한 신뢰가 회복되고 민주적으로 제도를 운영하는 법을 학습해감으로써 외부의 정치적 영향력과 언론의 영향에서도 민관거버넌스의 형태가 자리를 잡아가고 있다.

여전히 입지에 대한 결론이 나지 않았고, 새 입지와 관련된 보상방안에 대한 논의가 본격적으로 시작되면 또 다른 갈등이 발생할 가능성이 존재한다. 그럼에도 불구하고 좀더 민주적이고 합리적인 방법으로 비선호시설입지 선정을 결정함으로써 사전에 많은 갈등요인들을 제거할 수 있을 것이다. 성남보호관찰소 사례는 민관거버넌스 제도가 비선호시설의 입지 선정에서 발생하는 갈등을 완화시켜주는 역할을 하고 있음을 보여주었다.

참고 문헌

김도희(2001). "지방정부와 주민간 입지갈등의 갈등유발요인에 관한 연구: 울산 원자력발전소 입지갈등사례를 중심으로." 「한국정책학회보」, 10(2).

김영평 외(2005). 「지역공동체경영전략수립을 위한 연구」. 고려대학교 정부학연구소, 최성두, 2009에서 재인용.

김흥식(1993). 「지역이기주의 극복을 위한 정책연구」. 서울: 한국지방행정연구원, 한국행정연구원, 2009에서 재인용.

나태준(2005). "공공사업 갈등사례분석을 통한 해결기제의 모색." 「한국행정학회 2005년 추계학술대회 발표논문집」, 한국행정연구원, 2009에서 인용.

김창수(2009). "지방정부의 협력적 정책기획의 경험과 성공조건." 「지방정부연구」, 13(1): 27–49.

이강웅(2008). "혐오시설 입지갈등관리의 우선순위 모색: 사회적 인식분석을 중심으로." 「지방정부연구」, 12(2): 179-199.
이승철(1996). "지방정부와 주민간의 갈등관리 방안 모색-비선호시설 입지정책을 중심으로." 「한국행정논집」, 8(3): 637-653.
이봉형 · 권희재 · 최은봉(1995). "환경혐오시설 설치에 따른 지역이기주의 극복방안." 「한국행정학보」, 29(3): 1115-1127.
이영희(2004). 과학기술, 사회갈등, 그리고 시민참여. 2004년도 한국과학기술학회 전기 학술대회, 채경석, 2009에서 재인용.
임정빈(2007). "님비와 핌비사례의 비교분석을 통한 지방정부간 갈등관리전략." 「지방정부연구」, 11(3): 155-179.
전대성(2005). "비선호시설 입지갈등과정에서 주민선호에 미치는 영향요인 분석: 전라북도 익산시 사례를 중심으로." 서울대학교 행정대학원 학위논문(석사).
지충남(2000). "쓰레기 소각장 입지분쟁에 관한 고찰". 「한국지방자치학회보」, 120: 173-197.
채경석(2009). "혐오시설의 입지갈등과 정책수용성: 방사성 폐기물 처분장 사례를 중심으로." 「서석사회과학논총」, 2(2): 231-263.
최연홍 · 오영민(2004). "정책수용성의 시간적 변화: 위도 방사성폐기물처분장 입지갈등사례." 「한국정책학회보」, 13(1).
최성두(2009). "원자력발전소 주변지역 지원정책의 문제점과 발전방향 모색: 고리원전 지역을 중심으로." 「지방정부연구」, 13(3): 223-244.
한국행정연구원(2009). 「주민소환으로 인한 님비갈등의 정치화에 대한 대응방안 연구」.
Anderson, James E.(1984). "Public Policy-Making." Rinehart and Klinston.

정부 자료
범죄예방정책국 웹페이지 (http://www.cppb.go.kr/HP/TSPB13/tspb13_02/sub_02_03.jsp)
성남시와 법무부의 합의문
민관대책위원회 회의록

신문 기사
서울신문 2013년 9월 9일 기사 성난 분당 주민들 성남보호관찰소 앞마당 점거… 무슨 일이 (http://www.seoul.co.kr/news/newsView.php?id=20130909500034)
시사포커스 2013년 9월 7일 기사 성남보호관찰소 서현동 이전, 지역 주민 거센 반발 (http://www.sisafocus.co.kr/news/articleView.html?idxno=78153.)
연합뉴스 2013년 9월 8일 성남보호관찰소 분당 입주에 학부모 반발 확산 (http://www.yonhapnews.co.kr/bulletin/2013/09/08/0200000000AKR20130908069251061.HTML)

연합뉴스. 2013년 9월 26일 기사 법무부-성남시 보호관찰소 민간대책기구 합의
(http://www.yonhapnews.co.kr/society/2013/09/26/0701000000AKR20130926062601061.HTML?template=5567)
조선일보 2013년 9월 10일 긴급회의 당정, 보호관찰소 분당서 내보내기로
(http://news.chosun.com/site/data/html_dir/2013/09/10/2013091000282.html?Dep0=twitter&d=2013091000282)
중앙일보 2013년 9월 12일 기사 이재명 시장 "성남보호관찰소 근본적 해결방안 찾겠다"
(http://news.joins.com/article/12595543)
한겨레 신문. 2013년 5월 22일 기사 경기도 성남보호관찰소 13년째 떠돌이
(http://www.hani.co.kr/arti/PRINT/588551.html)
한겨레 2013년 9월 11일 기사 보호관찰소 백지화에… 분당 학부모들 농성 해산
(http://www.hani.co.kr/arti/society/area/603151.html)
한국경제신문 2013년 9월 9일 기사 성남보호관찰소 기습이전… 분당 학부모들 뿔났다
(http://www.hankyung.com/news/app/newsview.php?aid=201309090260g)

제 8 장

보건거버넌스 조직구조에 관한 비교 분석: 한국, 미국, EU를 중심으로*

박재희 · 정동재 · 공동성**

제 1 절 서 론

최근 중동호흡기증후군(Middle East Respiratory Syndrome, MERS: 이하 메르스) 사태가 가져온 보건정책 환경의 변화는 우리나라 보건행정조직에 크고 작은 전략적 변화를 요구하고 있다. 대표적인 변화조치 중 하나로 의사 출신이 보건복지부 장관으로 임명되었고, 질병관리본부장은 차관급으로 격상되어 인사 및 예산권도 갖게 되었다(조선일보, 2015). 이러한 조직 및 인사개편의 주된 취지는 당시 보건복지부 장 · 차관 중에 보건의료 전문가가 없기 때문에 방역에 실패하였고, 전염병 통제를 책임지는 질병관리본부장은 실장급(1급)이기에 인사 · 예산 · 정책결정 등의 권한을 가지고 있지 않아 효과적으로 전염병 위기상황에 대응할 수 없었다는 비판에 따른 것이다. 이러한 관점에서 보건복지부에서 보건을 독립시키고 질병관리본부는 의사를 비롯한 전문가 중심으로 운영이 되어야 한다는 주장이 제기되기도 했다[1](동아일보, 2015).

---

* 이 논문은 2013년도 정부(교육부)의 재원으로 한국연구 재단의 지원을 받아 수행된 연구임(NRF-2013S1A3A2055108).

** 교신저자.

1) 보건과 복지기능의 분리 주장은 메르스 이전부터 있어 왔다. 대한의사협회 등 의료계는 보건복지부 예산편성 및 정책 · 제도 수립 및 시행과정에서 보건 분야의 전문성이 필요하다는 이유로 지속

보건거버넌스는 평시에 보건의료체계를 통해서 작동한다. 보건의료체계는 "건강을 증진, 회복, 유지하는 것이 일차적인 목적인 모든 활동"을 의미하거나 또는 "건강을 증진, 유지, 회복시키는 것을 목적으로 하는 모든 공공 및 민간조직, 자원을 조직하는" 것으로 "개인과 집단에 대한 서비스뿐만 아니라 건강을 결정하는 사회적·환경적·경제적 요인에 대한 다른 분야의 정책을 포함한다"고 정의된다(World Health Organization, 2008). 보건의료체계는 대중의 건강에 영향을 미치는 활동을 수행하는 개인이나 공공 및 민간조직으로 이루어지게 되는 데, 정부조직들은 공중보건활동의 지도적 역할을 수행하며 다양한 조직들 간의 협력을 통한 사회문제를 해결한다.[2] 의료정책연구소에 따르면, 보건의료체계는 자원(Resources), 조직(Organization), 관리(Management), 경제적 지원(Economic support), 보건의료서비스 전달체계(Delivery of Services)의 다섯 가지 요인으로 구성되는 데 보건의료체계의 양상을 정확히 관찰하고 바람직한 정책을 실현시키기 위해서는 다섯 가지 요인에 따른 분석이 중요하다(윤석준, 2012). 국가의 보건서비스는 보건행정조직을 통하여 집행·전달되므로, 자원, 관리, 경제적 지원 등이 확고하더라도 행정조직이 불완전할 경우 보건서비스의 질은 낮을 수밖에 없을 것이다. 본 연구에서는 보건의료체계를 구성하는 다섯 가지 요소 중 보건행정조직에 초점을 맞추어 연구를 진행한다.

본 연구는 '전염병의 세계화와 지역화'라 할 수 있는 시대에 국경을 자유롭게 넘나들며 발생하는 예측불가능한 신종 전염병 등에 대해 국가들이 어떤 식으로 대처하는지를 공중보건 업무 및 방역정책을 담당하는 정부조직들의 구조와 역할 측

적으로 보건복지부 복수차관제 도입을 요구해왔고 국회에서도 보건복지부의 차관을 보건의료와 사회복지 전문인으로 나눠 임명함으로써 전문성과 효율성을 높이도록 하는 방안이 논의되었다(의협신문, 2015). 의료계에서는 보건의료와 사회복지를 관할하는 보건복지부의 경우 두 사안의 업무 간 연계성이 높지 않고 업무 범위가 지나치게 포괄적이므로 상이한 두 정책 사안을 균형있게 추진하고 사안별 정책 요구에 신속하게 대응하기 위해서는 복수차관제가 필요하다고 주장하였다(의협신문, 2010).

2) 이처럼 다양한 조직들 간의 협력을 통한 사회문제를 해결하는 방식을 '협력적 거버넌스'(collaborative governance)라고 한다. 협력적 거버넌스는 "하나 혹은 그 이상의 공공기관이 공식적이고, 의견일치를 추구하고, 의도적으로 이루어지는 집합적인 의사결정과 집행과정에서 민간부문의 이해관계자와의 직접적인 상호작용을 통하여 공공의 문제를 해결하는 것"을 의미한다(Ansell & Gash, 2007: 2). 예를 들면 전염병 확산의 문제를 해결하기 위해서는 중앙정부 뿐만 아니라 지방정부, 민간의료기관, 시민단체 등 다양한 조직들 간의 협력을 통한 문제해결방식이 요구된다.

면에 중점을 두고 논의를 진행한다. 연구를 위해 한국 이외에 미국(보건 및 복지기능을 동시 담당), 그리고 유럽연합(국가차원을 넘어 지역적 bloc으로서 공중보건 정책을 수행)의 사례를 비교분석함으로써 각 보건행정조직들이 어떻게 예상하지 못한 신종 전염병들에 대해 대응하는지, 그리고 보건거버넌스가 어떻게 운영되고 있는지 등을 고찰하여 보건거버넌스 조직구조와 관련된 시사점을 도출하고자 한다.

제 2 절 국가별 보건거버넌스 비교

각 국가의 보건거버넌스 조직구조를 살펴보면, OECD 선진국들의 경우 34개국 중 21개국이 보건기능만을 수행하는 중앙정부조직을 가지고 있고 11개국이 보건과 복지를 함께 수행하는 중앙정부조직을 가지고 있다(박은철, 2015). 보건기능만을 수행하는 대표적인 나라는 영국이고, 미국은 우리나라와 같이 보건과 복지기능을 함께 가지고 있는 정부조직(Department of Health & Human Services)을 운영 중이며, 일본은 보건과 복지기능 이외에 노동기능도 함께 가지고 있는 보건노동후생성(Ministry of Health, Labour & Welfare)을 운영 중에 있다. 스웨덴의 경우 보건기능

표 8-1 OECD 국가들의 보건 관련 정부조직

형 태	부처명
보건	보건부(Ministry/Department of Health): 영국, 호주, 체첸공화국, 덴마크, 이스라엘, 이탈리아, 포르투갈, 터키, 싱가포르, 캐나다, 중국, 그리스 등
보건 + 복지	보건복지부: 한국 보건인적서비스부(Department of Health & Human Services): 미국
보건 + 노동	보건노동부: 에스토니아
보건 + 노동 + 복지	보건노동후생성(Ministry of Health, Labour & Welfare): 일본
보건 + 사회서비스	보건사회서비스부(Ministry of Health & Social Affairs): 스웨덴
보건 + 사회서비스 + 형평	보건사회서비스통합부(Ministry of Health, Social Services and Equality): 스페인

출처: OECD Series on Health Care Quality Reviews; 박은철(2015), 중국의 경우 Ramesh, Wu & He (2013), 스페인의 경우 관련부처 웹사이트 참조.

과 사회서비스 기능을, 스페인의 경우 보건과 사회서비스, 그 외 사회통합(형평) 기능을 함께 운영하고 있다. 본 연구에서는 한국처럼 보건 및 복지기능을 동시에 담당하고 있는 미국과 국가차원을 넘어 지역 블록에서 공중보건 정책을 수행하고 있는 유럽연합의 사례를 통하여 전염병 관련 보건거버넌스가 어떻게 운영되고 있는지 등을 살펴보고자 한다.

1 한국의 보건거버넌스

전염병 관련 보건거버넌스 법령은 「재난 및 안전관리 기본법」, 「보건의료기본법」, 「감염병의 예방 및 관리에 관한 법률」, 「검역법」, 「의료법」 등이 있다(질병관리본부, 2015). 감염병 위기관리 표준매뉴얼은 「재난 및 안전관리기본법」 제34조의 5, 「국가위기관리기본지침(대통령훈령 제318호)」을 근거로 전염병에 대한 정부의 위기관리 목표와 방향, 의사결정체계, 위기경보체계, 부처·기관의 책임과 역할을 규정하고 있다(보건복지부, 2014). 우리나라의 보건거버넌스는 평시 국내·외 감염병 발생 동향에 대한 감시체계를 구축·가동하고, 위기상황 발생시 즉각적으로 방역대책을 추진하여 추가 확산을 조기에 차단하며, 전국 방역기관(질병관리본부, 16개 시·도 및 253개 보건소, 13개 검역소) 및 관리기관에서 범정부적 대책기구 설치 운영 등을 통해 협조체계를 구축하고 있다. 위기발생시 방역요원 부족에 대비하여 대체인력 확보계획을 마련하고 즉각적인 현장투입을 위한 사전교육을 시행하고 위기상황 발생시 부서 간 공조 강화 및 위기관리 커뮤니케이션 매체 다양화 및 신속화로 대국민 소통을 강화하고 있다.

전염병 등의 보건위기 상황시, 질병관리본부는 전염병과 관련된 위기단계에서 처음부터 끝까지 국가방역을 책임지고, 총리실과 보건복지부, 국민안전처는 병상 확보와 의료인력 동원 등 지원역할을 수행하고 있다.[3] 또한, 질병관리본부 내에 전

3) 2015년 여름 한국은 메르스 사태를 경험하였다. 메르스 이전에는 전염병 등 보건위기 상황시, 보건복지부가 주관기관으로 역할을 하고 보건복지부 소속 하에 중앙사고수습본부를, 질병관리본부 소속 하에 중앙방역대책본부를 설치하였다. 메르스 이후, 국가방역체제개편으로 질병관리본부가 국가방역을 책임지고 독립적으로 권한을 행사하며, 질병관리본부장은 차관급으로 격상되고 인사 및 예산권을 갖게 되었다.

염병을 24시간 감시하는 '긴급상황실'을 운영하여 전염병 발생상황에 대처하고 있다. 의심환자 발생시에는 즉시 질병관리본부 방역관을 팀장으로 하는 즉각대응팀이 해당지역으로 출동하여 지역의 보건요원, 전염병 전문가, 경찰, 소방 등으로 구성된 현장방역본부를 설치하고 방역업무를 수행하여 현장대응력을 높이는 프로세스도 마련하고 있다. 질병관리본부 내에는 리스크커뮤니케이션 전담부서를 신설하고 위기상황에서 국민이 원하는 정보를 정확하고 신속하게 제공하고 신종전염병이 발생하면 의심단계에서는 의료기관에, 확진 후에는 국민들에게 관련 정보를 즉시 공개하여 정부와 국민이 함께 정보를 공유하면서 위기를 극복할 수 있도록 하고 있다. 마지막으로 방역체계의 근간이 되는 우수한 역학조사관을 확보하기 위해 공중보건의사로 구성되어 있던 역학조사관을 정규직으로 대폭 확충하고 우수인력이 장기 근무할 수 있도록 유도하기 위해 특수 직렬인 방역직 신설을 추진하였다(보건복지부, 2015).

2 미국의 보건거버넌스

미국은 전염병을 자연재난, 테러, 조직화된 범죄와 함께 국가 안보 위기의 주요한 원인으로 간주하고, 다른 재난들과 마찬가지로, 재난관리를 위한 특별법인 스태포드법[4)]에 의해 관리한다. 국가재난대응체계(National Response Framework, NRF)는 국가위기대응전략(Strategic National Risk Assessment, 이하 SNRA)으로부터 국가의 대량 위기에서 발생된 위험, 재난들을 확인한다. SNRA에서 규정하고 있는 위기, 재난의 범위는 자연재해, 치명적인 인플루엔자의 대량 발생으로 수 천 명의 인명이

4) 미국은 재난관리를 위한 특별법인 스태포드법(Roert T. Stafford Disaster Relief and Emergency Assistance Act)을 1988년에 제정하였다. 스태포드법의 목적은 연방정부가 재난의 결과로 발생하는 고통과 피해를 감소시키는 대응을 수행하는 주정부나 지역정부에 체계적이고 지속적인 도움을 주려는 것이다. 스태포드법은 모든 재난사항 뿐만 아니라 재해 구조와 관련한 제반사항까지 포괄적으로 규정하고 있다. 스태포드법이 발령되기 위한 조건은 다음과 같다. 민간과 공공의 피해가 영향을 받은 지역의 범위를 결정하기 위한 조사, 연방정부의 보조가 필요한 범위와 형태를 측정하기 위해 연방위기관리처(FEMA) 공무원과 함께 피해 조사 수행, 직접적인 연방정부가 보조를 했을 때 일어날 수 있는 반발에 대응하기 위한 합의 도출, 각 주들의 비용을 공유하는 것에 대한 합의 등이다.

사망하거나, 수 만 명이 감염된 경우, 댐의 무너짐, 화학물질의 유출과 같은 위험, 테러조직의 무기 사용, 제조, 습득과 같은 위험, 금융시스템의 붕괴를 일으키는 등의 사이버 공격 등을 포함한다.

전염병 대응에 있어서 미국은 지방정부 관리자들이 막대한 책임을 가지고 있다. 지방 차원의 위기대응 계획에는 커뮤니티 대비, 리더십, 질병 감시, 감염 통제, 백신과 항바이러스제 분배 및 이용, 공중보건 커뮤니케이션, 그리고 공공인력 지원 등이 포함된다(DHHS 20015). 연방정부의 전략은 전염병 바이러스가 국내로 유입되는 것을 막는 것에 있는 반면, 지방정부는 공중보건 개입과 커뮤니티 기반시설 보수에 관여한다(French & Raymond, 2009). 이처럼, 미국의 경우 연방정부의 특성상 보건 위기에 대한 성공적인 계획과 대응에는 각 관할 정부와 관청의 관여와 협조가 필요하다. 특히, 지방정부 수준에서의 대비· 대응 역량에 따라 전염병이 가져올 위해의 정도는 달라진다.

현재 미국의 경우, 국토보안부(Department of Homeland Security, 이하 DHS)와 연방위기관리처(Federal Emergency Management Agency, 이하 FEMA)에서 총체적 재해·재난관리를 시행하고 있다. 재해·재난 발생시 일차적 책임기관은 시·카운티 등 지방정부이며, 중앙정부는 지방정부에 대한 지원·조정 등의 업무를 수행한다. 미국의 위기관리체계는 통합적인 위기관리조직과 국가비상관리정보시스템(National Emergency Information System, 이하 NEMIS)에 의해 관리되고 있다. FEMA는 국가위기상황 발생시 효과적인 대응과 복구를 위해 초기에 연방정부 단위의 대응계획(Federal Response Plan, FRP)을 개발하였으나 이후 국가단위 재난대응(National Response Plan, NRP)으로 전환하였다. 그러나 계획(Plan)으로는 국가적 범주를 포함하기에는 충분하지 않다는 한계 때문에 2008년 1월 국가적 차원의 대응체계인 국가대응체계(National Response Framework, NRF)를 구축하여 실행하고 있다. NRF는 모든 종류의 위해(all hazards)에 어떻게 대응해야 하는지를 규정한 국가수준의 지침이다. NRF는 재난관리의 과정에서 지속적으로 정해진 시나리오를 제공해주는 기능을 하는 국가사고관리체제(National Incidence Management System, 이하 NIMS)에 기초하여 수립되었다. 미국의 국가계획체제(National Planning Response, 이하 NPR)는 31개의 핵심역량 중 국가대응체계(NRF)의 핵심역량 14개를 규정하고 있는 데, 그 중에서 공중보건위기대응과 관련된 것은 공중보건 및 의료서비스(Public Health and Medical Services) 역량이다. 공중보건 및 의료서비스 역량은 국가차원에서 응급의료서비스 및 관련 물자를 지원하고, 이를 통해 공중보건위기상황에 적절히 대응하도록 해당 지역의 공중보건 관련 기관을 지원함으로써 인명구호 뿐만 아니라 추가적인 손상과 질병의 발생을 최소화하는 것이다.

국가대응체계(NRF)는 긴급지원기능(Emergency Support Function, 이하 ESF)을 기본으로 하여 구성된다. 긴급지원기능(ESFA)은 연방정부가 연방단위의 기관들 사이에서 지원을 조정함으로써 신속한 사고대응을 가능하게 하는 구조이다. 긴급지원기능은 자원과 역량에 따라 분류되며 각 기능에는 조정자, 주요담당기관, 지원기관이 지정되어 관련 활동을 수행한다. 공중보건과 의료서비스 관련 ESF 기능(ESF #8-공중보건의료서비스(Public Health and Medical Services))에 있어서는 보건부(HHS)가 주요 담당기관이 되며, 상위기관인 FEMA는 지원기관 역할을 수행함으로써 보건부(HHS)의 조정기능을 지원하게 된다.

ESF(Emergency Support Function)의 조직을 살펴보면, 보건부장관(The Secretary of HHS), 대비대응차관보(The Assistant Secretary for Preparedness and Response, ASPR), 긴급관리단(Emergency Management Group, EMG)이 있으며, 긴급관리단(EMG)은 재난상황관리센터(Secretary's Operations Center, SOC)에서 업무를 수행한다. NRF의 대응구조는 특히 현장지휘체계(Incidence Command Structure, 이하 ICS)에 기초하고 있다. 현장지휘자는 특정한 직업군이 담당을 하는 것이 아니고 발생한 사고에 따라서 가장 능력이 인정되는 사람이 담당을 하게 된다. 즉, 어떠한 사고가 발생하면 해당 현장과 가장 가까운 곳에 표준화된 현장지휘체계가 구축이 되어서 재난관리 활동을 담당한다. 통제시스템에는 공보관(Public Information Officer), 안전담당관(Safety Officer), 연락담당관(Liaison Officer)이 포함되고 일반스탭에는 작전 섹션치프(Operations Section Chief), 기획 섹션치프(Planning Section Chief), 물류 섹션치프(Logistics Section Chief), 재무/행정 섹션치프(Finance/Administration Section Chief)가 포함이 된다(대한민국 의학한림원, 2014).

3 유럽연합의 보건거버넌스

유럽연합 회원국들은 기본적으로 자국의 공중보건 향상 및 국경을 넘나드는 신종 전염병을 통제·관리하기 위한 1차적인 책임과 역할을 가지고 있다. 그러나 이들 국가의 경우 독립국가 차원의 보건정책을 수행하는 것에 그치는 것이 아닌, 유럽연합의 법률과 보건관련 정책들에 근거하여 국가차원을 초월하는 multilevel governance 및 supranational governance를 운영해야 하는 구조 및 역학적 관계를 가지고 있다(Mossialos, Permanand, Baeten & Hervey, 2010). 뿐만 아니라 유럽연합 차원의 보건정책 수행을 위해서는 회원국들 간 지속적인 보건관련 상호 커뮤니케이션을 수행해야 하며 때로는 회원국들 간 이익이 상충하는 사안에 대해서도 협의를 이루어야 하는 구조적으로 복합적인 양상을 지니고 있다. 따라서 유럽연합은 자연스레 '규제기관'으로서 역할에 초점을 맞추게 되었으며, 보건관련 정책은 1차적으로 회원국가별 보건정책 수행에 세세하게 관여하는 것을 지양하고, 오히려 국가들 간 협조 및 조정, 그리고 개별국가들이 효과적으로 수행할 수 없는 분야들에 대한 보완적인 역할을 수행하고 부가적인 가치를 창출하는 것에 초점을 두고 있다(Flear, 2015). 유럽연합의 공중보건과 관련하여 다양한 법적 근거들이 존재하는바 이들 중 유럽연합조약(Treaty on European Union) 및 유럽연합기능조약(the Functioning of the European Union) 등이 대표적이며, 이들은 EU가 관여할 수 있는 공중보건정책의 범위(영역), 한계, 방식(예산 및 인력지원) 등을 적시하고 있다.

공중보건정책 수행과 관련하여 EU는 1992년 맺어진 Masstricht 조약에 근거하여 "회원국 국가·국민들에게 높은 수준의 보건혜택과 보호를 제공한다"는 정책목표 하에 29개 정부기관들이 직·간접적으로 공중보건정책과 관련된 업무를 수행하고 있다. 2016년 현재 유럽연합의 공중보건 분야는 총괄적으로 보건 및 식품안전부(Department of Health and Food Safety)의 관할 하에 다루어지고 있으며, 그 외 대표적인 기관으로서 1993년 설립된 유럽의약품청(European Medicine Agency)과 2002년 설립된 유럽식품안전청(European Food Safety Authority) 등이 있다. EU 내 보건 및 식품안전부는 크게 보건분야, 식품안전분야, 일반사무분야(General Affairs) 및 소비자·보건·농업 및 식품관련 책임집행기관(Consumer, Health, Agriculture, and Food Executive Agency) 등 기능별로 분화되어 조직이 운영되고 있으며, 보건업무와 관련해서는 공중보건국(Public Health), 보건시스템 및 산출물국(Health Systems and Products)이 각기 설치・운영되고 있다.

유럽연합의 공중보건 향상을 위한 기본적인 노력은 회원국 국가・국민들 모두를 위한 보건정책('Together for Health')을 기본적인 정책방향으로 하는 이른바 'Europe 2020 Strategy'에 근거하며, 이는 EU가 지향하는 지능적, 지속가능하고 통합적인 보건정책을 달성하기 위한 효과적인 보건분야의 투자확대(investing in health) 및 장기적 관점에서 5년마다 마련하는 유럽연합 보건전략(EU Health Strategy)[5]을 통해 발현된다. EU 공중보건업무를 총괄하는 보건 및 식품안전부에 따르면 보건관련 책정예산은 2014년 기준으로 유럽연합 전체 GDP의 10%, 예산의 15%를 차지하고 있으며, 보건 및 사회서비스 영역에 종사하는 인력은 유럽연합 전체 고용된 인적 자원의 약 10%를 차지하고 있는 것으로 나타났다.

유럽연합 차원의 공중보건거버넌스의 가장 큰 특징 중 하나는 국경을 넘나드는 예측불가능한 전염병을 국가의 안보(national security)를 위협하는 주요 원인으로 분류하고 이를 사전 예방 및 발병시 신속하게 대처하기 위한 조직구성 및 운영시스템을 갖추고 있다는 점이다. 유럽연합의 유럽안보전략(ESS: European Security Strategy)은 2000년대 초반까지 SARS와 같은 전염병을 국가 및 지역 내 안보를 위협하는 요인으로 고려하지 않았으나, 2008년 조류독감(H5N1)의 전 지구적 발발 이후 전염병을 포함한 공중보건 위협을 국가안보의 주요 위협수단으로 포함시켜 논의하기 시작하였다(Brattberg & Rhinard, 2011). 유럽연합이 지향하는 국경을 넘어 발생하는 예측불가능한 각종 전염병에 대한 대비계획(preparedness planning)은 "공중보건에 영향을 미치거나 미칠 수 있는 어떤 종류의 응급상황에 신속하게 대응하기 위한 관련역량을 강화하는 것에 초점을 맞추고 있다(Kinsman, 2015). 유럽연합 차원에서 이러한 대비계획은 크게 (1) 다양한 종류의 보건위협들(유행성 감기,

5) 유럽연합 보건전략은 4가지 핵심원칙, (1) 유럽회원국 국민들 모두 공유할 수 있는 보건관련 가치들(보편적 서비스, 양질의 보건서비스 접근가능, 유럽회원국 보건의료서비스 시스템 간 균등 및 영속성)의 구현, (2) 경제적 부가가치를 창출할 수 있는 보건의료 체제구축, (3) 다양한 국가정책 분야들(예를 들어 사회・조세・환경・수송・정보기술・에너지・농업・교육정책분야 등)과의 유기적인 조정 및 포괄적인 관점에서의 보건정책 실현, (4) 전 지구적인 보건분야에서 유럽연합의 입장을 반영하기 위한 제도적인 노력 등을 포함한다.

SARS, 생물학적 혹은 원인불명의 인자에 따른 전염병, 화학물질에 의한 사고, 기후변화 등 환경관련 사고)에 대비하기 위한 국가별 계획수립 및 (2) 보건관련 국가별 계획들 간 상호 정보공유 시스템(interoperability)의 구성으로 요약될 수 있다.[6]

제 3 절 국가별 질병관리 및 통제기관

1 한국의 질병관리본부

보건복지부 소속기관으로서 질병관리본부는 국민보건 향상을 위한 만성질환 및 특수질환에 관한 방역·조사·검역·시험·연구업무·장기이식 관리에 관한 업무를 관장하고 있다. 국가질병연구관리 기관으로서 업무를 보다 효율적으로 수행하고자 본 기관은 역사적으로 몇 차례 직제개편을 단행하였으며, 이를 통해 국가 전염병 연구 및 관리와 생명과학연구를 수행하는 중추기관으로 발전하였다. 2003년 세계적으로 확산된 사스를 계기로 전염병 관리를 위한 전문운영체계의 구축에 대한 필요성이 높아지면서 질병관리본부는 2004년 국립보건원에서 현재의 질병관리본부 형태로 확대 개편되었으며, 2009년 신종플루를 계기로 호흡기바이러스과를 신설하였다. 질병관리본부는 현재 전염병관리센터, 질병예방센터, 장기이식관리센터 등 3개 센터 14개 과에서 질병관리분야 행정 및 질병관리사업을 수행하고 있다. 또한, 전염병·병원체 검사 등 실험실 검사를 지원하기 위하여 국립보건연구원 산하 전염병센터, 면역병리센터, 생명의과학센터, 유전체센터 등 총 4개 센터 23개 과를 설치·운영하고 있으며 해외유입 전염병에 효과적으로 대처하기 위하여 전국 13개 검역소를 설치·운영하고 있다(질병관리본부, 2015). 부서별 주요업무는 다음

6) 세계화 시대에 국경을 넘어 발생하는 각종 예측불가능한 전염병에 효과적으로 대응하기 위한 유럽연합의 공중보건 관련정책은 유럽연합조약 제152조와 유럽연합기능조약 제168조에 각기 명시적으로 언급되고 있는바, 전자는 유럽연합 내 공중보건 향상과 각종 질병 및 전염병 예방을 위한 공동노력의 필요성의 명문화를, 후자는 유럽연합 내 공중보건 핵심목표로서 주요 보건위협 요인들과 전쟁 및 효과적인 사전·사후대비를 포함하고 있다.

과 같다.

표 8-2 질병관리본부 부서별 주요 업무

부서명		주요업무
전염병관리센터		- 전염병 관리 및 예방, 교육 홍보 - 검역전염병 , 해외유입전염병 정보수집 제공 - 전염병 감시, 조사연구, 통계생산, 보급 - 생물테러 대응관리, 전염병 역학조사 - 신종전염병 대응체계 수립 및 운영
질병예방센터		- 에이즈, 성병, 결핵, 한센병 관리 - 예방접종 관리 및 교육 홍보 - 만성병 조사, 관리, 만성병 통계 생산보급 - 국민건강영양조사 기획 및 시행
장기이식관리센터		- 장기기증 지원 및 이식관리 - 장기 등 이식 관련 정보통계 관리 및 홍보 - 장기이식관리기관 지도・감독 - 혈액안전 및 수급관련 정보의 분석・통계 관리
국립보건 연구원	전염병센터	- 장내 감염 세균 및 바이러스 연구 - 호흡기 감염 세균 및 바이러스 연구 - 항균제 내성균, 고위험병원체 연구 - 전염병 국가 표준실험실 운영
	면역병리센터	- HIV/AIDS 종양바이러스 연구 - 인수공통감염증 및 신경계 바이러스 감시 - 연구, 질병 매개체 및 방제연구 - 열대풍토, 토착화 기생충 질환 조사연구
	생명의과학센터	- 뇌신경질환, 심혈관질환, 대사이상질환 및 알콜 중독질환 예방치료법 개발 연구 - 희귀난치성질환자 관리 및 조사연구 - 배아, 체세포복제배아연구 관리 및 줄기세포 등록・관리
	유전체센터	- 유전체 역학조사 연구관리, 건강, 질병 및 생체지표 개발 - 생체자원 수집분양 및 보건의료 생명과학정보 개발관리 - 유전체기능 및 분석기반기술 확보지원
국립검역소 (전국 13개소)		- 선박, 항공기, 열차, 자동차 등의 운송수단과 승무원, 승객 및 화물에 대한 검역 및 예방조치 - 검역구역 내 보건위생 관리 - 검역전염병에 대한 예방접종

출처: 질병관리본부 홈페이지.

전염병관리센터는 전염병 관리과, 검역지원과, 전염병감시과, 역학조사과, 생물테러대응과, 공중보건위기대응과 등 6개의 과로 운영되고 있다. 세계보건기구(WHO)는 신종 전염병 발생 가능성이 증가함을 강조하며 예방대책 마련을 권고하였고 우리나라는 2007년 5월 공중보건위기대응과를 신종전염병 위기상황대응 전담조직으로 신설하였다(이종구, 2008). 공중보건위기대응과의 업무는 신종전염병 위기대응 체계구축, 신종전염병 감시 강화, 신종전염병 위기대응 능력 함양, 신종전염병 대비 국내·국제 공조체계 구성 등을 포함한다(질병관리본부, 2014).

2 미국의 질병통제예방센터

질병통제예방센터(Centers for Disease Control and Prevention, 이하 CDC)는 보건부(Department of Health and Human Services, HHS)[7]의 소속기관으로서 1946년 전염병 센터(the Communicable Disease Center)로 세워졌다. 1980년대 조직개편을 통해 질병통제센터(Centers for Disease Control)로 개칭되었고, 1992년에 예방('prevention')이라는 용어가 더해졌다.

7) HHS는 보건의료 관련 업무를 전담하는 행정부 소속의 대표적인 보건행정조직이다. 주로 공중보건 관련 업무를 수행하고 있으며 아동·가족 행정(Administration for Children and Family) 및 지역사회 생활행정(Administration for Community Living)과 같이 복지관련 업무도 일부 수행하고 있다. 1953년 아이젠하워 대통령이 제안한 입법에 의하여 보건·교육·복지부(Department of Health, Education, and Welfare, HEW)가 설치되었다. 전신인 연방안전청(Federal Security Agency)은 폐지되고 모든 업무는 새로 설치된 보건·교육·복지부에 이관되었으며 1980년 교육부조직법(Department of Education Organization Act)에 의해 교육부가 분리되면서 보건복지부로 재편되었다. HHS는 미국인의 건강을 보호하고 자립을 도울 수 있는 최소한의 핵심적인 복지를 제공하기 위해 설립된 정부기관이다. 유아에서부터 의료서비스가 필요한 최고령의 국민에 이르기까지 보건서비스를 제공한다. HHS에서 시행하고 있는 Medicare 프로그램은 국가 최대 규모의 보험프로그램이며 한 해 10억 건 이상의 청구자료를 다루고 있다. 미국인의 1/4은 Medicare와 Medicaid를 통해 건강보험 혜택을 받고 있다. HHS는 주 및 지방정부와 밀접한 관계를 맺으며 업무를 수행하고 있고 HHS의 기금으로 운영되는 많은 서비스들이 주·지방 기구들에 의해 혹은 민간 기구들의 후원을 통해 지역 수준에서 제공되고 있다. HHS의 프로그램은 11개의 운영 부서(operating divisions)에서 진행되고 있는 데 이는 8개의 미국 공중보건서비스기관(U.S. Public Health Services)과 3개의 복지기관(Human Services Agencies)으로 구성된다. HHS에서는 300개 이상의 프로그램을 수행 중이며 이는 연구, 공중보건, 식약품 안전, 후원금 및 그 외의 기금 모금, 건강보험 등이 포함된다.

표 8-3 미국의 질병관리본부의 연혁

연 도	조직 명칭 변화
1946	Communicable Disease Center(CDC)
1967	National Communicable Disease Center(NCDC)
1980	Center for Disease Control(CDC)
1992	Center for Disease Control(CDC)
현재	Centers for Disease Control and Prevention(CDC)

1946년 7월 전염병센터(CDC)는 조지아 주에 위치한 말라리아 통제소(MCWA)[8]가 시초이며, 주요 미션으로 필드 조사, 훈련, 전염병 통제 등을 실시하였고 400명이 안 되는 인원과 적은 예산으로 시작하였다. 초기 CDC는 말라리아, 장티푸스 등 전염병 퇴치에 초점을 두었다. 그 후 60년 동안 이름에 작은 변화들이 생겼지만 이니셜은 그대로이다. 그 동안 CDC의 업무는 지속적으로 확장되어 모든 전염병, 비전염병, 부상, 환경, 보건, 보건통계, 그리고 직업보건 등을 포함하게 되었으며 미국 보건부와 다른 공중보건 기관들과 협력하여 신종전염병 퇴치업무를 수행하고 있다(CDC, 2015).

CDC의 미션은 말라리아와 다른 전염병 퇴치에서 질병, 부상, 장애를 예방하고 통제함으로써 보건과 삶의 질을 증진하는 것으로 확대되었다. CDC의 3가지 핵심 가치들은 책임성(accountability), 존경(respect), 정직(honesty), 윤리적 활동(ethical activity) 및 과학적 성실(scientific integrity)이다. 현재 CDC는 14개 Office 및 1개 Institute로 구성되어 있으며 전염병 위기발생의 경우에 공중보건 위기대응과 관련된 역할은 주로 공중보건대비대응과(Office of Public Health Preparedness and Response, OPHPR)와 전염병관리과(Office of Infectious Disease, OID)에서 이루어진다.

전염병관리과(OID)의 미션은 미국과 세계적으로 전염병 문제를 감소시키기 위해 과학, 프로그램들, 정책들을 이끌고, 증진하고, 촉진시키는 것이다. Rima Khabbaz

8) 전염병 센터(Communicable Disease Center, CDC)의 전신이라 할 수 있는 전쟁지역 말라리아 통제소(Malaria Control in War Areas, MCWA)는 주변에 말라리아를 통제하기 위해 1942년에 세워졌다. 2차 세계대전이 끝난 후, 미국 보건부 소속의 Joseph W. Mountin 박사는 주정부와 지방정부 보건기관들을 지원하여 전염병 확산을 통제하고 국가보건을 유지하기 위한 구상을 하였다.

박사가 CDC의 부국장이자 OID 장으로서 리더십을 발휘하고 있다. Khabbaz 박사는 CDC 센터장에게 전염병 이슈에 관한 조언을 하며 CDC의 전염병 센터에 전략적인 리더십을 제공하고 있다. OID는 내부와 외부의 파트너들과 함께 전염병 예방 프로그램들과 우선순위들을 이끌고 있다.

공중보건대비대응과(OPHPR)는 한국의 공중보건위기대응과에 해당하는 조직으로서 공중보건 위기를 예방·보호·적응·대응 및 회복하는 전 과정에 걸쳐 주 및 지방정부들을 포함한 국내·외 파트너들에 대한 전략적인 방향과 자금 지원, 역량 강화, 기술 지원, 조정 등의 업무를 수행한다. 공중보건위기대비대응과(OPHPR)의 핵심 활동은 (1) 기금마련과 기술지원을 통해 주 및 지방정부의 전염병 대비·대응 역량 지원, (2) 응급상황에 중요한 의료자원의 활용지원, (3) 전염병 상황 감시와 신속한 대응을 위한 비상운영센터(Emergency Operations Center, EOC) 운영, (4) 생물학적 매개체와 독성 규제업무 등이다. 주목해야 할 점은 공중보건대비대응과(OPHPR)는 전염병 발생 위기상황 뿐만 아니라 지진, 테러 등을 포함한 재난상황에 대한 실무적인 업무를 담당하는 동시에, CDC 타 부서의 활동을 관리하고 조율한다는 것이다. 2002년 세워진 공중보건대비대응과는 의회로부터 약 13억 달러를 지원받으며 이 예산은 CDC와 주정부 그리고 지방정부의 공중보건 부서의 활동지원 등 공중보건위기에 대한 대비를 강화하는 데에 쓰인다. 의회는 예산의 3/4 이상을 CDC 프로그램인 공중보건 비상·대비·협력 합의(Public Health Emergency Preparedness Cooperative Agreement)와 전략적 국가 스탁파일(Strategic National Stockpile)을 위해 전용한다. 이처럼, CDC의 주된 역할은 자금제공과 기술지원을 통하여 지방정부의 공중보건대응 역량을 강화하고 보다 회복력이 강한 공동체를 만들 수 있도록 돕는 것이다. CDC는 또한 과학적이고 논리적인 전문지식과 인적 자원, 그리고 의료자원을 제공하여 국가, 주, 지방 파트너들이 생명을 구하고 전염병 관련 피해를 최소화하도록 돕는다.

3 유럽연합의 질병예방 및 통제센터

EU는 예측불가능한 신종전염병에 대한 대비를 위해 유럽 질병예방 및 통제센터(이하 ECDC)를 2005년 Stockholm에 설립하였으며, 설립규정(founding regulation) 제3조에 근거하여 독립기관(independent EU agency) 형태조직을 가지고 운영하도록 하였다. ECDC의 목적은 전염병(communicable diseases)에 의한 인간의 현재 및 미래에 영향을 미칠 수 있는 각종 위협요인 및 인자들을 적기에 인지 · 평가 · 통제하는 것이며, 이를 위해 유럽 국가들의 공중보건 관련 기관들과 협력 및 유럽 지역을 초월한 국제적인 전염병 감시 및 조기경보 시스템 구축을 위해 노력하는 것이다. 이러한 핵심 목적과 관련하여 ECDC의 구체적인 역할은 (1) 전염병 관련 과학적 정보들의 수집 · 분석 · 평가 · 배포, (2) 전염병 및 관련 절차들에 대한 과(의)학적 견해제공 및 교육훈련 업무수행, (3) 유럽연합 내 소속 국가들 및 관련 보건기관들에 공중보건에 대한 정보 등을 적기제공, (4) 관련 기관들 간 업무조정 업무, (5) 정보 · 관련지식 및 절차 · 선례 등의 유럽연합 국가들 간 교환, 협업관련 업무수행 보조 등을 수행하는 것으로 요약될 수 있다. 2015년 현재 ECDC의 조직구조는 [그림 8-1]과 같다.

ECDC는 크게 3개의 기관으로 분류할 수 있는바, 이들은 관리이사회(Management Board), 자문포럼(Advisory Forum), 그리고 전염병 관련 현장 및 관련 집행업무를 담당하는 집행기관 및 부서들이다. 관리이사회 위원들은 EU회원국, 유럽의회(European Parliament), 그리고 유럽연합집행기관(European Commission)에 의해 지명되며 대개 (1) ECDC 집행업무를 담당하는 부서장(director)을 선발하고 이들이 관련 업무에 대해 책임성을 가지고 업무를 수행하도록 관리 및 모니터링을 수행하며, ECDC의 예산액 편성 및 수행업무의 범위 등을 정하는 역할을 한다. ECDC의 설립규정에 근거하여 관리이사회 위원들은 각 회원국에서 1인, 유럽의회에서 2인, 유럽연합집행기관을 대표하는 3인으로 각기 구성되며, 임기는 4년으로 한정된다. 지명된 위원들은 각 분야의 전문성이나 지식수준에 근거하여 선정되는 경향이 있다.

자문포럼의 위원들은 ECDC 내 집행부서들이 수행하는 각종 과학적 지식에 근거한 업무의 적절성 등에 대한 자문을 하는 역할을 수행하며, 대개 해당 과학 분야의 역량과 전문성을 가진 명망있는 고령의 인사들 중 유럽연합 회원국들의 추천을 받거나 유럽연합 집행기관들의 공중보건관련 공직자들 중 일정 수를 임명하는 방식으로 구성된다. 이러한 ECDC의 집행업무들에 대한 자문역할 이외에도 자문포럼

그림 8-1 EU ECDC 조직구조

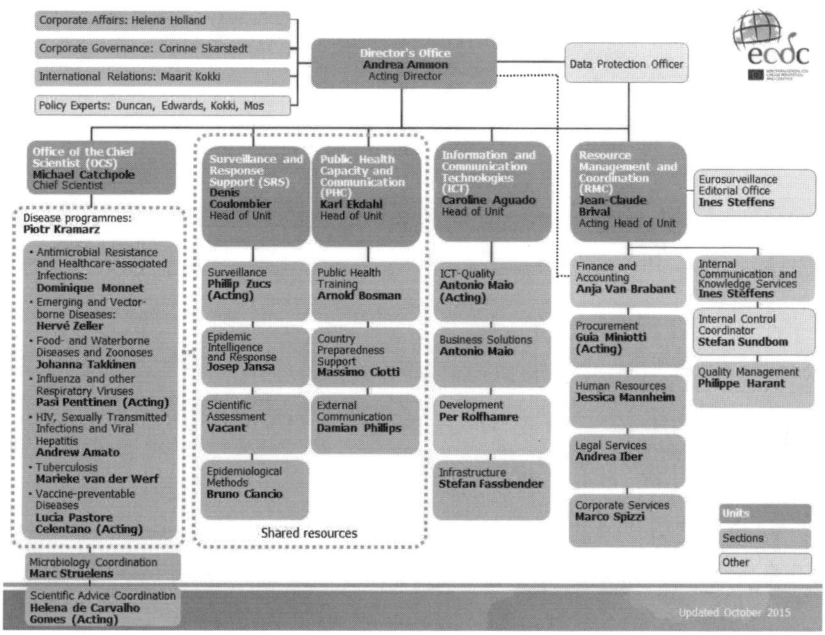

출처: ECDC(European Center for Disease Prevention and Control) 웹사이트.

은 위원들 간 정보의 교류, 보건관련 지식의 축적 및 협력업무 등도 수행하고 있으며, 위원들은 1년에 최소 4회에 걸쳐 자문관련 모임을 갖도록 의무화하고 있다.

ECDC 내 전염병 관련 집행업무를 담당하는 조직구조는 기본적으로 5개의 부분으로 구성되는바, 이들은 수석과학관실(Office of the Chief Scientist), 전염병 감시 및 대응보조국(Surveillance and Response Support), 공중보건역량 및 커뮤니케이션국(Public Health Capacity and Communication), 재원관리 및 조정국(Resource Management and Coordination), 정보 및 커뮤니케이션 기술국(Information and Communication Technologies)이다. 또한 수석과학관실에서 중점적으로 다루는 7가지 전염병 군은 (1) 항생제 내성 및 보건관련 전염병(antimicrobial Resistance and Healthcare-associated infections), (2) 최근발생 및 매개체감염 전염병(Emerging and Vector-born Diseases), (3) 식품·수인성 질병 및 인수공통전염병(Food-and Waterborn Diseases and Zoonoses), (4) 후천성 면역결핍증, 성교를 통해 이전

되는 감염 및 바이러스성 간염(HIV, Sexually Transmitted Infections and Viral Hepatitis), (5) 인플루엔자 및 기타 호흡기관련 바이러스(Influenza and Other Respiratory Viruses), (6) 결핵(Tuberculosis), (7) 백신예방가능 전염병(Vaccine-preventable Diseases) 등으로 구성되어 있다.

제 4 절 맺는말

본 연구는 신종 전염병 등 보건위기 상황에 대응하여 보긴거비넌스 조직구조가 어떻게 운영되고 있는지를 한국, 미국, 그리고 유럽연합의 사례를 통해 분석하였다. 이를 통해 살펴 본 보건거버넌스 조직구조 및 운영과 관련된 시사점은 다음과 같다. 첫째, 정치행정체제가 거버넌스 구조와 운영에 영향을 미치고 있다. 미국은 연방국가체제로서 연방정부의 성공적인 계획과 대응에는 지방정부의 협조가 필수적이다. 유럽연합 회원국들은 자국의 공중보건 향상 및 전염병 통제에 1차적인 책임과 역할을 가지고 있으며, 이들 국가의 보건정책은 유럽연합의 법률과 보건관련 정책들에 근거한다. 따라서 미국과 유럽연합은 성공적인 보건정책 수행을 위해서는 연방정부와 지방정부 그리고 국가들 간 협조 및 조정 등이 필수적이다.

둘째, 미국과 유럽연합은 다양한 정부 부처에 분산되어 있는 보건의료 전문인력을 통합적으로 관리하고 있다. 우리나라의 경우, 통합적으로 관리하는 조직체가 존재하지 않기 때문에 정부 각 부처에 보건의료인력들이 얼마나 참여하고 있는지, 담당하고 있는 업무는 무엇인지에 대한 종합적인 파악이 어려운 실정이다(윤석준, 2012). 이러한 정부 내 보건의료인력 관리 부실은 보건사업의 중복 및 분절적 운영의 문제를 가져올 수 있다.

셋째, 미국과 유럽연합은 보건의료 전문가라 할 수 있는 의사들이 보건의료 행정조직 내에서 공중보건 관련 주요직책을 수행함으로써 정책의 조정 및 집행의 역할을 담당하고 있다. 이에 반하여, 우리나라는 국민 보건의 주무 과장인 보건복지부 질병정책과장과 정신보건과장 등은 행정고시 출신 공무원들이 꿰차고 있으며 질병관리본부의 국장급 주요 간부 자리들은 보건복지부 낙하산 인사들로 채워지는 경우가 많다(동아일보, 2015). 미국과 유럽연합의 의사들은 공중보건 분야와 관련된 정부부처의 장으로서 최고의 권위를 행사하며 정부에 주요 자문을 제공하는 역할을 담당함과 동시에 근거 중심의 보건정책(Evidence Based Health Policy)의 시행을 위해 관련 연구의 수행에 대한 책임을 맡고 있다.

넷째, 미국과 유럽연합의 질병관리기관과 비교하여 우리나라의 질병관리본부는 역학조사관, 커뮤니케이션 스페셜리스트 등 보건위기 대응 전문가 인력이 매우 부족하다.[9] 전염병 역학조사는 전문성과 기술력이 요구되는 업무로 미국과 유럽연합은 국가별로 역학조사관 양성 교육프로그램을 운영하고 있다(질병관리본부, 2015). 미국의 역학조사관 제도[10]를 벤치마킹하여 역학조사관과 보건 커뮤니케이션 전문가들을 양성하여 보건위기 대응역량을 키워 나가야 할 것이다.

다섯째, 신종전염병 등 위험평가(risk assessment)와 관련하여 미국과 유럽연합의 기본적인 정책방향은 이용가능한 과학적 전문지식들을 동원하여 위험의 정도를 정확하게 인지하며, 관련 정보들을 지속적으로 수집・분석함으로써 효과적인 전염병 감시 및 조기경보・대응 시스템이 작동하도록 하는 기반을 마련하는 것이다.

전염병 방역의 선진국이라 할 수 있는 미국과 유럽연합의 사례는 앞으로 닥쳐올 전염병 등 보건위기 상황을 어떻게 적절하게 통제하고 국민보건 향상을 위한 거버넌스를 어떻게 운영해 나갈 것인지에 대한 많은 실마리를 제공하고 있다. 단순한 기능분화에 초점을 둔 정부조직 개편은 전염병 위기 대응에 대한 해법이 될 수 없다. 조직의 분화에 초점을 둘 것이 아니라 보건위기 상황에 대비하고 대응할 수 있는 위기관리 메커니즘을 보건행정조직이 갖추고 있는지, 보건위기상황을 예방하고 위기시 즉각적으로 대처 및 통제할 수 있는 현장 전문가들을 지니고 있는지, 정부・민간부문 간, 공중보건 분야 간 협력 및 정보 공유가 이루어지고 있는지가 우

9) 질병관리본부 전염병 관리센터의 주요 업무 중 하나인 역학조사관 제도와 관련하여 부족한 인력과 낮은 업무 연속성과 전문성이 메르스 방역실태의 문제점으로 지적되었다. 메르스 사태 당시 국내에는 총 34명의 역학조사관이 있었고 그 중에 32명이 공중보건의여서 업무의 전문성과 연속성이 부족할 수밖에 없었다(중앙일보, 2015).

10) 미국의 역학조사관 제도(The Epidemic Intelligence Service Program; 이하 EIS)는 매년 의대 졸업생이나 역학 분야 박사 80여명을 뽑아 2년 과정의 프로그램을 운영하여 역학조사관을 양성하고 있다(중앙일보, 2015). 또한, 미국 CDC에서는 보건 커뮤니케이션 전문가(Health communication specialist)들이 전염병 관련 정보들을 대중들이 쉽게 이해할 수 있도록 메시지를 만들어 의사소통을 하고 있다(청년의사, 2015).

선 검토되어야 할 것이다.

참고 문헌

박은철(2015). “국가질병관리 역량강화를 위한 중앙정부 조직개편.” 「대한의학협회지」, 58(8): 714-722.

윤석준(2012). OECD 국가의 보건의료 행정조직의 조직현황과 의사의 참여방식에 관한 연구(2012-14).

이종구(2008). 2007 질병관리백서, 질병관리본부.

Ansell, C. & A. Gash(2007). “Collaborative Governance in Theory and Practice.” *Journal of Public Administration Research and Theory*, 18(4): 543-571.

Brattberg, E. & M. Rhinard(2011). “Multilevel Governance and Complex Threats: The Case of Pandemic Preparedness in the European Union and the United States.” *Global Health Governance*, V(1). http://blogs.shu.edu/ghg/2011/11/21/multilevel-governance-and-complex-threats/

Center for Disease Control and Prevention: www.cdc.gov.

European Center for Disease Prevention and Control: http://ecdc.europa.eu/en/aboutus/who-we-are/PublishingImages/Org_chart_Jan_2016.jpg.

Flear, M. L.(2015). *Governing Public Health: EU Law, Regulation, and Biopolitics*. Portland, OR: Hart Publishing.

French, P. E. & E. S. Raymond(2009). “Pandemic influenza planning: An extraordinary ethical dilemma for local government officials.” *Public Administration Review*, 69(5): 823-830.

Kinsman, J.(2015). Preparedness Planning for Respiratory Viruses in EU Member States. European Center for Disease Control(ECDC) Technical Report.

Mossialos, E., G. Permanand, R. Baeten, & T. K. Hervey(2010). *Health systems governance in Europe: the role of EU law and policy*. Cambridge: Cambridge University Press.

OECD Series on Health Care Quality Reviews: http://www.oecd.org/els/health-systems/health-care-quality-reviews.htm

Ramesh, M., X. Wu, & A. J. He(2013). “Health Governance and Healthcare Reforms in China.” *Health Policy and Planning*, 29: 663-672.

US Department of Health Human Service: http://www.hhs.gov.

World Health Organization(2008). *Primary health care: Now more than ever*. Geneva: World Health Organization.

대한민국 의학한림원(2014). 세계 각국의 감염병 관련 공중보건대응체계 현황분석.
동아일보(2015). 메르스 교훈…"보건복지부서 보건 독립시키자." 06.29.
보건복지부(2015). 국가방역체계 개편방안 확정 발표, 09.01.
______(2014).「감염병」위기관리 표준매뉴얼, 2014.6.
의협신문(2015). 복지부 복수차관제 도입 근거입법 추진, 04.27.
______(2010). 복수차관제 입법화 전폭 지지한다. 04.09.
조선일보(2015). 질병관리본부장 '차관'급으로 격상. 09.01.
중앙일보(2015). 메르스 놓친 역학조사관 34명 중 32명, 초보 공중보건의. 06.13.
질병관리본부(2015). 역학조사관제도의 국제동향.
______(2015). 메르스 대응 지침.
______(2014). 공중보건위기대응사업단 운영계획.
청년의사(2015). 미국 역학조사관이 본 한국 메르스 사태 대처 점수는? 07.06.
질병관리본부: http://www.cdc.go.kr.

제 9 장 한국 ODA 정책의 분절성과 메타거버넌스 분석* **

나 현 · 박재희 · 공동성***

제 1 절 서 론

공적개발원조(ODA: Official Development Assistance)는 개발도상국의 경제 · 사회발전과 복지증진에 기여하기 위한 자금의 제공 또는 기술협력을 말한다. ODA는 국제기구를 통해 개발도상국을 지원하는 다자원조를 제외하면 통상 공여국의 정부가 개발도상국 정부에 의해 특정 사업을 요청받은 후, 양국 정부의 합의를 거쳐 사업을 집행하게 된다. 개발도상국 원조사업인 ODA에서 효과성 문제는 크게 공여국 입장과 수원국 입장에서 두 가지로 구분할 수 있다. 첫째, ODA 자금은 공여국 국민의 세수에서 거둬들인 정부예산으로 집행되기 때문에 공여국의 입장에서는 가장 효율적인 방법으로 개발도상국을 지원함으로써 정부 예산을 가장 합목적적으로 그

* 이 논문은 故 나현(1967~2013) 前 한국국제협력단(KOICA) 동아시아팀장이 순직 전 집필한 유고를 유족의 뜻에 따라 보완 · 발전시킨 결과물입니다. 고인은 1995년 한국국제협력단에 입사한 이래 민관협력팀장, 인도네시아사무소 부소장 등을 역임했으며 한국의 대외원조정책 발전에 크게 기여했습니다. 고인의 연구가 향후 한국 ODA 정책의 발전을 이루는 데 작은 밑거름이 되길 바랍니다.

** 이 사례연구는 국정관리연구(2016, 11(1))에 게재된 내용을 수정 · 보완한 것으로, 성균관대학교 국정전문대학원으로부터 사용 허가를 받았으며, 이 논문은 2013년 정부(교육부)의 재원으로 한국연구재단의 지원을 받아 수행된 연구임(NRF-2013S1A3A2055108).

*** 교신저자.

리고 효과적으로 사용하여야 한다는 당위성을 가지고 있다. 둘째, 원조를 받는 수원국 입장에서는 국가의 발전을 위한 여러 가지 개발과제들이 상당히 많이 있기 때문에 가장 우선순위가 높고 국가적으로 중요한 사업에 지원자금을 활용하여 국가의 경제·사회 발전을 가장 빠른 시일 내에 효과적으로 달성하기를 희망할 것이다. 따라서 국제사회에서는 각 공여국이 수원국의 우선순위가 높은 사업에 선택과 집중을 통해 효과적으로 경제·사회 발전을 유도할 수 있도록 전략적으로 원조예산을 집행하기를 권고하고 있다.

그럼에도 불구하고 지난 50여 년 간 국제사회가 개발도상국에 지원한 많은 원조예산이 실제적으로 개발도상국의 발전에 기여한 효과가 미미했다는 원조 회의론과 '원조 피로(aid fatigue)' 현상 등 공여국 중심의 원조에 대한 반성이 고조됨에 따라, 국제사회에서는 2005년 '파리선언'을 통해 원조효과 제고를 위한 5가지 핵심적인 원칙[1])을 발표했다(외교부, 2011). 이는 그 간의 원조가 수원국의 경제·사회발전을 위해 지원되기보다는 공여국들이 자국의 정치·외교적 그리고 경제적 이해관계에 기반하여 무분별하게 지원된 데 대한 공여국들 간의 반성의 결과물이라고 할 수 있다. 원조에 관한 국제사회의 수많은 논의들은 기본적으로 공여국의 원조예산은 매우 제한이 되어 있고, 수원국의 발전 과제들은 사회의 모든 부분을 포괄할 정도로 매우 많기 때문에 이러한 공급과 수요의 심각한 격차 때문에 원조를 수행할 때는 개발의 우선순위와 중요도에 따라 전략적으로 실시해야 한다는 논리가 깔려 있다. 이에 따라 OECD 산하의 개발원조위원회(Development Assistance Committee)는 공여국들이 국제사회의 공약인 '파리선언'에 입각하여 원조를 수행하여 개발도상국의 진정한 발전을 위해 노력하고 있는지를 모니터링하고 평가하고 있다.

그러나 국무총리실의 ODA 중앙부처별 사용에 대한 조사보고서에 따르면, ODA 사업은 국내 32개 기관이 104개 개발도상국, 60개 국제기구를 대상으로 1073개의 개발협력 사업이 정책적 조율이나 전략적 일관성 없이 분산적으로 시행됨으로써 정부 예산으로 집행되고 있는 개발도상국 원조사업이 비효율적으로 집행되었다고 지적한다(국무총리실 개발협력정책관실, 2008). 다행스럽게 한국도 2010년 1월

1) 원조가 효과적으로 수행되기 위한 5가지 원칙은 수원국의 주인의식(Ownership), 공여국의 수원국 정책 및 제도에의 일치(Alignment), 공여국 간 원조의 조화(Harmonization), 원조의 성과관리(Managing for results), 원조에 대한 공여국과 수원국 간 공동책임(Mutual Accountability)을 포함한다.

OECD 개발원조위원회에 가입함으로써 파리선언의 원칙에 맞게 사업을 수행할 필요성은 더욱 높아졌으며, 또한 실제 이에 관련한 평가[2])를 받고 있다. 우리나라는 원조공여국 공식 가입을 계기로 원조예산 확대, 원조효과 제고를 위한 정책적 개선 및 선진화 방안 등 많은 양적 및 질적 변화를 추진하고 있다. 이와 관련하여 한국 정부는 2010년 7월 국제개발협력법 및 시행령을 발효하면서, 무상·유상원조로 이원화되어 있는 원조체제의 비효율성을 개선하기 위해 소관 분야별로 주관부처(무상은 외교통상부, 유상은 기획재정부)를 지정하고, 국무총리를 위원장으로 하는 국제개발협력위원회가 무상·유상원조를 총괄 조정하는 기능을 담당토록 하였다. 즉, 원조사업이 분산·중복되어 시행됨으로써 발생하는 고비용과 저효율성을 개선할 수 있는 제도적 장치를 마련하기 위한 정책방향이라 할 수 있다.

그러나 정부가 국제개발협력기본법을 제정하고 국제개발협력위원회의 기능을 강화하여 각 부처별 산발적인 원조 관행을 통합·조정하려는 노력에도 불구하고 우리나라 ODA의 수행체계를 둘러싼 분절적 집행현상은 최근 더욱더 심화되고 있다고 관련 전문가와 실무자들은 지적한다. 그 대표적인 예로, 무상원조의 총괄적 집행기관인 외교통상부 산하의 KOICA 예산비중은 2010년 81.8%에서 2011년 81%로, 그리고 2012년 69.4%로 줄어들었다(기획재정부, 2012). 이는 정부가 2010년 국제개발협력법 및 시행령을 통하여 무상원조 주관부처를 외교통상부로 지정하고 무상원조 예산을 외교통상부로 일원화하도록 한 조치에 반하여 무상원조 예산이 각 부처에 분산 배분되는 현실이 더욱 심화되고 있음을 간접적으로 설명한다.

따라서 본 논문의 목적은 한국 ODA 정책이 왜 분절적일 수밖에 없는지를 현실태를 중심으로 심층적으로 분석하고, 그 근본적인 원인이 무엇인가를 논의한다. 이러한 분석을 위해 본 연구에서는 주로 질적 분석에 의존한다. 즉, 한국정부 및 국제기구의 공식적인 간행물을 기초자료로 활용하였고, 기존 연구논문의 메타분석, 한국 ODA 정책결정과 집행과정의 현황 및 문제점은 관련기관에 근무하는 실무자 그리고 실제 ODA 사업에 참여하여 그 실태에 대해 충분한 경험을 축적한 전문가들의 의견을 종합적으로 분석하여 공통적인 맥락과 의견을 색출하였다. 특히 실무

2) 우리나라는 DAC가입을 위하여 2008년 DAC로부터 특별동료평가(special peer review)를 받았고, DAC 가입 이후 2012년 6월에 정식으로 동료평가(peer review)를 받았다. 평가항목은 ODA의 법적 기반, ODA 규모·채널·배분, ODA 조직 및 관리, 원조효과성, 인도적 지원 등을 포함한다.

자의 의견은 자기 부처/기관 옹호적인 의견을 제시할 가능성이 높기에, 되도록 스스로의 문제점을 자인한 의견을 중점적으로 활용하였다. 그러나 본 논문의 기술은 질적 방법론의 취지를 충분히 감안하지만 근거이론 등과 같은 좀더 구조화된 형식 체계를 취하지 않고, 논문의 구조와 기술은 이슈 중심으로 전개한다.

무엇보다도 최근 들어 재정건전성 및 예산집행의 효율성 제고에 대한 요구가 비등하기에 본 연구는 시의적으로 적절할 뿐만 아니라, 향후 효과적인 ODA 거버넌스 구조개혁 및 통합적인 운영방침을 작성하는 과정에서 정책개선의 시사점을 제공한다고 할 수 있다. 또한 대부분의 연구가 정책이나 사업의 분석 및 평가에 초점을 맞추고 있기에 메타거버넌스적 차원에서 구조적 효과성을 분석하는 것은 한국 ODA 거버넌스 현상에 대한 이해를 제고하는 데 크게 기여하리라 사료된다.

제 2 절 개발정책 일관성과 메타거버넌스

1 ODA와 개발정책 일관성

ODA에 있어서 '개발정책 일관성(PCD: Policy Coherence for Development, 이하 정책일관성)'은 1990년대 중반부터 OECD DAC(Development Assistance Committee/개발원조위원회)의 여러 문건을 통하여 논의가 진행되어 왔으며, 2001년 'Guidelines on Poverty Reduction'에서 '다양한 정책이 공유된 목표를 위해 함께 시너지효과를 내고 상호 보완해 나가는 것을 정책일관성'이라 정의하였다(OECD, 2002; OECD, 2005). 또 다른 문건에서는 '모든 공공정책 간 긍정적인 시너지와 스필오버(spill-over)를 통하여 개발을 도모하는 것'으로 정의하고 있다(OECD, 2005). 개발정책 일관성은 공여국 내 ODA 수행기관 간 파트너십을 구축하는 데 있어 의미를 가지는 권고사항으로서 DAC는 개발정책 일관성을 다음 네 가지 유형으로 구분하여 정의하고 있다(<표 9-1> 참조).

표 9-1 개발정책 일관성의 유형

유 형	성 격
유형 1: 원조정책 내의 일관성 Internal Coherence within development co-operation policies	개발정책 내의 일관성(양자 간 원조, 다자 간 원조, 기술원조, NGO/민간영역 파트너를 통한 원조 등 정책 내에서의 일관성)
유형 2: 국내 정책일관성 Intra-country coherence: consistency between aid and non-aid policies of a single donor	원조정책과 비원조정책 간의 일관성
유형 3: 원조 조화 Inter-donor coherence	공여국들 간 원조정책과 비원조정책 간의 일관성
유형 4: 원조 일치 Donor-partner coherence to achieve shared development objectives	공여국과 수원국 간의 일관성

자료: OECD. 2005. the Development Dimension Policy Coherence for Development: Promoting Institutional Good Practice. Paris: OECD. p. 30에서 재인용.

OECD는 1990년대부터 '두 번째 유형'인 원조정책과 비원조정책 간의 거시적인 정책일관성을 중심으로 활발한 논의를 전개하고 있는 데, 이는 공여국 내에서 무역, 투자, 환경, 안보, 기술 등 여러 부문에 걸친 모든 정책들이 개발원조 정책의 목표를 따르고, 이를 저해하지 않는 수준에서 진행되어야 한다는 논의이다. 그러나 현재 한국의 ODA 규모와 인식을 감안하고 우리나라가 DAC에 가입한 지 이제 6년여 지난 시간에 불과한 상황임을 감안할 때, 원조정책과 비원조정책 간의 정책일관성은 한국이 보다 장기적으로 추구하여야 할 정책목표라고 판단된다. 한편 세 번째(원조 조화) 유형은 공여국들 간의 원조의 조화(Harmonization)에 관한 사항이기에 국내 정책의 경계선 밖에 있다.

따라서 본 논문에서는 현재 우리나라의 상황에 보다 적합하게 적용할 수 있는 '유형 1'인 원조정책 내의 일관성과 이와 관련된 '유형 2와 4'를 중심으로 개발정책 일관성을 논의한다. 원조정책 내의 일관성은 공여국 내에서 정부부처 및 기관 간의 개발협력 정책 또는 프로그램의 목표와 절차에 있어서의 일관성(internal coherence), 즉 한 공여국의 개발협력 정책에서의 일관성으로서 우리나라와 같이 여러 부처가 분산적으로 원조를 수행할 경우 정책일관성이 매우 중요하다고 할 수 있다. OECD는 각 공여국이 정책일관성을 효과적으로 수행할 수 있도록 '정책일관성 주

그림 9-1 정책일관성 주기

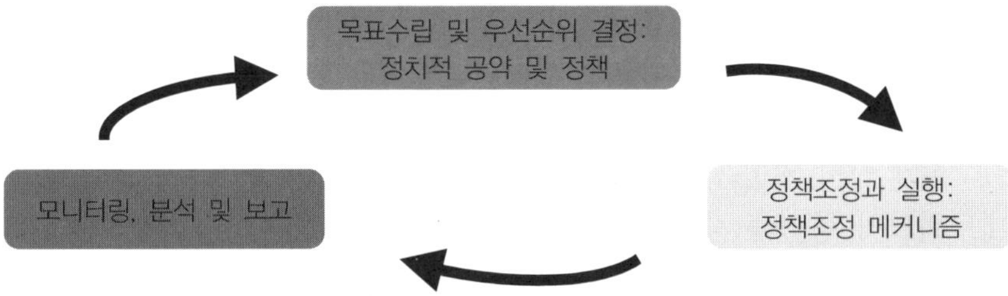

자료: OECD. 2009. Building Blocks for Policy Coherence for Development. Paris: OECD. 20.

기'를 제시하고 있는 데, 정책일관성 주기는 목표수립 및 우선순위 결정, 정책조정 및 실행, 모니터링·분석 및 보고의 단계로 이루어지며([그림 3-1] 참조), 정책일관성이 이 주기를 통해 강화된다고 설명한다(OECD, 2009).

정책일관성 주기에서 '목표수립 및 우선순위 설정' 단계에서는 개발목표에 대한 정치적 공약, 고위정책자 수준에서의 리더십과 장기적인 비전이 요구된다. 두 번째 '정책조정과 실행' 단계는 앞 단계에서 설정된 우선순위를 바탕으로 정책 간 효과적인 조정과정을 거쳐 비일관성을 최소화하고 시너지효과를 최대화할 수 있는 방향으로 정책을 집행하는 단계이다. 마지막으로 '모니터링, 분석 및 보고' 단계는 개발정책이 실행되었을 때의 효과에 대한 증거를 수집하고 분석하는 과정이며, 이 과정을 통하여 정책에 대한 피드백이 정책결정자들에게 전달되며 그 결과가 다음 정책일관성 주기에 반영되어 차기 정책목표 수립에 영향을 미치게 되는 과정이다. 본 모형은 한국 ODA 거버넌스의 일관성 및 분절성을 분석하는 데 매우 유용한 분석틀이라 할 수 있다.

2 ODA 정책의 통합적 효과성과 메타거버넌스

ODA사업은 정부, NGO, 민간 등의 다양한 이해관계자와 행위자를 포함하고 있기 때문에, 사업목표의 수립 및 집행의 전 과정에서 효과적인 거버넌스를 요구한다. 그러나 사업별 거버넌스가 효과적으로 작동하기 위해서는 사업별 또는 분야별

거버넌스를 규정짓는 상위 거버넌스의 역할이라 할 수 있는 메타거버넌스가 효과적이어야 한다. 특히 ODA 정책 전반에 걸친 일관성을 확보하고 개별 사업을 효율적으로 관리하기 위해서는 메타거버넌스가 효과적으로 운영되어야 한다.

Mark Whitehead(2003)는 새로운 형태의 '거시적 조직권력(메타거버넌스)'이 거버넌스 구조에 따라 어떻게 형성되는 지를 설명하면서, 계층적 권력의 그림자가 정치적 네트워크의 형성을 지원하고 이 네트워크 구조의 자율성을 어떻게 위협하고 동시에 저해하는지를 설명하고 있다. 즉, 정부와 같은 통치권력이 어떻게 자율적 조직인 네트워크의 유연성을 제약하고 규제하는지를 설명하면서 거버넌스의 거버넌스로서 '메타거버넌스' 개념을 설명하고 있다. Klijn과 Koppenjan(2004)은 공공행정이 상호 학습과 신뢰구축을 위해 복잡한 네트워크를 어떻게 관리하는가 하는 실용적인 관점에서 메타거버넌스를 설명하고 있으며, Bob Jessop(2009)은 메타거버넌스를 자본주의 국가가 거버넌스의 서로 다른 메커니즘의 잠재적 실패에 맞서 여러 제도적 형태들 중 권력을 행사하려는 가능성으로 보고 있다. 이러한 관점들을 종합하면, 메타거버넌스는 공공 및 민간 행위자들 간의 네트워크 거버넌스가 보다 효율적으로 작동하도록 거버넌스를 조정(steer)하고 지도(guide)하는 주체로서의 정부의 역할을 강조하는 개념이다.[3] 즉, 정부는 거버넌스 네트워크를 디자인하고 구조화하며 관리하고 참여함으로써 네트워크를 metagovern하게 된다.

3) Meta-governance의 개념과 용법에 대하여 명확히 할 필요가 있다. 거버넌스 개념에 대한 상이한 유형화를 제시하듯(이명석, 2002; Meuleman, 2006), 메타거버넌스의 개념에 대하여 각 이론들마다 다르게 사용하고 있다. 상호의존(interdependency)이론과 국정역량(governability)이론은 현상(descriptive)으로서의 메타거버넌스를 통해 현실을 설명하고자 한다면, 통합이론과 통치이론은 규범(prescriptive)으로서의 메타거버넌스를 통하여 바람직한 모습을 그려내고자 한다(Sorensen & Torfing, 2007). 본 원고에서 Meta-governance라는 개념은 상호의존이론과 국정역량(governability)이론의 정의와 용법을 따른다. 이러한 시각에서 정부 주도의 계층제, 시장주도의 사회조정, 그리고 네트워크 거버넌스에 대한 논의는 정부가 전략적인 제도적 설계를 통해서 네트워크 거버넌스의 자기규제 역량을 키우고 동시에 정부의 갈등조정능력을 향상시키는 등 얼마나 메타거버넌스(meta-governance)를 잘 할 수 있느냐로 귀결된다(Kooiman, 1993). March & Olsen으로 대표되는 통합이론가들은 국가에 대한 베버식 사고, 즉 법적 권위를 행하는 단일한 정치조직은 적절하지 않다고 보았다. 분절화된 정치현실에서, 정치체제 또는 정부가 메타거버넌스의 집행자가 될 수 있지만, 어떤 경우에는 사회 또는 민주주의를 메타거버넌스의 집행자로 본다. 이처럼, 누가 메타거버넌스를 운영하는지에 대한 합의를 보지 못하고 있다. 통치이론가들도 통합이론가들과 마찬가지로, 메타거버넌스라는 용어를 사용하지 않는다. 통치(governmentality)라는 개념은 정부가 무엇인지, 정부는 어떻게 운영되어야 하는지에 대한 제도화된 집단의 사고방식을 의미한다(Sorensen & Torfing, 2007).

ODA는 공여국과 수원국 정부 간의 협력사업이지만, 공공 및 민간의 다양한 행위자를 포함하게 된다. 사업을 발굴하고 계획하는 단계에서는 주로 정부가 주도적인 역할을 수행하지만, 사업의 집행은 국내외 정부기관, 기업, 대학, NGO 등 다양한 주체들이 수행하게 된다. 예를 들면, 특정 국가에서 수행하는 하나의 ODA 사업은 공여국 정부(외교부), 수원국의 원조관련 부처(외교부, 재무부 등), 공여국의 사업시행기관(KOICA 등), 수원국의 시행기관, 공여국의 사업관리자(Project Management Company), 건설관리자(Construction Management Company) 및 기자재 조달업체, 분야별 전문가, 수원국의 현지 수행업체 및 하도급 업체, 공여국 및 수원국의 전문가 자문 그룹, 수원국의 사업조직 운영위원회(Steering Committee) 등 많은 조직을 포함하고 있다. 따라서 공공 및 민간의 다양한 행위자로 이루어진 ODA 사업을 효과적으로 수행하기 위해서는 사업의 기획, 집행, 관리 및 평가의 전 과정을 일관성 있고 체계적으로 디자인하고 조정하는 주체라 할 수 있는 정부의 메타거버넌스적 역할이 매우 중요하다고 할 수 있다. 즉, 개별 ODA 사업에 대한 거버넌스도 중요하지만, 정부 각 부처가 산발적으로 ODA를 수행하는 현 상황에서 이를 총괄 조정하는 메타거버넌스의 중요성과 필요성은 매우 크다고 할 수 있다.

제 3 절 한국 ODA거버넌스 현황

1 한국 ODA거버넌스 조직체계

우리나라는 ODA 정책의 법적 안정성 확보와 정책일관성 및 원조효과성을 증진하기 위해 2010년 1월 국제개발협력기본법을 제정하였다. 동 법은 유·무상 ODA 통합추진체계 구축에 초점을 두고 있는 데, ODA 거버넌스 조직체계를 살펴보면 [그림 9-2]에서 보는 바와 같이 총괄 및 조정기구, 주관기관, 시행기관으로 구성되어 있다. 국제개발협력위원회는 총괄 및 조정기구로서, 국무총리를 위원장으로 하고 주요 ODA 부처 및 관련 기관(외교통상부, 기획재정부 등)의 장, 실시기관장

그림 9-2 한국의 ODA 추진체계

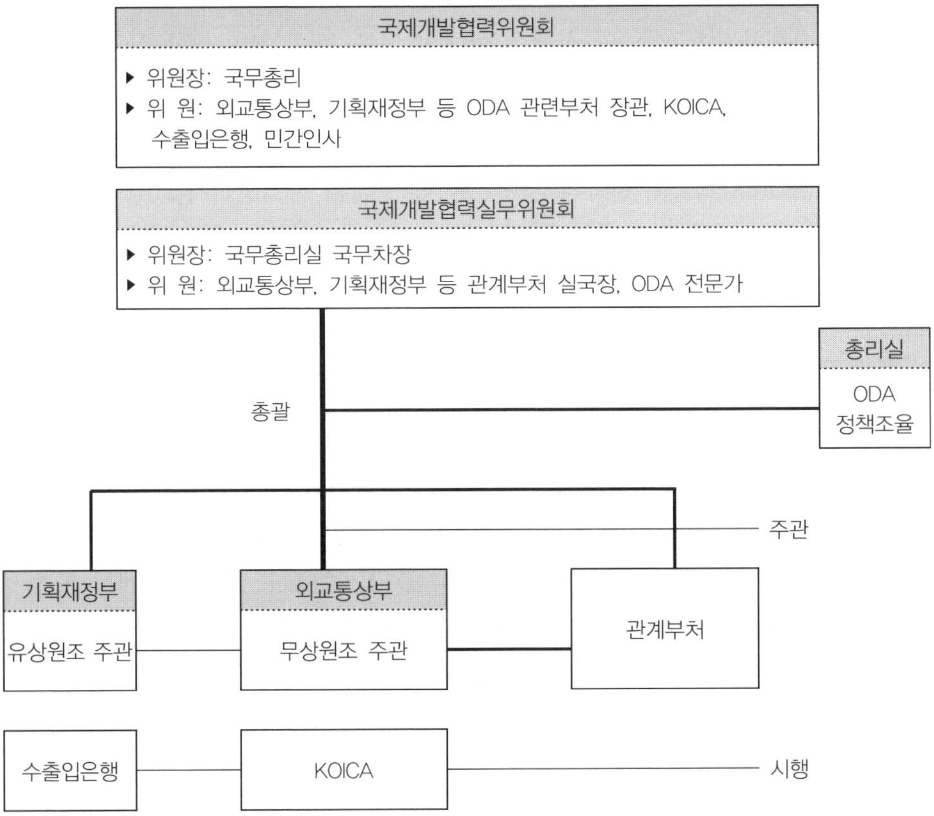

2인(KOICA 이사장, 수출입은행장), 민간측 6인을 포함한 총 25명 이내의 위원으로 구성된다. 국제개발협력위원회는 ODA에 관한 정책들이 종합적·체계적으로 추진될 수 있도록 주요 사항을 심의·조정한다. 우리나라는 OECD DAC 회원 가입 후, 2010년 1월 국무조정실에 개발협력정책관실을 신설하여,[4] 국제개발협력위원회의 사무국 역할을 수행하도록 하고 있다(ODA Korea, 2015).

기획재정부와 외교부는 각각 유상원조와 무상원조의 주관기관으로, 이들은 각

4) 개발협력관실은 국제개발협력위원회의 사무국 역할을 담당하고 있으며, 개발협력정책관(국장) 이하 3개과(개발협력기획과, 대외협력과, 개발협력지원과)로 구성된다. 특히, 개발협력지원과는 국가협력전략(CPS)을 수립 총괄하는 등 ODA 정책 및 제도수립 기반을 조성하고 ODA 통계 및 모니터링 시스템 운영 등의 업무를 수행한다.

분야별 5개년 기본계획과 연간 시행계획안을 작성하고 그 이행을 점검하도록 하고 있다. 한국국제협력단(Korea International Cooperation Agency, 이하 KOICA)과 한국수출입은행은 각각 무상원조와 유상원조를 집행하는 시행기관의 역할을 하며, KOICA 이 외의 30여개 중앙정부 부처 및 지방자치단체에서도 무상원조를 수행하고 있다.

기획재정부는 유상원조 주관기관으로서 대외경제협력기금(EDCF: Economic Development Cooperation Fund)을 총괄하고 유상원조 분야의 기본계획 및 연도별 시행계획을 수립·점검한다. 기획재정부는 한국수출입은행과 협력하여 유상원조 사업을 발굴·집행·평가하는 업무를 하고 있으며 우리나라의 발전경험과 노하우를 토대로 개도국 경제발전을 지원하기 위한 정책자문을 제공하는 경제발전경험공유사업(Knowledge Sharing Program)과 우리의 발전경험을 구체적 정책사례로 정리하는 발전경험 모듈화 사업, 그리고 국제기구와의 공동컨설팅 사업 등을 추진하고 있다. 외교부는 무상원조 주관기관으로서 시행기관인 한국국제협력단(KOICA)과 논의·조정하여 ODA 사업을 진행하고 있다. 또한 국제개발협력에 관한 대외정책을 수립, 종합하는 업무도 맡고 있다. 한국국제협력단은 정부차원의 무상원조 시행기관으로서 우리나라와 개발도상국가와의 우호협력 및 상호교류를 증진하고 이들 국가의 사회발전을 지원하여 국제협력에 기여하고자 설립되었다. 대표적으로 World Friends Korea(WFK) 사업본부는 한국정부파견 해외봉사단 사업을 담당하고 있다.

2 한국 ODA 예산 현황

우리나라는 개발도상국의 개발에 기여하기 위하여 지속적으로 ODA 예산을 증대시키고 있다. 특히 2010년 OECD DAC에 가입하게 되면서 규모면에서 큰 증가를 보였다. 하지만 총 국민소득 대비 ODA 비율(ODA/GNI)이 2011년을 기준으로 0.12%에 머물며 다른 DAC 회원국의 평균 ODA/GNI 비율인 0.31% 및 UN의 2015년 목표치인 0.7%에 못 미치는 수준이다(ODA Korea, 2015).

ODA의 분야별 지원은 크게 사회 인프라 및 서비스(이하 사회부문), 경제 인프라 및 서비스(이하 경제부문), 생산부문 환경보호 및 기타 다 부문으로 구분된다. 지난 10년간 분야별 평균 ODA 예산규모는 사회부문에 46.7%, 경제부문에 37.2%로 집중되어 왔으며, 상대적으로 생산부문과 다 부문은 낮은 비율로 지원되어 왔다. 지역별 지원현황을 살펴보면, 아시아(평균 65.5%)가 가장 주요한 지원 대상지역이며 아프리카(평균 13%), 기타(평균 9%), 중남미(평균 8.1%) 지역 순으로 분배되었다. 소득그룹별로 ODA 예산규모를 살펴보면, 중저소득국이 평균 43.8%로 가장 많은 지원을 받아 왔다. 2005년 이후로는 중저소득국 비율은 감소하고 있으며 최빈국이 평균 33.48%(2008~13년간)의 지원을 받아 주요 수원국 그룹이 되고 있다. 지원 형태를 살펴보면, 지난 10년간 우리나라는 평균 양자원조 대 다자원조는 7 : 3의 비율을 유지하고 있으며, 양자 간 원조는 무상(Grant)과 유상(Concessional loan)으로 구분이 되는 데 평균 6 : 4의 비율로 지원되고 있다[5](ODA Korea, 2015). 지원 형태별 구체적인 지원내용을 살펴보면 다음과 같다.

표 9-2 형태별 지원 현황: 연도별 순지출

(단위: 백만 달러, %)

원조 유형	2010	2011	2012	2013	2014
양자간 ODA	900.6 (76.7%)	989.6 (74.7%)	1,183.2 (74.1%)	1,309.6 (74.6%)	1,395.8 (75.2%)
다자간 ODA	273.2 (23.3%)	335.0 (25.3%)	414.3 (25.9%)	445.8 (25.4%)	461.0 (24.8%)
ODA 총계	1,173.8	1,324.6	1,597.5	1,755.4	1856.7

자료: OECD Stats. EDCF 통계 DB 자료 재구성.

제 4 절 한국 ODA거버넌스체계의 분절화

한국 ODA거버넌스체계의 분절성[6]은 크게 3가지 차원에서 논의될 수 있다. 첫

5) 지난 10년간 평균적으로 무상원조와 유상원조의 비율은 6 : 4의 비율로 지원되었다. 2002년까지는 유상원조가 무상원조보다 큰 비중을 차지하였으나 2003년 아프가니스탄, 이라크 등 분쟁지역에 대한 원조가 확대되면서 무상원조의 비중이 더 커지기 시작하였다(ODA Korea, 2015).

째는 원조의 성격에 따른 분류인 유상원조 및 무상원조의 이원화를 들 수 있다. 둘째는 ODA 사업의 핵심적 요소라 할 수 있는 무상원조의 분절화이다. 마지막으로 수원국 내에서의 원조창구의 분절화이다.

1 유상 · 무상원조의 이원화

우리나라의 유상·무상원조의 이원화된 체계는 과거 일본의 제도를 모델로 하고 있다.[7] 한국은 1987년 일본수출입은행(JBIC)을 모델로 하여 '대외경제협력기금'을 창설하여 수출입은행이 유상원조를 시행하였으며, 1991년 일본국제협력사업단(JICA)을 모델로 외교통상부 산하에 KOICA를 창설하였다. 일본의 경우, 2010년 JICA와 JBIC를 흡수·통합한 New JICA를 출범시켜 유상원조와 무상원조를 통합함으로써 ODA 거버넌스의 대대적인 체제 변환을 실현하였다. 일본의 원조체계 변환에도 불구하고 우리나라는 1991년의 유·무상 이원체계를 유지하고 있다.

DAC 회원국 24개국 중 일본, 프랑스, 독일, 한국 등 일부 국가를 제외하면 대부분의 공여국은 무상원조가 90% 이상 차지하고 있으며, 캐나다, 뉴질랜드, 미국 및 북유럽 국가들은 100% 무상원조를 하고 있다(OECD, 2011). 유상원조는 자금이 없는 개발도상국에게 차관(loan)이라는 형태로 공여국의 거대 자금을 빌려줌으로써 개발도상국의 국가 재건에 필요한 대규모 경제·사회 인프라를 구축할 수 있게 도와주는 사업형태를 말한다. 국제사회는 양자 간 원조에 있어서 무상원조를 적극 지지하고 있고 원조에 있어서 100% 무상원조를 시행할 것을 권고하고 있다. 그 이유

---

6) 원조의 분절성은 비단 우리나라 뿐만 아니라 대부분의 공여국들이 겪고 있는 문제이다. 차이점이 있다면, OECD/DAC 회원국들은 유·무상원조 집행 간의 분절은 크게 문제가 되지 않는 반면에, 무상원조의 정책과 집행의 분절성이 문제가 되고 있다. 원조의 분절은 한 공여국에서 집행하는 원조사업의 수가 많을 때 또는 한 프로그램이 여러 수원국들을 대상으로 진행될 때 발생한다(김은미·김지현, 2009). 파리선언 이행평가보고서, 아크라 행동계획 등은 원조 효과성을 저해하는 주요한 원인으로 분절적인 원조 체계를 지적하고 있으며, 원조 분절의 최소화를 위한 공여국 간의 역할 분담과 조정 노력을 강조하고 있다(OECD, 2014).

7) ODA 공여 선진국들이 단일한 기관으로 원조행정을 추진했던 것과는 달리 일본은 ODA를 일원적으로 수행하지 않았다(독일의 연방경제협력개발부(BMZ), 캐나다 국제개발청(CIDA), 미국국제개발청(USAID), 영국해외개발청(ODA)). 일본의 ODA모델에 대한 자세한 설명은 장준호·정복철(2005)를 참조할 것.

표 9-3 유상 및 무상원조 규모

(단위: 백만 달러, %)

연 도	양자 원조	유상원조		무상원조	
		규모	비중(%)	규모	비중(%)
2003	245	99	40.67	145	59.33
2004	331	119	35.88	212	64.12
2005	463	145	31.36	318	68.64
2006	376	117	31.14	259	68.86
2007	491	132	26.95	358	73.05
2008	539	171	31.63	369	68.37
2009	581	214	36.89	367	63.11
2010	891	324	36.36	567	63.64
2011	989	414	41.86	575	58.14
2012	1183	468	39.56	715	60.44
2013	1310	501	38.24	809	61.76
2014	1396	512	36.68	884	63.32

자료: 기획재정부 · 국무총리실 자료 재구성.

는 유상원조의 경우 개발도상국의 경제 · 사회발전을 지원하고자 하는 원조의 순수한 목적에 위배되며, 결과적으로 자금의 상환능력이 없는 개발도상국에게 막대한 채무부담을 주게 되고, 실제적으로는 부채 탕감능력이 없는 개도국에 대한 채무탕감 형태로 상당 부분의 유상원조가 결국에는 무상원조 형태로 전환되고 있기 때문이다. 1970년대에 유상원조 비율이 70%를 넘었던 일본도 부채탕감 효과로 인해 무상원조 비율이 100%를 상회하고 있다(OECD, 2014).

이러한 국제적 추세에도 불구하고, 우리나라의 무상원조 비율은 매우 낮다. 우리나라 양자 원조 중 무상원조의 비율은 1990년대 초반 27%에서 꾸준히 증가하였지만, 최근에는 무상원조의 비율이 도리어 감소하고 있는 상황이다(국회입법조사처, 2010). 정부는 유상원조를 확대하고 있는 이유로, 우리의 경제개발 경험에 비추어 볼 때, 유상원조가 개도국의 경제발전의 밑거름이 될 수 있다는 논리를 펴고 있다. 또한, 일부 정치지도자들과 공무원들은 유상차관이 수원국에 필수적인 재정 규율을 담보한다고 믿고 있다(OECD DAC, 2012). 그러나 이는 각 공여국의 원조 동향과 OECD 권고 및 OECD DAC의 원조 규범과 원칙에 역행한다고 볼 수 있다. OECD 개발원조위원회(DAC) 정책집행/평가(Peer Review)는 유상원조가 개발재원으로서 유효한 수단이 되기 위해서는 유상차관 프로그램이 개도국, 특히 최빈국, 취약국, 그리고 부도위기에 처했거나 처할 위험이 있는 국가들의 부채 수준에 어떤 영향을 미치는지 유의할 필요가 있음을 권고하고 있다(OECD DAC, 2012).

이러한 유상원조와 무상원조의 이원화는 ODA 사업의 효과성 및 정책의 일관성을 떨어뜨리게 된다. 감사원의 ODA 추진실태에 대한 감사결과보고서에 따르면, 영국, 일본 등 선진 공여국은 원조사업의 시너지 효과를 위해 유·무상을 연계하여 지원하고 있는 반면, 우리나라의 경우는 유상원조는 기획재정부에서, 무상원조는 외교부에서 각각 중점협력국을 선정하고 국별 지원전략을 수립하여 지원함에 따라 사업발굴을 위한 불필요한 경쟁 및 유사 사업을 중복 추진하는 등으로 원조 효과 및 정책의 일관성을 확보하지 못하고 있다고 지적한다(감사원, 2015). 또한, 국무조정실은 유·무상을 통한 중점협력국을 유상원조 가능 여부를 고려하지 않고, 주관적으로 평가하여 선정하고, 국별 지원전략 수립도 지연되는 등 ODA 전략 수립이 미흡하여 효과적인 원조집행을 곤란하게 만들고 있다고 비판한다.[8] 특히, 사업추진과정에서 부처 간 갈등 조정의 미흡은 국내외 신인도를 떨어뜨리는 사례[9]를 발생시키고 있다(감사원, 2015).

---

8) 유·무상 통합 중점협력국을 객관적이고 합리적으로 선정하기 위해서는 수원국의 빈곤 감소 등을 위한 무상원조의 평가기준과 함께 경제협력 잠재력 등 유상원조 평가기준을 세분화하고 계량화하는 것이 바람직하다는 의견이다(감사원, 2015).

9) 사례 1: 기획재정부 미얀마 개발연구소(Myanmar Development Institute)는 미얀마에 한국의 한국개발연구원(KDI)과 같은 역할을 하는 기관을 설립해주는 사업으로 기획재정부가 주관하여야 한다고 주장하면서 외교부 본부 및 주미얀마대사관에 사전 통보나 협의없이 단독으로 미얀마를 방문하여 미얀마 국가기획경제개발부와 MDI 설립을 협의하였다. 사례 2: 국제개발협력사업 추진상황에 대한 OECD DAC 동료평가(Peer Review) 보고서를 OECD DAC 국제회의에서 논의하는 과정에서 유·무상 ODA 사업에 관한 유·무상 관계기관 협의회의 승인권한 유무에 대하여 기획재정부와 외교부는 사전 협의되지 않은 문제를 제기하거나 말다툼을 벌이는 등 ODA 주관기관 간의 갈등을 대외에 드러냈다.

2 무상원조의 분절화

무상과 유상원조의 이원화 문제점과 더불어, 또 하나의 문제점은 무상원조 예산을 약 30개 기관에서 산발적으로 집행하고 있는 현실이다. 우리나라는 1963년 외무부, 과기처 등 정부부처가 개도국 공무원 연수생 초청사업을 시작한 이래, 노동부, 교육부, 외무부, 내무부 등 각 부처가 전문가 파견, 연수생 초청, 물자지원사업, 소규모 프로젝트사업 등을 수행해오다가 1991년 '한국국제협력단법' 제정을 통해 각 부처별로 산발적으로 실시되던 대외 무상원조사업을 효율적으로 추진하고자 외교부 산하에 KOICA를 설립하였다. 그러나 이러한 설립취지와는 달리 현재는 다시 각 정부부처와 지방자치단체는 각기 개별 법률 및 조례를 제정하여 무상원조사업을 자체적으로 수행하고 있어서, 1991년 KOICA 설립 이전의 산발적인 원조 수행의 형태로 되돌아가고 있는 모습이다. 예를 들면, 무상원조 중점 분야인 교육, 농림수산, 보건, 공공행정, 산업에너지 각 분야별로 교육과학기술부, 농림수산식품부, 농촌진흥청, 기획재정부, 보건복지부, 지식경제부 등에 약 20% 이상의 예산이 분산되어 집행되고 있으며(관계부처합동, 2012), 2015년 현재 총 31개 기관이 66개국을 대상으로 859개의 사업을 추진하고 있다(관계부처합동, 2015).

이러한 무상원조의 정책과 집행의 분절성[10)]은 국내 전문가들의 ODA 거버넌스에 대한 지적 사항들과 그 궤를 같이 하고 있다. 국내 연구를 살펴보면, 여러 부처와 지방자치단체[11)] 사이에서 ODA에 대한 인식을 확대해가는 점은 고무적이나, 국가단위로 볼 때 ODA 정책과 사업이 전체적으로 조정되지 못하고 산발적으로 집행되고 있어 그 효과성이 저해됨을 지적하고 있다(김은미 · 김지현, 2009; 이형원, 2014). 예를 들면, 이형원(2014)은 모자보건이 주제인 사업들의 경우, 무상원조 대외협력 전문기관인 KOICA와 보건분야 전문성을 주장하는 한국국제보건의료재단으로 집행기관이 양분화 되어 있는 것을 확인하였으며, 2008년에서 2010년까지 시행된 보

10) 무상원조의 정책과 집행의 분절성은 비단 우리나라만의 문제는 아니다. 대부분의 OECD/DAC 회원국들의 경우도 무상원조의 정책과 집행이 디수의 정부부처와 기관들에 의해 분절적으로 이루어지고 있다(김은미 · 김지현, 2009).

11) 본 원고의 논지와는 별개로, 지방자치단체가 ODA 거버넌스의 행위자로 참여하는 것에 대하여 긍정적인 의견들이 있다. 지방정부 ODA의 원조 효과성, 선택과 집중, 지속가능성, 책무성 등에 대한 자세한 논의는 조현주 · 박건우 · 정헌주(2015: 267-268)를 참조할 것.

건분야 양자 ODA 사업의 경우 사업건수 대비 최소 3%에서 최대 32%, 예산 대비 최소 12%에서 최대 85%까지의 중복성을 나타내고 있음을 밝히고 있다(이형원, 2014). 최수영(2009)은 23개 중앙 부처・기관에 대한 무상원조 사업을 조사하면서 ODA 예산집행과 관리의 문제점으로 예산집행 및 결산보고에 대한 낮은 신뢰성, 부처 사업으로서의 ODA와 그에 대한 이해 부족, 종합적 ODA 예산관리체제 부재 등을 지적하였다. 최수영(2009)이 지적한 ODA 사업 집행의 문제점들은 2015년 감사원의 감사 결과 보고서에서도 확인할 수 있다. 대부분의 해외농업기술개발사업(KOPIA) 사무소의 예산집행률이 50% 미만으로 저조하거나 집행 잔액이 과다하였을 뿐만 아니라, 예산이 협력사업비로 집행되기보다는 사무소 유지에 필요한 인건비 및 운영비 위주로 부실하게 집행되었다(감사원, 2015). 또한, 사업의 회계집행, 관리감독 미흡으로 인하여 회계사고가 발생하였고, 사업성과가 거의 없거나 사업추진이 어려운 해외사무소의 경우에도 그대로 운영하고 있는 등 해외사무소 운영 및 관리가 미흡하였다(감사원, 2015). 전문가들이 지적하였듯이, 사업의 중복성과 집행의 분절성은 부실한 집행과 예산 낭비를 초래하게 되고 이는 ODA 사업 전반에 대한 평가를 왜곡할 수 있다.

3 수원국 내에서의 원조창구 분절화

무상원조의 분절화는 기획재정부를 대상으로 한 부처의 예산 투쟁과 확대를 초래할 뿐만 아니라, 수원국 내에서의 원조창구의 분절화로 이어질 가능성이 높다. 각 부처는 무상원조 ODA를 수행하기 위해 산하기관 또는 부처 내 독립 부서 신설 등 조직을 확대하기 때문이다. 농촌진흥청의 해외농업기술개발센터(KOPIA)와 같이 개도국에 자체적으로 해외조직을 신설한 것이 대표적인 예라 할 수 있다. 관련 사례로, 최근 보건복지부는 베트남, 필리핀, 르완다, 가나 등 4개국에 보건사업 발굴을 위한 현지 조사를 자체적으로 수행하였다. 이 때 보건복지부는 수원국의 원조총괄부처, 보건부 국장 및 관계자 등을 접촉하여 보건 분야 ODA 사업에 관한 정책을 협의하고 향후 사업을 요청하게 된다. 수원국의 입장에서는 그 간 대사관과 KOICA를 중심으로 원조사업을 논의해왔던 정책 방향과 한국 보건복지부의 원조정책 방향 사이에서 혼선과 혼란을 겪을 수 있다.[12] 이러한 경우 수원국은 자체적으로 통일된 원조전략과 정책을 세우기 어려우며, 개발도상국 원조 담당부처의 원조 행정 비용을 증가시킬 뿐만 아니라, 한국 원조에 대한 혼란과 불신을 가져올 소지가 다분하다. 원조창구의 분절화로 인한 거래비용의 증가는 원조 집행의 각 단계에서 복합적으로 발생하여 총체적으로 원조집행의 낭비를 가져오고, 수원국에서의 혼란을 초래할 수 있다.

한편, 이에 대한 대책으로, 외교통상부는 최근 각 대사관을 중심으로 'ODA 협의체'를 구성하도록 권고하고 있다. 예를 들면, 우간다 대사관의 경우 우간다 현지에 있는 KOICA, KOPIA(농촌진흥청), 수출입은행 등 관련 기관 간 ODA 협의체를 구성하여 현지에서 원조 시행의 일관성과 시너지 효과를 도모하도록 정기적인 협의회를 실시하고 있다. 그러나 각 공여국 내에서의 수원국에 대한 근본적인 원조전략과 일관성 있는 정책이 뒷받침 되지 않을 경우, 현지에서의 ODA 협의체는 정책적 협의보다는 실행과정에서의 불필요한 혼란을 방지할 수 있는 최소한의 조정 이상의 효과를 거두기는 힘든 상황이라고 많은 전문가와 실무자는 지적한다.

그림 9-3 분절적 원조 집행 단계별 거래비용 증가

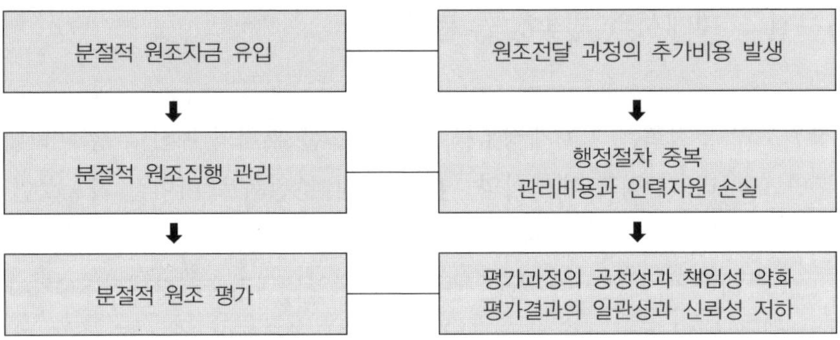

자료: 김은미 · 김지현 (2009) 재구성.

12) 박명지(2011)는 원조의 분절화 문제는 한국의 ODA가 공급자 중심으로 수행되고 있기 때문이라고 진단하면서, 수원국 입장에서의 단일전략 수립을 해결책으로 제시하였다.

제 5 절 ODA거버넌스체계 분절화의 원인분석

1 국제개발협력위원회의 메타거버넌스 역할 미흡

한국 ODA 사업의 분절화를 최소화 할 수 있는 하나의 방안으로 전문가들은 한국 ODA를 총괄하는 구조적 장치인 국무총리 소속 하의 국제개발협력위원회가 주어진 기능을 제대로 수행하도록 하는 것이라고 지적한다. 왜냐하면, 국제개발협력위원회는 우리나라 국제개발협력과 관련된 주요정책을 총괄·조정하고 결정하기 위해서 정부 및 민간위원으로 이루어진 '메타거버넌스' 기구이기 때문이다. 그러나 이는 형식적 틀에 불과하다는 비판이 적지 않다.[13]

국제개발협력위원회는 2015년도까지 총 21차에 걸쳐서 위원회를 개최하였으며, 주요 활동은 국제개발협력의 기본계획 및 분야별 연간종합시행계획, 국제개발협력 통합 평가 등 국제개발협력 관련 정책 중 정부차원의 조정이 필요한 사항 및 기타 사항의 조정이다. 국제개발협력위원회는 2010년에 국제개발협력기본법 및 시행령 제정을 계기로 ODA 중기전략, OECD DAC가입 로드맵, ODA 중기 국별 원조전략, 원조의 언타이드화 추진 로드맵, 중기 ODA 확대계획, ODA 선진화 추진계획, 범정부적 ODA 홍보강화방안, ODA 통합평가, 통합국별 지원전략 수립 등의 주요 안건을 심의하고 확정하였다(<표 9-4> 참조). 그러나, ODA의 개발정책 일관성을 확보하기 위한 메타거버넌스 역할을 수행할 국제개발협력위원회가 총괄·조정 기능을 효과적으로 수행하고 있는지에 대해서는 미흡하다는 평가가 많다.[14] 즉, 실질적 조정과 통합의 역할보다는 형식적 통합·조정 수준에 그친다는 것이다. 그 이유는

13) 2010년 국제개발협력기본법 및 동법 시행령은 ODA 체계 및 추진방향을 규정하였으나 국제개발협력위원회가 ODA 정책 통합기구로 실질적으로 기능할 수 있을 것인가에 대한 의문이 법 시행 이전부터 제기되었다. 예를 들면, 김춘순(2010)은 국제개발협력위원회의 ODA 사업조정안이 정부의 예산편성과정에서 실질적으로 반영되지 못한다면 위원회의 기능이 유명무실해질 가능성을 배제할 수 없음을 지적하였다.

14) 최근의 연구로 이형원(2014)은 국제개발협력위원회의 역할이 보다 잘 정립되어야 함을 지적하면서 ODA 사업의 효율적인 집행을 위해서는 정부가 기획단계에서부터 각 부처의 예산을 관리하고 감독할 수 있어야 한다고 주장하였다.

표 9-4 국제개발협력위원회 활동 현황

차 수	안 건
제11차 회의 (2011.12.26)	① 2012년 국제개발협력 종합시행 계획 ② ODA 관계기관간 협력체계 구축방안 ③ 국제기구 신탁기금 실태 점검 결과 ④ 부산총회 주요결과 및 후속조치 및 Peer Review 준비현황 및 향후계획 ⑤ KSP 발전방안
제12차 회의 (2012.03)	① 국제개발협력 '11년 통합평가 결과 및 '12년 통합평가 계획 ② '12년 국가협력전략(CPS) 추진계획 ③ 볼리비아 국가협력전략(CPS) ④ 한국형 ODA 모델 수립계획
제13차 회의 (2012.09)	① 한국형 ODA 모델 추진방안 ② 국가협력전략(스리랑카 등 5개국) ③ 부산 글로벌 파트너십 출범과 향후 추진계획 ④ 국제개발협력위원회 의결사항 이행점검 결과
제14차 회의 (2012.12)	① '13년 국제개발협력 종합시행 계획 ② '12년 국제개발협력 소위평가 결과 ③ 국가협력전략(방글라데시 등 5개국)
제15차 회의 (2013.02)	① OECD/DAC 개발협력 정책집행 평가(Peer Review) 결과 및 활용방안(안) ② 국제개발협력 '12년 통합평가 결과 및 '13년 통합평가 계획(안) ③ 국제개발협력(ODA) 주요 현안(안)
제16차 회의 (2013.08)	① 협업 활성화를 통한 ODA 효과성 제고 방안(안) ② Peer Review 권고사항 활용계획(안) ③ 국가협력전략(라오스 등 12개국) (안) ④ 국제개발협력(ODA) 주요 현안(안)
제17차 회의 (2014.01)	① '14년 국제개발협력 종합시행 계획(안) ② '13년 국제개발협력 소위평가 결과(안) ③ 국제개발협력 평가관련 규정 제·개정(안) ④ 부산 글로벌 파트너십 지표 이행현황 및 향후 대응방향
제18차 회의 (2014.03)	① 지구촌 새마을운동 종합추진 계획(안) ② 2014년 국제개발협력 통합평가 계획(안) ③ 국제개발협력(ODA) 주요 현안 - 국제개발협력위원회 의결사항 이행점검 결과 - 국제원조투명성기구(IATI) 가입 추진계획(안)
제19차 회의 (2014.10)	① 국가협력전략(CPS) 수립 발전방안(안) ② ODA 사업 성과제고 방안(안) - 사업 발굴. 형성(검증) 단계 중심 ③ 다자협력 추진방향(안) ④ 국제개발협력위원회 의결사항 이행점검 결과

제20차 회의 (2015.01)	① '15년 국제개발협력 종합시행계획 ② '14년 국제개발협력 소위평가 결과 ③ 지방자치단체 ODA 추진체계 개선방안 ④ 대국민 ODA 공감대 확보방안
제21차 회의 (2015.03)	① ODA 중점협력국 재조정(안) ② '15년 국제개발협력 통합평가 계획(안) ③ 우리나라의 인도적 지원 전략 ④ 제2차 국제개발협력 기본계획 작성지침 ⑤ 국제개발협력(ODA) 주요 현안

자료: 국무조정실 국제개발협력위원회(11차~21차).

국제개발협력위원회에서 심의·의결을 거치는 안건들이 기본적으로 2010년 7월 우리 정부가 제정한 국제개발협력법 및 시행령을 충실하게 준수하고 있지 않기 때문이다. 이 법은 무상·유상원조로 이원화되어 있는 우리나라 원조체제의 비효율성을 개선하기 위해 소관 분야별로 주관 부처를 무상원조는 외교통상부로, 유상원조는 기획재정부로 통합토록 규정하고 있으며, 국무총리를 위원장으로 하는 국제개발협력위원회가 무상·유상원조를 총괄 조정하는 기능을 담당토록 하였다. 그러나 현재 무상원조는 외교통상부로 통합되고 있지 않을 뿐만 아니라, 국제개발협력위원회에서 분산된 ODA를 심의하고 확정하여 오히려 ODA의 분절화를 심화시키고 있는 상황이다.[15]

메타거버넌스 이론에서 보듯이 메타거버넌스는 네트워크를 디자인하고 구조화하고 관리하여 효과적으로 거버넌스 네트워크를 meta-govern하여야 하나, 국제개발협력위원회는 이미 구조화되고 디자인된 ODA 거버넌스 네트워크를 승인하는 역할에 그친다고 할 수 있다. 아울러 개발정책 일관성 측면에서 일관된 ODA 정책을 수립하기 위하여 예산을 적정하게 배분하고 관리하여야 하나, 이런 역할을 수행하고 있지 않다. 즉, 국제개발협력위원회에서 우리나라의 유·무상으로 이원화된 원조체계의 방향성이나 DAC의 규범이나 개발정책 일관성의 측면에서 ODA 정책 방향을 제시하는 실질적인 역할을 수행하고 있지 않다. 그 이유로 대부분의 전문가

15) 국무조정실에서는 ODA 주요 정책 사항을 '국제개발협력위원회'에 안건을 상정하여 심의·조정하고 있고, 기획재정부는 대외경제장관회의에서 대외경제정책에 관한 사항 등을 안건으로 상정하면서 국무조정실, 외교부 등 관계기관과 충분한 협의없이 ODA 사업 안건을 포함하여 심의·조정함으로써 국무조정실과 기획재정부, 기획재정부와 외교부 간에 갈등이 초래되고 있으며 이를 조정할 수 있는 장치가 마련되어 있지 않다(감사원, 2015).

와 실무자는 '정책수립의 권한과 예산배분의 권한이 이원화된 때문'이라고 지적한다.[16] 실제로 기획재정부가 교과부, 보건복지부, 농식품부, 행정안전부 등 각 부처를 대상으로 각각 ODA 예산 신청을 접수하고 예산을 배분하여 국회의 승인을 거쳐 확정하게 되면 국제개발협력위원회는 이를 형식적으로 취합하여 차년도 ODA 시행계획으로 승인하는 기능만을 수행한다고 볼 수 있다. 따라서 범정부적으로 통일성 있는 ODA 정책에 입각해서 사업을 추진하기보다는 부처의 이해관계와 편의에 따라 산발적으로 원조를 수행한다고 볼 수 있다.

이러한 절차를 구체적으로 살펴보면 다음과 같다. 먼저 외교부는 국제개발협력위원회의 관계기관 간 협력체계 구축 강화방침에 따라 2011년 4월 제1차 무상원조 관계기관 협의회를 시작으로 2015년 현재까지 매년 협의회를 개최하여 다음연도 시행 계획 중인 무상원조 시행계획에 있어서 중복 사업의 조정 및 연계 추진 등 부처 간 협의를 시행하고 있다. 무상원조 관계기관 협의회는 「국제개발협력법」 제11조에 의거하여 무상원조 주관기관인 외교부가 무상원조 사업 간 중복 방지, 부처 간 협업 강화 및 이를 통한 분절화 완화를 위해 각 부처의 연도별 사업계획을 검토 조정하는 범부처 협의회이다. 협의회에서 확정된 시행계획 조정안은 국제개발협력기본법 제11조에 따라 외교부 주관 조정 심의를 거친 결과로서 국무조정실에 제출되며 국무조정실은 유·무상 통합 조정안을 기획재정부로 제출하고 기획재정부 예산실은 동 조정안을 바탕으로 유·무상원조사업 정부예산안을 확정하게 된다. 외교부 주관의 무상원조 관계기관 협의회에서는 수원국의 요청, 사업의 타당성 등 원조사업의 기본 요건뿐 아니라, 사업 간 중복성, 사업 간 연계 가능성, 성과지표, 사후관리 등 효과성 제고 측면의 검토를 강화하여 개별 사업들을 보다 면밀하게 조정 보완하게 된다. 무상원조사업에 대한 조정 심의는 관계 부처 간 협업을 바탕으로 하여 중복 사업을 정리하고 연계가 가능한 사업을 발굴하며 성과 지표 및 사후 관리 계획을 개선하여 수원국 수요 중심의 효과적·통합적 ODA 추진이라는 우리나라 개발협력 정책에 더욱 부합하게 된다. 또한, KOICA에서는 정부부처와 KOICA 간 유기적 협력체계 구축 및 운영방안을 수립하고, 정부부처가 KOICA 사업에 참여

---

16) 개발원조위원회의 권고사항에 따르면, 국제개발협력위원회 산하 평가소위원회는 정책의 계획 수립–시행–환류작업 등 일련의 평가에 있어서 필요한 수단과 권한을 충분히 보유하지 못하고 있다. 평가를 위한 예산배분이 확실한 경우에, 국제개발협력위원회의 역할과 기능이 원활해 질 수 있다(OECD DAC, 2012).

할 수 있는 방안을 다각도로 모색한다. 이 방안에는 정부부처의 KOICA 사업 제안 시스템 개선, 통합원조정보 공유시스템 개선, 분야별 실무위원회 활성화, 분야별 전문위원회 구성 및 운영, 정부부처 직원의 KOICA 파견 등을 주요 내용으로 포함한다. 정부부처의 KOICA 사업 참여 확대를 위하여 각 사업의 추진단계(사전조사-심사-기술평가-사업평가)에 정부 부처의 사업 참여 확대와 전문가 참여 확대를 위하여 KOICA에서는 정부부처 참여 절차를 마련하고 있다.

그러나 무상원조 관계기관 협의회, KOICA내 정부부처의 사업 참여 확대는 ODA 예산이 각 부처로 분산되고 집행되는 상황에서, 개발정책 일관성 확보 노력이나 정책방향이 결여된 채로 원조행정의 비효율적인 집행과 원조집행기관들 간에 행정비용의 과도한 증가와 부담만을 가중시키고 있다고 할 수 있다. 실제로 최근 각 정부부처와 산하기관, 지방자치단체는 기획재정부로부터 ODA 사업 예산을 별도로 받

그림 9-4 정부부처의 KOICA사업 참여 절차(프로젝트)

구분	사업발굴			사업선정		
사업단계	사업제안 ▶	수원국 협의 ▶	수원국 공식 요청서 접수 ▶	사업 타당성 조사 ▶	사업심사 위원회 ▶	이사회 의결, 외통부 장관 승인 ▶
부처참여	부처 제안사업 제출		요청사업 리스트 공유	부처 소속 또는 부처 추천 전문가 참여	부처 소속 또는 부처 추천 전문가 참여	

구분	사업시행			모니터링 및 평가		
사업단계	실시협의 조사 R/D 체결 ▶	조달 및 입찰 ▶	사업착수 ▶	사업관리 및 모니터링 ▶	사업종료 및 평가 ▶	유지보수 및 운영지원 (사후관리)
부처참여	부처 소속 또는 부처 추천 전문가 참여	부처 소속 또는 부처 추천 전문가 참여			부처 소속 또는 부처 추천 전문가 참여	

자료: 한국국제협력단.

아 각 기관 내에서 '국제협력사업' 담당조직을 확장·개편하고 자체적으로 사업을 집행하고 있다. 그러면서도 또 한편으로는 KOICA에서 발주하는 연수생초청 사업, 프로젝트 사업 등 다양한 ODA 사업의 입찰과 수행기관 공모에 참여하여 사업을 수행하는 등 이중적인 모습을 취하고 있다. 이러한 이유로 개발정책 일관성이나 선택과 집중에 따른 전략적 원조를 수행하기는 어려운 상황이다. 이는 기본적으로 국제개발협력위원회가 메타거버넌스 기제로서 우리나라 ODA 전반에 대한 정책적 조정역할이 미흡하기 때문이라고 할 수 있다. 또한 이러한 문제의 원인은 예산기능(기획재정부)과 정책기능(국제개발협력위원회)이 이원화된 데에 있다고 많은 전문가는 지적한다.

2 통합국가협력전략(Country Partnership Strategy, CPS)의 미흡

통합국가협력전략(CPS) 수립은 '국제개발협력위원회'가 2010년 수립한 'ODA 선진화 방안'의 핵심적인 조치로서 우리나라가 중점 협력국으로 선정한 국가들에 대해 유상원조와 무상원조가 통합된 국별 원조전략 문서를 만들어서 특정 수원국에서 통일된 원조전략과 개발정책 일관성을 가지고 원조를 수행하도록 한 지침이다. 통합국가협력전략은 수원국의 개발전략과 사회 경제적 여건, 타 공여국의 지원전략 및 우리의 비교우위 등을 바탕으로 작성된다. 체계적이고 효과적인 원조수행을 위해서는 국가별로 통일된 ODA 전략이 필수적이기 때문에 주요 공여국 뿐만 아니라, 세계은행, 아시아개발은행 등의 국제개발은행도 수원국별로 중장기 지원전략인 CPS를 수립하고 있다.

국무총리실은 2010년 9월 「유·무상 통합 CPS 수립방안」을 마련하고, 총리실과 KOICA, 수출입은행 등 주관부처로 구성된 합동 전담팀을 구성하여 CPS 수립에 착수하였고, 현재 26개 중점협력국에 대한 각각의 통합국가협력전략이 연차적으로 수립되어 활용되고 있다. 각 국가에 대한 통합국가협력전략의 수립은 2011년 8월에 베트남, 가나, 솔로몬 군도 등 3개 국가를 시작으로 2012년 볼리비아, 스리랑카, 인도네시아 등 11개 국가, 그리고 2013년 라오스, 모잠비크, 카메룬 등 12개 국가에 대한 협력전략을 수립하였다. 국제개발협력위원회는 중점협력국을 3~5년 주기로

표 9-5 연도별 CPS 수립 현황

구 분	CPS 수립 국가
2011년(3개국)	베트남, 가나, 솔로몬군도
2012년(11개국)	볼리비아, 스리랑카, 인도네시아, 몽골, 아제르바이잔, 에티오피아, DR콩고, 캄보디아, 방글라데시, 필리핀, 우즈베키스탄
2013년(12개국)	라오스, 모잠비크, 페루, 카메룬, 콜롬비아, 나이지리아, 네팔, 동티모르, 르완다, 우간다, 파라과이, 파키스탄

자료: 국무조정실 제19차 국제개발협력위원회 통합국가협력전략(CPS) 수립 발전방안(안).

표 9-6 2015년 중점협력국 현황

구 분	2015년 중점협력국 조정 결과(안)
아시아(11개국)	베트남, 인도네시아, 캄보디아, 필리핀, 방글라데시, 몽골, 라오스, 네팔, 스리랑카, 파키스탄, 미얀마
아프리카(7개국)	가나, 에티오피아, 모잠비크, 르완다, 우간다, 탄자니아, 세네갈
중동/CIS(2개국)	우즈베키스탄, 아제르바이잔
중남미(4개국)	콜롬비아, 페루, 볼리비아, 파라과이

자료: 국무조정실 제21차 국제개발협력위원회 통합국가협력전략(CPS) 수립 발전방안(안).

심의를 거쳐 변경하는 데, 제2차 ODA 기본계획에 의거, 국내외 원조환경 변화 등을 반영하여 24개로 재조정할 계획이다(국무조정실, 2015).

개도국에 대한 유·무상 통합 CPS 수립은 개발정책 일관성과 원조효과성 제고를 위해 가장 중요한 시작점이며 전략적 문서이다. 왜냐하면 현재 중점협력국 1국당 무상원조 최대 원조규모가 약 1천만 달러(약 110억 원) 내외 정도에 불과한 우리 원조의 현실을 감안할 때, 개발도상국에 대해 실질적인 경제적 파급효과를 가지기에는 우리나라 원조의 절대 규모가 여타 공여국에 비해 매우 작은 현실이기 때문이다. KOICA에서 수행하는 프로젝트 1개의 규모가 현재 약 3백만 달러 내외임을 감안하면, 중점협력국이라 하더라도 통상 1년에 약 3개의 프로젝트 사업을 수행하는 수준이다. 이는 일본, 미국, 유럽 등 대규모 원조사업을 수행하는 국가와 비교할 때 우리 원조규모는 사실 매우 작은 규모라고 할 수 있다. 이러한 현실적인 제약조건을 감안하면, 각 부처가 특정 개도국에 대해 산발적으로 부처의 자체적 목적과 이해에 따라 원조를 분산적으로 수행할 경우 그 효과는 더욱 미미하게 될 것이다.

따라서 선택과 집중의 원칙에 따라 가장 효과가 높은 분야의 사업에 유상과 무상 원조가 집중적으로 투입되어 높은 파급효과를 창출할 수 있도록 사업이 수행되어야 하는 것이 바람직할 것이다.

이러한 측면에서 유・무상 통합 CPS 수립은 전략적 원조의 가장 중요한 시작점이며, 개발정책 일관성 확보 측면에서도 원조의 집행과 성과를 평가할 수 있는 가장 핵심적인 기준이 될 수 있다. 그러나 현재 우리나라의 유상과 무상 통합 CPS 수립은 '통합'이라는 용어가 무색할 정도로 의미없는 통합에 불과한 상황이다. 왜냐하면 통합 CPS의 핵심 전략은 특정 중점협력국에 대해 3개의 중점 분야를 선정하여 유상원조와 무상원조가 그 중점분야에 대한 사업을 발굴하고 시행하는 것이 골자인 데, 실제적으로 그 내용을 들여다보면 중점분야 3개 중에 유상원조 중점분야를 1개 선정하고 무상원조 중점분야를 2개 선정하여 유상원조와 무상원조가 각자 따로 그 중점분야에서 사업을 수행하자는 것이 주된 내용이기 때문이다.

무엇보다 이 CPS를 수립하는 과정이 현재 외교부 주관국가와 기획재정부 주관국가를 각각 분리하여 해당 부처가 주관국가를 중심으로 각각 CPS를 나눠서 수립하고 있는 체계를 가지고 있다. 예를 들면 에티오피아는 외교부가 주관하도록 되어 있어서 외교부 산하기관인 KOICA(동아프리카팀)가 CPS 초안을 수립하여 기획재정부 산하 수출입은행의 추가의견과 검토를 받아 총리실에 제출하는 형태이다. 한편 인도네시아의 경우 기획재정부가 주관국가이기 때문에 수출입은행이 CPS 초안을 작성하여 KOICA에 추가의견과 검토를 받아 총리실에 제출하게 된다. 이 과정에서 총리실은 CPS 수립을 위해 보건복지부, 농식품부, 교과부 등 관계부처 기관협의회를 소집하여 동 CPS에 대한 관계부처의 요구사항이나 추가의견을 수렴하고 있다.

그러나, 수원국에서 우리나라의 개발정책 일관성을 확보할 수 있는 가장 중요한 문서인 CPS는 위와 같은 주관기관의 분리된 체계와 실제 CPS 수립 인력과 과정의 취약성 등에 따라 많은 어려움을 가지고 있다. 수출입은행의 경우 석사급 연구원 1명이 기획재정부 주관국가인 11개 중점협력국에 대해 CPS를 수립하고 있는 상황이며, KOICA의 경우도 석사급 연구원 4명이 15개 중점협력국에 대해 CPS를 수립하고 있다. 총리실은 2012년 2월 '2012년 CPS 추진계획안' 수립을 위한 관계기관 회의에서 현재 CPS 수립의 문제점과 애로사항을 감독체계, 부처참여, 수원국협의, 수립일정 등 측면에서 다음과 같이 언급하고 있다(국무총리실 개발협력정책관실,

2012).

- 감독체계: '11년 대상국가는 유·무상 주관기관(외교부·기재부) 중심으로 취합·작성 중이나, 타 부처와의 의견 조율 어려움 발생
- 부처 참여: 조속한 CPS 작성을 위해 CPS 작성 중간단계에서 부처에 의견을 조회 → 관계부처의 검토 및 의견반영 다소 미흡
  *일부 부처(교과부·복지부 등)는 자체 예산으로 국가별 해당분야 중점지원방향 관련 용역을 수행하는 등 적극적인 참여의사 표명
- 수원국 협의: CPS 일정에 따른 정책협의 시기 조율, 단계별 관계부처 합동출장단 구성 등 현지와의 긴밀한 협의에 애로
- 진행일정: 수원국 협의, 부처 의견 수렴 등에 상당한 시간이 필요하나, 정해진 일정에 맞추다 보니 충실한 CPS 검토시간 부족

대부분의 공여국이 중요한 원조전략 문서를 작성할 때 통상 ODA 전문가 뿐만 아니라 경제, 농업, 교육, 보건 등 해당 분야별로 박사급 전문가들의 대규모 팀이 구성되어 1년이 넘는 장기간의 시간과 각 부처와 위원회의 종합적인 검토를 거쳐 특정 국가에 대한 중기원조전략 문서가 작성되는 것을 감안할 때, 우리나라 CPS 작성 및 수립과정은 많은 부분에서 미흡하다고 할 수 있다. 특히 가장 중요한 원조전략 문서의 하나인 CPS 수립은 중점분야 선정에서부터 무상과 유상이 각각 따로 분야를 선정하여, 주관 기관별로 수립국가를 나누어서 석사급 연구원이 4개월 정도의 단기간을 투입하여 작성하게 되고 있는 현실을 직시할 필요가 있다. 더군다나 석사급 연구원은 현지에서 원조수행 경험조차 가지고 있지 않은 경우가 대부분이다. 물론 연구원이 작성한 문서는 해당 국가 담당자, 소속 기관의 감독과 검토를 거쳐 수립되긴 하지만, CPS 문서의 중요성을 감안할 때 상당히 미흡하다고 할 수 있다.

실제로 유상원조는 통상 도로, 철도, 댐, 종합병원 건설 등 대규모 경제·사회 인프라 중심의 사업을 주요 내용으로 하고 있고, 무상원조는 유상원조보다는 규모가 상대적으로 작으면서 수원국의 기초적 수요(Basic Human Needs)에 부합하는 교육, 보건, 농업, 공공행정 등의 사업을 주요 내용으로 하고 있어서 통합하기 어려

운 측면이 있을 수도 있다. 그러나 유상원조 사업도 실제로는 무상원조 사업이 주로 수행하는 직업훈련원, 병원, 대학, 관개수로, 식수, 건축 등 다양한 사업을 수행하고 있는 상황이며, 유·무상원조 사업유형이 서로 섞여있다고 할 수 있다. 따라서 현재와 같이 3개 분야를 무상원조 2개 분야, 유상원조 1개 분야를 선정하여 각각의 분야에서 따로 원조를 수행하기보다는 해당 국가에 대한 통합적인 전략을 명확히 세우고, 유상원조와 무상원조가 1~3개 분야에 공통적으로 집중하여 원조를 수행함으로써 수원국에서 통일된 한국 원조의 전략과 개발정책 일관성을 목표로 사업을 수행하고, 이러한 통합된 전략과 기준을 가지고 원조사업을 모니터링하고 평가하여야만 수원국에서 효과적 원조수행이 가능하다고 할 수 있다.

제 6 절 결 론

한국 ODA 정책 및 거버넌스를 개발정책 일관성과 메타거버넌스 차원에서 분석한 결과를 요약하면 크게 두 가지로 요약된다. 그 하나는 ODA 거버넌스 체계의 분절성이고, 다른 하나는 이러한 분절성을 완화할 수 있는 통합적 거버넌스의 미흡이라 할 수 있다. ODA 거버넌스 체계의 분절성을 다시 세분하면 크게 3가지 차원에서 논의될 수 있다. 첫째는 원조의 성격에 따른 분류인 유상원조 및 무상원조의 이원화이고, 둘째는 ODA 사업의 핵심적 요소라 할 수 있는 무상원조의 분절화, 그리고 마지막으로 수원국 내에서의 원조창구의 분절화이다.

이러한 분절성에 대한 극복방안으로 2010년 국무총리실 소속으로 국제개발협력위원회를 신설하였으나, 이는 형식적인 조직체계일 뿐, 전체 ODA 정책결정 및 집행을 통합적으로 조정하는 기능은 매우 미흡하다는 것이 대부분의 실무자와 전문가의 의견이다. 이는 한국의 정치·행정과정에서 국무총리의 의전적 위상과 일맥상통한다 해도 과언이 아니다. 정부의 정책결정에서 예산권한이 수반되지 않을 때, 그 정책결정은 형식적으로 이루어지기 쉽다. 이러한 이유로 개발정책 일관성이나 선택과 집중에 따른 전략적 원조를 수행하기는 어려운 상황이다. 따라서 향후 한국 ODA 정책에서 국내 기관 간의 원조 조화를 이루고 효율적인 예산집행을 위해서는 국제개발협력위원회의 역할이 실질적으로 강화되어야 할 것이다.

물론 부분적으로 통합적 ODA 정책사례가 전혀 없는 것은 아니다. 예를 들면, World Friends Korea(WFK) 사업이 그 대표적 사례이다. 정부는 2008년 4월 「글로벌 청년리더 양성계획」에 따라 2009~2013년 간 해외봉사자 2만 명 파견을 추진키로 하고, 2009년 5월 「청년해외봉사사업 개선방안」의 수립에 따라 그 간 KOICA, 행안부, 교과부 등이 자체적으로 파견해왔던 해외봉사단원을 국가브랜드 제고를 위해 단일브랜드화 하기로 하고 'World Friends Korea'라는 통합브랜드로 출범하였다. 이후 2010년 5월 정부 방침에 따라 사업 일원화를 검토하여 2010년 7월 통합시행을 확정하여 2010년 9월부터 KOICA, 한국연구재단, 한국정보통신산업진흥원, 한국정보화진흥원 및 대학사회봉사협의회 등 5개 시행기관으로 구성된 TF를 구성하여, 2011년부터 통합 예산을 편성하고 통합 사업계획을 수립하여 추진하였다. 물론 아직 성공사례라 하기는 이르지만, 이러한 노력들은 향후 한국 ODA의 통합적 거버넌스를 공고히 하는 데 좋은 모델이 될 수 있을 것이다.

본 연구의 장점이면서 단점은 질적 연구방법에 의존한 것이라 할 수 있다. 질적 연구의 한계를 보완하고자 한국 정부 및 국제기구의 공식적인 간행물을 기초자료를 활용하여 전문가나 실무자의 의견에 전적으로 의존하지 않는 한계를 어느 정도 극복은 하였으나 충분한 간주관성(inter-subjectivity)을 확보했다고 보기는 어렵다. 또한 본 논문의 기술은 근거이론 등과 같은 좀더 구조화된 형식체계를 취하지 않고, 논문의 구조와 기술은 이슈 중심으로 전개하였기에 분석적 측면이 다소 부족하다 할 수 있다. 이러한 한계에도 불구하고 양적 자료의 통계분석에 의존한 연구로는 한국 ODA 거버넌스 및 메타거버넌스를 제대로 담아낼 수 없기에, 본 논문의 시도는 장점이면서 단점을 동시에 갖고 있다고 본다.

마지막으로 한국은 선진국을 향하는 문턱에서 재정건전성 및 예산집행의 효율성 제고에 대한 요구가 비등하다. 따라서 본 연구는 시의적으로 적절할 뿐만 아니라, 향후 효과적인 ODA 거버넌스 구조개혁 및 통합적인 운영방침을 작성하는 과정에서 정책개선의 시사점을 제공한다고 할 수 있다.

참고 문헌

감사원(2015). “감사결과보고서－공적개발원조(ODA) 추진실태－.”

강동완(2008). “메타거버넌스 모델을 통한 원자력 수용성 증진방안: 정부와 언론의 역할을 중심으로, 에너지위기와 원자력 행정체제의 발전방안.” 서울행정학회 학술대회 발표논문집: 1－21.

관계부처합동(2012). “2012년 국제개발협력 종합시행계획(안)”

______(2015). “2015년 국제개발협력 종합시행계획(안)”

국무총리실 개발협력정책관실(2008). “공적개발원조(ODA)의 중앙부처별 사용에 대한 조사보고서.”

______(2012). “‘12년 국가협력전략(CPS) 추진계획(안).”

국제개발협력위원회(2015). 국제개발협력위원회 회의자료(11차~21차).

국회입법조사처(2010), “국제개발협력기본법 제정과 함께 원조공여국 역할 강화.” 「이슈와 논점」, 24.

기획재정부(2012). 12~16 중기사업계획 검토(ODA 분야).

김은미 · 김지현(2009). “한국 원조체계의 분절이 원조효과성에 미치는 영향 및 개선방안.” 한국국제협력단.

김춘순(2010), “우리나라 공적개발원조(ODA) 체계의 분절화 현상과 제도적 개선방향.” 「재정 포럼」.

박명지(2011), “한국 무상 ODA의 파트너십 제고 방안 연구－정부 · 공공기관의 협력 체계 구축을 중심으로.” 한국국제협력단.

배귀희 · 임승후(2010). “공공갈등과 네트워크 거버넌스 구조: 한탄강댐 사례에서의 네트워크 특성과 주요 행위자들의 변화를 중심으로.” 「행정논총」, 48(4): 107－144.

유민이 · 이명석 · 이숙종(2014). “층간소음문제 해결과정의 메타거버넌스－서울시 은평구 사례를 중심으로.” 「한국지방자치학회보」, 26(3): 215－242.

유웅조(2011). “한국 공적개발원조(ODA) 정책의 성격에 대한 실증분석.” 「세계지역연구논총」, 29(1): 33－58.

이명석(2002). “거버넌스의 개념화: ‘사회적 조정’으로서의 거버넌스.” 「한국행정학보」, 36(4): 321－338.

이명석 · 배재현 · 양세진(2009). “협력적 거버넌스와 정부의 역할－사회적 기업 사례를 중심으로－.” 「한국정책학회보」, 18(4): 145－171.

이순철 · 정문기(2012). “비선호시설 입지갈등 과정의 메타거버넌스 분석” 「한국지방자치학회보」, 24(2): 67－94.

이형원.(2014)“한국 보건 분야 공적개발원조의 중복성.” 「보건학논집」, 51(1): 1－12.

장준호 · 정복철(2005). “국제개발협력의 두 가지 모델 비교연구: 독일과 일본의 공적개발원조(ODA)를 중심으로." 「세계지역연구논총」, 26(3): 311-339.
조현주 · 박건우 · 정헌주(2015). "한국 지방정부의 공적개발원조(ODA) 결정요인에 관한 실증 분석: 지방의 세계화 수준을 중심으로." 「지방행정연구」, 29(1): 261-289.
최수영(2009). "한국 ODA의 파편화에 대한 조사 보고서." 국제개발협력 2009년 제1호. 한국국제협력단.
외교부: http://www.mofa.go.kr
한국국제협력단: http://www.koica.go.kr
Ansell, C. & A. Gash(2007). "Collaborative Governance in Theory and Practice." *Journal of Public Administration Research & Theory*, 18: 543-571.
Bariletti, A. and M. Zoli(2004). On Concepts of Governance: A Survey and Interpretation.
Bell Stephen & A. Park(2006). "The Problematic Metagovernance of Networks: Water Reform in New South Wales." *Journal of Public Policy*, 26(1): 63-83.
Entwistle, T., G. Bristow, F. Hines, S. Donaldson, & S. Martin(2007). "The Dysfunctions of Markets, Hierarchies and Networks in the Meta-governance of Partnership." *Urban Studies*, 44(1): 63-79.
Innes, J. E. & D. E. Booher(2003). Collaborative policymaking: Governance through dialogue. In M. Hajer & H. Wagenaar (eds.). *Deliberative Policy Analysis: Understanding Governance in the Network Society*. Cambridge: Cambridge University Press.
Jessop, B.(2002). *The Future of the Capitalist State*. Cambridge, Polity Press.
______(2009). From Governance to Governance Failure and from Multi-level Governance to Multi-scalar Meta-governance. B. Arts *et al.* (eds.), The Disoriented State: Shifts in Governmentality, Territoriality and Governance, 79-98.
Klijn, E.-H. and J. F. M. Koppenjan(2000). "Public management and policy network: Foundations of a Network Approach to Governance." *Public Management*, 2(2): 135-158.
______(2004). Managing Uncertainties in Networks: A Network Approach to Problem Solving and Decision-making. London: Routledge.
Klijin, E. H., J. F. M. Koppenjan., & C. J. A. M. Termeer(1995). "Managing networks in the public sector: A theoretical study of management strategies in policy networks." *Public Administration*, 73(3): 437-454.
Kooiman, J.(1993). Modern Governance: New Government-Society Interactions. London: SAGE Publication.
______(2003). Governing as Government. London: SAGE Publication.
Mayntz, R.(1993). Governing failure and the problem of governability: Some comments on a theoretical paradigm. In J. Kooiman (ed.). *Modern Governance*(London, Sage): 9-20.

Meuleman, L.(2006). Internal Meta－Governance as a New Challenge for Management Development in Public Administration. EFMD conference Post Bureaucratic Management: a new age for public service?

OECD(2002). Development Co－operation Report 2001. the DAC Journal, Paris: OECD.

______(2005). Policy Coherence for Development: Promoting Institutional Good Practice: OECD.

______(2005), OECD *Development Co－operation Report 2001*. Paris: OECD.

______(2005), *The Development Dimension Policy Coherence for Development: Promoting Institutional Good Practice*. Paris: OECD.

______(2009). Building Blocks for Policy Coherence for Development. Paris: OECD.

______(2011). OECD statistics. Financial Terms of ODA Commitments, 2009－2010 average.

______(2011). International Platform on Policy Coherence for Development. Paris: OECD, 2011. http://community.oecd.org/community/pcd.

______(2014), OECD Development Co－operation Peer Reviews: Japan 2014, OECD Publishing.

OECD DAC.(2012). OECD Development Co－operation Peer Reviews: Korea 2012, OECD Publishing.

Sorensen, E. & J. Torfing(2007). "Theoretical Approach to Metagovernance." In Sorensen, E. & J. Torfing(eds.). *Theories of Democratic Network Governance*, 169－230. Palgrave Macmillan.

Whitehead, M.(2003). "'In the shadow of hierarchy': meta－governance, policy reform and urban regeneration in the West Midlands." *Area*, 35(1): 6－14.

ODA Korea: http://www.odakore.org

찾아보기

저자소개

공동성(孔東聲): 현 성균관대학교 행정학과/국정전문대학원 교수

정문기(丁文基): 현 성균관대학교 행정학과/국정전문대학원 교수

김선균(金宣均): 성균관대학교 국정전문대학원에서 석박사통합과정 수료

김용희(金龍熙): 성균관대학교 국정전문대학원 박사과정 수료

김은주(金恩柱): 성균관대학교 국정전문대학원 석박통합과정 수료

김진열(金鎭烈): 성균관대학교 국정전문대학원 박사과정 수료

나현(羅玄): 前 한국국제협력단(KOICA) 동아시아팀장

문성진(文性晉): 현 인하대학교 행정학과 교수

박재희(朴在熙): 버지니아 연방주립대학교(VCU) 행정학 박사/현 성균관대학교 거버넌스 연구센터 선임연구원

송민선(宋旻宣): 플로리다 주립대학교 박사과정 수료

오수길(吳洙吉): 현 고려사이버대학교 창의공학부 교수

이순철(李順喆): 성균관대학교 국정전문대학원 박사과정 수료

이정주(李庭柱): 현 서울여자대학교 행정학과 초빙강의교수/디지털 거버넌스 센터 선임연구원

정규진(鄭奎珍): 현 테네시 주립대학교(TSU) 교수

정동재(鄭東宰): Arizona State University 행정학 박사/현 한국행정연구원 사회조사센터 초청연구원

최문형(崔文馨): 성균관대학교 국정전문대학원 박사과정 수료

한국 거버넌스 사례집

펴낸날 제1판 제1쇄 2016년 8월 20일
지은이 공동성 · 정문기
펴낸이 임춘환
펴낸곳 도서출판 대영문화사
주소 서울특별시 용산구 청파로 61길 5(청파동 1가) 제일빌딩 2층
등록 1975년 12월 26일 제3-16호
전화 (02)716-3883, (02)714-3062
팩스 (02)703-3839
홈페이지 http://www.dymbook.co.kr

ISBN 978-89-7644-562-9
값 16,000원